바다를 둘러싼 법적 쟁점과 과제 VI

김인유
김철수
김현귀
이용희
정 대
정영석
지상규

pnc
publishing and culture
피앤씨미디어

제6권 머리말

1980년 국립 한국해양대학교에 해사법학과(현 해사법학부)가 설치된 지 어느 덧 40여년이 지났다. 해사법학부는 지금까지 우리나라의 해양 분야 법률 전문가를 지속적으로 교육하여 배출하고 있다. 해사법학부의 교수진은 해양의 다양한 법적 문제를 해결할 수 있는 능력을 갖춘 인재를 양성하기 위하여 혼신의 힘을 기울이고 있다. 이와 함께, 해양 관련 법제 분야에서 국내 어느 대학과도 비교할 수 없을 정도로 활발한 학문적 활동을 하고 있으며, 우수한 학문적 성과를 거두어 오고 있다. 특히, 해상법과 해양법의 분야의 연구는 해사법학부가 독보적이라고 할 수 있다.

해사법학부의 교수진은 해양특성화를 기반으로 한 저서의 출판을 오래전부터 기획하고 있었는데, 해사법학부가 국립대학 혁신지원사업(PoINT)에 참여하게 되면서 출판 지원을 받을 수 있게 되었다. 2017년 12월말, 해사법학부의 교수진은 「바다를 둘러싼 법적 쟁점과 과제」라는 제목의 저서를 출간하였는데, 기존에 연구하여 발표했던 논문들을 수정 및 보완하거나 본서의 특징에 맞도록 새로 집필하였다.

이어서 2018년 12월말, 국립대학 육성사업으로부터 출판 지원을 받아 「바다를 둘러싼 법적 쟁점과 과제 II」를 출간하였고, 이어서 2019년 「바다를 둘러싼 법적 쟁점과 과제 III」, 2020년 「바다를 둘러싼 법적 쟁점과 과제 IV」, 2021년에는 「바다를 둘러싼 법적 쟁점과 과제 V」를 출간하였다.

올해에도 해사법학부는 국립대학 육성사업으로부터 출판 지원을 받아 「바다를 둘러싼 법적 쟁점과 과제 VI」이라는 제목으로 본서를 준비하였다. 본서의 제1편은 「공법적 쟁점과 과제」라는 제목으로 해사법학부의 공법전공 교수들이 집필하였다. 첫째, 이용희 교수는 “유엔해양법협약 제298조 군사활동의 해석에 관한 국제판례 분석”이라는 논문을 집필하였다. 둘째, 김현귀 교수는 “한국해양정책의 구조와 문제점: 해양공간계획 및 관리에 관한 법률을 중심으로"라는 논문을 집필하였다.

본서의 제2편은 「사법적 쟁점과 과제」라는 제목으로 해사법학부의 사법전공 교수들이 집필하였다. 비교법 분야, 해상법 분야 및 해사전문법원제도 분야의 논문을 중심으로 집필하였다. 첫째, 비교법 분야에서는 김철수 교수가 "일본에서의 안전배려의무론의 전개"라는 논문을 집필하였다.

둘째, 해상법 분야에서는 지상규 교수가 "영국 ELIN MARITIME LTD 사건 분석을 통한 갑판적 자유재량권 조항에 관한 연구"라는 논문을 집필하였다.

셋째, 해사전문법원제도와 관련하여 김인유 교수가 "해사전문법원의 설립 및 관할권에 관한 연구"라는 논문을 집필하였으며, 정대 교수가 "영미법상의 해사사건처리제도에 관한 입법정책적 고찰"을 집필하였고, 정영석 교수가 "해사법원, 왜 부산인가?"라는 논문을 집필하였으며, 지상규 교수가 "중국해사법원의 현황 및 재판 시스템에 관한 고찰"을 집필하였다.

특별히 이번 제6권에는 해사법학부의 민법 전공 교수인 김철수 교수님께서 영광스러운 정년을 맞이함과 동시에 논문을 집필하셨다. 우리 해사법학부 교수진 모두는 함께 진심으로 영광스러운 김철수 교수님의 정년을 축하드리고 늘 건승하시기를 기원합니다.

우리 해사법학부는 문재인 전 대통령께서 1984년 민사소송법 강의를 하셨던 유서 깊은 학부라고 할 수 있다. 이와 함께 해양강국을 견인하는 다양한 법률 전문가를 지속적으로 교육하고 배출하고 있다고 자부할 수 있다. 향후 우리 해사법학부의 교수진은 미래 4차 산업혁명 시대의 해양강국을 선도할 수 있는 법률 전문가를 지속적으로 양성하도록 최선의 교육을 하고자 한다.

해사법학부 교수진의 학문적 성과를 정리한 본서가 바다와 관련한 법제 분야의 연구자와 실무자에게 유익한 학술적 자료가 되고, 나아가 바다에 관한 법제 분야의 연구 활성화에 작은 기여를 할 수 있기를 기대한다.

2022년 12월 1일
공저자 일동 식

바다 헌장

바다 헌장

바다는 뭇 생명의 근원이자 생존의 토대이며 현재와 미래를 위해 소중하게 아끼고 가꾸어야 할 인류의 마지막 희망이다.

바다는 한민족 번영의 기틀이며, 세계의 바다는 우리 겨레의 원대한 꿈과 이상이 펼쳐질 터전이다.

우리는 바다의 중요성을 깊이 새겨 슬기롭게 가꾸며 풍요로운 바다를 미래 세대에게 물려주어 바다를 통한 인류 공영에 이바지한다.

이에 우리 모두는 생명의 바다, 풍요의 바다, 공생의 바다를 이루기 위하여 다음을 실천한다.

하나, 바다는 우리의 생명이다. 우리는 바다 생태계를 건강하게 지키고 깨끗하게 가꾸어 나간다.

하나, 바다는 우리의 희망이다. 우리는 바다자원을 친환경적으로 개발하여 지속적으로 이용할 수 있게 한다.

하나, 바다는 풍요의 원천이다. 우리는 첨단 해양과학기술을 개발하고 고부가가치 해양산업을 육성한다.

하나, 바다는 우리의 미래다. 우리는 바다인재를 기르고 원대한 바다경영을 통하여 세계일류의 해양력을 키운다.

하나, 바다는 세계로 나아가는 길목이다. 우리는 해양주권과 안전을 확고히 하고 드넓은 대양에서 우리의 웅지를 펼친다.

하나, 바다는 민족의 기상이다. 우리는 진취적인 해양사상을 북돋우고 새로운 해양문화를 일궈낸다.

하나, 바다는 평화의 마당이다. 우리는 바다를 평화적으로 이용하고 보전하여 국제사회에 이바지한다.

바다 헌장(영문본)

THE OCEAN CHARTER

We, AS A MARITIME NATION, AGREE:

The ocean is the very foundation of human life and existence, and it remains the last resort for humankind to protect and develop for its present and future;

The ocean is the cornerstone to build the prosperity of our nation and to realize our dreams and ideals on; and,

Convinced of the importance of the ocean, we are determined to develop it with prudence and to bequeath its abundant resources to posterity, thereby to contribute to the welfare of humankind.

Hence, we commit ourselves herewith toward developing the ocean of life, abundance and universal co-prosperity with the following Action Plan:

Ⅰ. The ocean is our life. We shall protect and preserve its sound and clean ecosystem.

Ⅱ. The ocean is our hope. We shall develop its resources in an environment-friendly and sustainable manner.

Ⅲ. The ocean is the source of our prosperity. We shall develop creative marine science and technology, and foster high value-added marine industries.

Ⅳ. The ocean is our future. We shall cultivate marine expertise and capabilities through long-term ocean management.

Ⅴ. The ocean is our gateway to the world. We shall protect our maritime sovereignty and security, and pursue our maritime aspirations.

Ⅵ. The ocean is a spirit of our nation. We shall promote progressive maritime spirit, and create a new ocean culture.

Ⅶ. The ocean is a sphere of peace. We shall contribute to the international community through its peaceful use.

바다 헌장 해설

<기본방향>

◈ 바다의 보편적 가치, 바다가 우리민족에게 주는 의미와 기회, 우리의 시대적 소명 등을 **'생명'·'풍요'·'공생'**의 바다라는 이념으로 표현

◈ 헌장의 이념을 구체화하기 위한 **해양생태·자원·과학기술 및 해양주권·안전, 국제사회 기여원칙과 책무를 천명**

□ 헌장은 우선 **생명의 근원**이자 인류의 터전인 바다의 보편적 가치와 중요성을 규정하고

□ 더불어 민족번영의 기틀로서의 바다의 역사적 의미와 바다가 **세계로 뻗어나갈 우리 민족의 꿈과 이상의 터전**임을 강조함

□ 다음으로 바다를 소중하게 가꾸어 미래세대에게 물려줄 우리의 의무와 바다를 통해 세계와 손잡고 인류전체의 공존·공영에 기여할 책무를 천명함

□ 끝으로 헌장의 기본이념인 '생명', '풍요', '공생'의 바다를 위한 구체적인 실천 의지를 강조함

□ **헌장이념의 실천을 위하여** 해양생태·자원개발·산업육성·교육 및 해양력 배양·주권 및 안전·문화 및 국제협력 등 7대 실천강령을 규정

○ 첫째, **바다의 중요성 및 해양생태보전의무**를 규정함

○ 둘째, 바다자원의 친환경적 개발과 미래세대를 위한 **지속가능한 이용**(Sustainable Use) **및 생물다양성**(Bio－diversity) **보장**을 위한 現세대의 책임을 담음

○ 셋째, **해양과학기술**(MT: Marine Tech)**에 대한 투자 증대 및 해양과학기술의 산업화**를 통한 해양산업의 발전과 다각화 의지를 표명

○ 넷째, 해양인재 양성과 바다를 잘 활용하여 **세계일류의 해양력**(Sea Power) **확보의지**를 천명

○ 다섯째, 대외의존도가 높고 삼면이 바다로 둘러싸인 우리나라 환경여건상 **해양주권과 안전** 확보의 중요성을 강조하고

－ 선진통상국가로, 세계 중심국가로 발전하기 위한 적극적 해양개척의 의지 천명

○ 여섯째 **장보고 대사**의 진취적 기상을 이어받아 **'新해양문화'를 창달**함으로써 21세기 국가발전의 저변으로 삼음

○ 끝으로 우리와 세계를 이어주는 바다를 통한 **국가간 협력으로 국제사회에의 기여의지**를 천명

바다헌장은 해양수산부에 의해 제정되어 2005년 울산시 장생포해양공원에서 개최된 제10회 바다의 날 기념식에서 공표되었다.

바다헌장은 바다의 중요성에 대한 공감대를 형성하고 진취적인 해양개척정신을 고취시켜 해양강국의 비전을 제시하기 위해 '생명·풍요·공생의 바다'라는 이념을 강조하고 있다. 또 헌장이념의 실천을 위해 해양생태, 자원개발, 산업육성, 교육 및 해양력 배양, 주권 및 안전, 문화 및 국제협력 등 7대 실천강령을 제정했다.

바다헌장은 10명의 기초위원이 기초하고 40여명의 바다헌장 제정위원회의 검토를 거쳐 확정되었다.

한국해양대학교 해사법학부 이용희 교수가 기초위원으로 참여하여 바다헌장의 기틀을 제시하였다.

차 례

제1편 공법적 쟁점과 과제

제1장 해양법의 법적 쟁점

제2장 행정법의 법적 쟁점

제2편 사법적 쟁점과 과제

제1장 비교법적 고찰

제2장 해상법의 법적 쟁점

제 3 장 해사전문법원제도의 법적 쟁점

제 1 편 공법적 쟁점과 과제

제 1 장

해양법의 법적 쟁점

≫ 유엔해양법협약 제298조 군사활동의 해석에 관한 국제판례 분석_이용희

유엔해양법협약 제298조 군사활동의 해석에 관한 국제판례 분석*

이 용 희

Ⅰ. 서 론

유엔해양법협약이 해양의 국제적 질서로 자리매김하고 있다는 점에서는 어떠한 국가도 이의를 제기하고 있지 않다. 또한 협약 전문에서도 "해양법과 관련된 모든 문제를 상호 이해와 협력의 정신으로 해결하고자 하는 희망에 따라" 동 협약이 제정되었으며, "해양의 여러 문제가 서로 밀접하게 관련되어 있으며 전체로서 고려되어야 할 필요성" 이 있으므로 해양에 관한 모든 문제를 다루는 종합적인 조약으로 체결되었음을 명시하고 있다.1) 그럼에도 동 협약의 전통적 규정에 대한 해석과 적용과정에서 또는 새로운 환경과 과학기술적 요소의 등장으로 협약 규정의 해석과 적용에 관하여 많은 분쟁 또는 갈등이 발생하고 있다.

특히, 유엔해양법협약이 해양에 관한 국가간 활동을 모두 규율할 수 있다는 희망과는 달리 협약 협상단계에서 합의의 어려움으로 인하여 의도적으로 다루지 않았거나 모호한 상태로 남겨둔 사안들이 여전히 많은 법적 논쟁의 대상이 되고 있다. 그중 하나가 군사활동에 관한 사항이다.2)

해양에서의 군사활동이 전세계적으로 증가하는 추세에서 유엔해양법협약에

---

* 이 논문은 '유엔해양법협약 제298조 군사활동의 해석에 관한 국제판례 분석'(해사법연구, 제33권 제3호, 2021)의 내용을 바탕으로 추가 수정•보완하여 작성한 것임.

1) Starati, Gavouneli, Skourtos(eds.), *Unresolved Issues and New Challenges to the Law of the Sea*(Leiden: Maritinus Nijhoff Publishers,2006), p.XI.

2) Francesco Francion, "Peacetime Use of Force, Military Activities, and the New Law of the Sea", *Cornell International Law Journal*, Vol. 18, Issue 2(1985), p.203.

따라 확장된 연안국의 해양관할권과 해양군사대국의 군사활동을 둘러싼 분쟁은 더욱 증가하는 모습을 보이고 있다. 영해에서 타국 군함의 무해통항 가능성, 연안국 배타적 경제수역에서 타국 군함의 군사활동 가능성을 둘러싼 분쟁 또는 갈등이 지속되고 있다. 특히 최근에는 동중국해와 남중국해에서 미국과 중국간 군사적 갈등, 흑해에서 러시아와 우크라이나간 군사활동을 둘러싼 분쟁이 발생하고 있다.

이에 더하여 유엔해양법협약 제298조 제1항 (b)호에 따라 구속력있는 강제적 분쟁해결절차의 적용 예외가 가능한 군사활동의 범위와 관련하여 일련의 국제재판이 진행된 바 있다. 협약 제298조는 협약당사국으로 하여금 협약 서명, 비준, 가입시 또는 그 이후 어느 때라도 일정분쟁을 협약 제15부 제2절의 구속력있는 결정을 수반하는 강제적 분쟁해결절차의 적용을 수락하지 아니한다는 것을 서면선언할 수 있도록 규정하고 있다. 그러한 선언의 대상이 되는 분쟁으로서 군사활동(비상업용 업무를 수행중인 정부 선박과 항공기에 의한 군사활동 포함)에 관한 분쟁이 포함되어 있다.

이러한 규정에도 불구하고 동 규정에서 의미하는 군사활동의 의미에 대하여 협약이 침묵하고 있는 관계로, 협약 제298조 제1항의 적용 범위에 대한 법적 분쟁이 발생하고 있는 것이다. 즉, 제298조에 따라 자국의 군사활동에 대한 유엔해양법협약 제15부 제2절의 분쟁해결절차 적용 예외 선언을 한 국가의 경우에도 일정한 군사활동의 경우에는 적용 예외의 대상으로 인정하지 않는다는 점이 쟁점으로 부각된 사건들이 이에 해당한다. 그 대표적 예로서 2016년 필리핀과 중국간 남중국해사건에 대한 유엔해양법협약 제7 부속서에 따른 중재재판소 판정(이하에서 '2016년 남중국해 중재 판정'이라 함), 2019년 우크라이나와 러시아간 3척의 우크라이나 해군함정과 승조원 억류사건에 대한 국제해양법재판소의 잠정조치 명령(이하에서 '2019년 우크라이나와 러시아간 잠정조치명령'이라 함), 2020년 우크라이나와 러시아간 케르치해협사건의 러시아 선결적 항변에 대한 유엔해양법협약 제7 부속서에 따른 중재재판소 판정(이하에서 '2020년 우크라이나와 러시아간 선결적 항변 판정'이라 함), 2022년 우크라이나와 러시아간 3척의 우크라이나 해군함정과 승조원 억류사건의 러시아 선결적 항변에 대한 유엔해양법협약 제7 부속서에 따른 중재재판소 판정(이하에서 '2022년 우크라이나와 러시아간 선결적 항변 판정'이라 함)을 들 수 있다.

이에 더하여 분쟁당사국이 행한 행위가 군사활동에 해당하는 가 아니면 법집행활동에 해당하는 가로 그 범위를 확대하면 2007년 가이아나와 수리남사건에 대한 유엔해양법협약 제7 부속서에 따른 중재재판소 판정(이하에서 '2007년 가이아나와 수리남간 중재 판정'이라 함)까지를 들 수 있다.

이와 같은 일련의 국제판례는 군사활동을 둘러싼 국가간 해양분쟁을 그 성질에 따라 유엔해양법협약상 구속력있는 결정을 수반한 강제적 분쟁해결절차의 적용대상으로 볼 여지를 제시함으로서 많은 국제적 논쟁의 대상이 되고 있다. 더욱이 대한민국도 제298조 제1항에 따라 2006년 4월 18일 서면선언을 통하여 군사활동에 관한 분쟁의 적용예외선언을 하였으므로, 적용 예외의 범위가 매우 민감한 사안으로 대두되고 있다. 특히, 독도 주변수역으로 진입하려고 하는 타국 선박을 군함이 직접 또는 해경선박과 합동으로 저지한 경우를 군사활동으로 볼 수 있는 지 여부, 배타적 경제수역에서 행하는 타국의 군사조사를 군사활동으로 볼 것인가의 문제[3] 등이 관심사항이 될 수 있을 것이다.

이상과 같은 군사활동에 관한 분쟁을 둘러싼 유엔해양법협약의 해석과 적용에 관한 쟁점을 고려하여 이하에서는 유엔해양법협약 준비문서를 검토하여 제298조 제1항 (b)호의 입법배경 및 의도를 분석하고자 한다. 또한, 유엔해양법협약 분쟁해결절차의 적용으로 진행된 국제분쟁중 제298조 제1항 (b)호의 해석과 관련된 분쟁에 대한 국제판례를 비교 분석하여 국제판례상 형성되어 오고 있는 해석기준을 도출하고 그 시사점을 제시해보고자 한다.

3) 이민효, "EEZ에서의 군사활동 제한원칙에 관한 소고", 「E-Journal」, 제34호, 한국해양안보포럼 (2018), 7쪽.

Ⅱ. 유엔해양법협약상 군사활동에 관한 규정 검토

1. 군사활동의 정의 및 주체

유엔해양법협약상 군사활동이라는 용어는 협약 제298조 제1항 (b)호에서 별도의 정의없이 유일하게 사용되고 있다. 군사활동에 관한 별도의 정의가 없는 관계로 군사활동의 범위에 대하여 국제적으로 합의된 사항도 존재하지 않는다. 또한, 협약 발효후 국제재판의 판례에서도 이 부분을 자세히 설명한 바도 없다.[4] 학술적 측면에서는 군사활동의 범위를 통상적인 항행과 상공비행, 해상작전 및 훈련, 무기 사격 및 시험, 조사, 감시 및 정보수집까지 포함하는 것으로 주장되고 있다.[5] 이와 같은 주장은 군사적 목적으로 행하여지는 위의 활동 전체가 군사활동으로 보아야 한다는 입장이다. 이때 '군사적' 이란 용어의 의미는 일반적으로 "외부의 무력 위협에 대응하여 자국의 국가안보이익을 보호하기 위하여 행하여지는 것"으로 해석된다.[6] 이 이외에도 "군사활동은 고도의 정치적 성질을 내포하고 있으므로 폭넓게 그 의미가 해석되어야 한다는데 폭넓은 합의가 존재하며, 군사활동은 군함이나 군용항공기 또는 비상업용 정부선박의 행위로만 국한되지 않는다"는 주장 또한 있다.[7] 그러나, 군사조사

---

4) Case concerning the Detention of three Ukrainian Naval Vessels(Ukraine v. Russian Fereration), International Tribunal for the Law of the Sea, Separate Opinion of Judge Gao(2019), para.18.

5) Raul Pedrozo, "Preserving Navigational Rights and Freedoms: The Right to Conduct Military Activities in China's Exclusive Economic Zone", Chinese Journal of International Law(2010), pp.12-13; Hyun-Soo Kim, "Military Activities in the Exclusive Economic Zone: Preventing Uncertainty and Defusing Conflict", *International Law Studies, Vol. 80: Issues in International and Military Operation*(U.S. Naval War College, 2003), p. 257; 이민효, "공해의 군사적 이용과 공해자유원칙의 제한", 「성균관법학」, 제16권 제1호,성균관대학교 법학연구원(2007), 652-653쪽.

6) Yurika Ishii, " The Distinction between Military and Law Enforcement Activities: Comments on Case concerning the Detention of Three Ukrainian Naval Vessel(Ukraine v. Russian Federation), Provisional Measures Order", *European Journal of International Law: Talk!*, May 31, 2019, p.2. https://www.ejiltalk.org/the-distinction-between-Military-and-Law-Enforcement-Activities-Comments-on-Case-concerning-the-Detention-of-Three-Ukrainian-Naval-Vessel-Ukraine-v.-Russian-Federation-Provisional-Measures-Order/2021.8.4 방문

7) Talmon, " The South China Sea Arbitrations: Is there a Case to answer?" in Talmon, Stefan, Jia, Bing Bing, *The South China Sea Arbitration: A Chinese Perspective*(Oxford: Hart Publishing, 2014), pp.57-58.

와 군사정보수집행위가 군사활동에 포함되지 않고 해양과학조사의 범주에 포함된다는 반론도 존재한다.[8] 따라서, 군사활동의 역할, 범위, 성질은 각국에 각각 유보되어 있어서 국제해양법상 합의된 개념의 군사활동을 정의한다는 것은 어려운 현실이다.[9]

다만, 군사활동의 주체에 대해서는 유엔해양법협약 제298조에서 일반적으로 예상하는 군함 또는 군용항공기 이외에 비상업용 정부선박과 항공기에 의해서도 군사활동이 가능한 것으로 명시하고 있다. 그러나, 이들 주체 중 군함의 정의만 협약 제29조에서 규정하고 있을 뿐, 군용항공기, 비상업용 정부선박 또는 항공기에 대해서는 별도의 정의를 규정하고 있지는 않다.

한편, 유엔해양법협약에서 법집행활동라는 용어는 제298조에서만 사용되고 있지만, 법 및 규칙의 집행(enforcement)을 의미하는 규정은 협약 본문상 제62조, 제66조, 제73조, 제211조, 제213조, 제214조, 제215조, 제216조, 제217조, 제218조, 제220조, 제222조, 제224조, 제225조, 제232조, 제233조에서도 사용되고 있다. 이 밖에도 법률의 집행가능성을 의미하는 조치권까지를 대상으로 살펴보면, 제25조, 제27조, 제28조, 제61조, 제77조, 제78조, 제99조, 제100조, 제105조, 제108조, 제109조, 제110조, 제111조까지 그러한 범주에 해당한다고 볼 수 있다. 이와 같이 협약당사국은 다양한 협약 규정에 근거하여 법집행활동을 자국 관할해역 뿐만 아니라 공해에서 행사할 수 있다. 그러나, 이러한 법집행활동중 협약 제298조 제1항 (b)호에 따른 선언을 통하여 협약상 구속력있는 결정을 수반하는 강제적 분쟁해결절차의 적용에서 예외가 되는 법집행활동은 명시적으로 매우 한정되어 있다. 즉, 해양과학조사와 관련된 협약 제246조(배타적 경제수역과 대륙붕에서의 해양과학조사)와 제253조(해양과학조사의 정지 또는 중지), 배타적 경제수역에서 연안국이 생물자원에 대한 주권적 권리행사(제73조)와 관련된 법집행활동으로 한정된다.

법집행활동의 정의에 대해서도 협약은 별도의 규정을 두고 있지 않지만, 협약 제298조 제1항 (b)호에서 "주권적 권리나 관할권의 행사와 관련된 법집행

8) Zhang Haiwen, "Is It Safeguarding the Freedom of Navigation or Maritime Hegemony of the United States?－Comments on Raul Pedrozo's Article on Military Activities in the EEZ",Chinese Journal of International Law(2010), p.32.

9) Yurika Ishii, op. cit., p.2.

활동"이라고 규정하고 있음을 고려할 때 법집행활동은 "협약당사국이 협약에서 인정하는 주권적 권리나 관할권에 근거한 법집행활동"을 의미하는 것으로 해석할 수 있다. 다만, 이것은 협약 제298조를 적용함에 있어서 해당하는 법집행활동의 범위를 언급하는 것이며, 일반적 의미에서 살펴보면 "협약에 따라 협약당사국이 주권, 주권적 권리 및 관할권에 근거하여 행하는 행위"로 볼 수 있다. 또한 협약상 의도하고 있는 연안국의 법집행활동의 범주는 법령위반선박 또는 법령위반혐의가 있는 선박에 대한 정선(stopping), 승선(boarding), 검색(inspection) 및 나포(arrest) 등의 형태를 포함하는 것으로 해석된다.[10)]

법집행활동의 주체에 대해서는 해양환경보호에 관한 법집행권한 행사를 규정한 협약 제224조에서 찾아볼 수 있다. 제224조는 "이 부에 따른 외국선박에 대한 집행권한은 공무원이나 군함, 군용항공기나 정부업무에 사용되는 것이 명백하게 표시되고 식별가능한 그 밖의 선박이나 항공기에 의해서만 행사될 수 있다"고 규정하고 있다. 따라서, 협약상 법집행활동 주체 역시도 위에서 살펴본 군사활동의 경우와 마찬가지로 군함, 군용항공기, 비상업용 정부선박 및 항공기로 규정되어 있음을 알 수 있다.[11)]

2. 유엔해양법협약 제298조 군사활동과 법집행활동 관련규정의 입법과정

유엔해양법협약 제298조는 협약당사국의 주권과 협약 제15부 제2절의 강제적 분쟁해결절차간의 타협적 성질을 갖는 것이다. 협약의 보편성 확보를 위하여 제15부 제2절 강제적 분쟁해결절차의 적용으로부터 협약당사국의 주권에 관한 민감한 사안과 관련된 분쟁을 적용 예외할 수 있는 가능성을 협약당사국에게 허용한 일종의 안전장치로 기능하고 있다.[12)]

10) 이용희, "연안국 법집행시 외국선박에 대한 무력사용에 관한 국제법적 고찰", 해사법연구, 제21권 제1호(2009), 236쪽.

11) 유엔해양법협약 제107조(해적행위를 이유로 나포할 권한이 있는 선박과 항공기), 제110조(임검권), 제111조(추적권)에서도 동일한 주체에게 법집행권한을 부여하고 있다.

12) Keyuan Zou, Qiang Ye, "Interpretation and Application of Article 298 of the Law of the Sea Convention in Recent Annex VII Arbitrations: An Appraisal", Ocean Development &

특히, 군사활동과 법집행활동이 제298조에 따라 강제적 분쟁해결절차의 선택적 적용 예외 대상에 포함되게 된 것은 협약의 협상 초기단계에서 각 대표단의 해군 고문들이 해군 함정의 행위가 사법재판의 대상이 되는 경우 군사비밀이 노출될 우려가 있다는 점을 제기한 것에서 비롯되었다.[13] 이러한 배경에서 미국은 1973년 '심해저위원회(the Sea-Bed Committee)'에 "이 규정은 어떠한 것도 특정 선박 및 항공기에 대하여 국제법상 부여된 주권면제를 약화시키지 않는다"라는 규정을 분쟁해결 규정 초안에 포함시킬 것을 제안하였다.[14]

구속력있는 강세석 분쟁해결제도의 적용 예외 대상에 처음으로 군사활동과 법집행활동이 논의된 것은 제3차 유엔해양법회의 1974년 제2회기이다. 동 회의에서 미국에 의해, "군사활동을 행한 국가가 명시적으로 동의하지 않는 한, 군사활동에 관한 분쟁은 구속력있는 강제적 분쟁해결절차의 적용 대상에서 예외가 된다"는 내용을 규정상 포함시켜야 한다는 안이 제시되었다.[15] 그러나, 미국의 제안에서 나타난 주권면제의 주장은 주권면제의 본질이 타국 법원의 재판관할권으로부터의 면제를 의미하는 것이지 국제재판의 대상으로부터도 면제를 의미하지 않는다는 의문이 제기됨으로서, "군사활동에 관한 분쟁은 그 활동을 행한 국가가 명시적으로 동의하지 않는 한 협약상 분쟁해결규정의 적용대상에서 예외로 한다"는 내용이 추가적으로 제안되었다.

1975년 제3회기에서 분쟁해결에 관한 비공식 작업그룹은 주권면제에 관한 내용을 삭제하고 군사활동과 법집행활동을 구분하였다. 즉, "국가는 비상업용 정부 선박 및 항공기에 의한 군사활동을 포함하여 군사활동에 관한 분쟁을 선언에 의해 분쟁해결절차의 적용대상에서 예외로 할 수 있으나 협약에 따른 법집행활동의 경우는 군사활동으로 보지 않는다"[16]고 규정하여 법집행활동에 관한 분쟁은 협약의 분쟁해결절차 대상으로 포함시켰다. 이 제안은 약간의 문구수정작업을 거쳐 비공식협상초안(Informal Single Negotiating Draft) 제18조

International Law, Vol. 48, No. 3-4(2017), pp. 331-332.

13) Nordquist, Rosenne, Sohn, United Nations Convention on the Law of the Sea 1982 A Commentary, Vol. Ⅴ(Dordrecht: Maritinus Nijhoff Publishers, 1989), p.135.

14) UN A/AC.138/97, Article 8, para.3, reproduced in II SBC Report 1973, at 22, 23(U.S.A.). Ibid에서 재인용.

15) Ibid.

16) Source 19, Article 17, para 3(c)

제2항 (c)호로 포함되었다.

동 초안을 바탕으로 한 1976년 제4회기 총회 토의과정에서 뉴질랜드는 정부선박 및 항공기가 타국의 재판관할권으로부터 면제되는 것이 지속되어야 하므로 국제재판관할권의 범위에서는 예외로 되어서는 안된다는 반대의견을 제시하였다. 이 밖에도 다른 국가의 대표단들도 당시 제시된 군사활동의 예외 가능성이 너무 넓게 규정되어 있으므로 좀 더 정확하게 규정하여 그 범위를 좁히는 것이 적절하다는 의견을 표명하였다.

또한, 1977년 제6회기 개최 전의 비공식협상에서도 군사활동 예외 규정에 대한 반대의 의견이 제시되었다. 동 의견은 그 이유로서 군사활동과 준군사활동을 구분하는 것이 비합리적이며, 만약 양자를 구분하는 경우 연안국 배타적 경제수역에서 타국이 행한 군사활동은 제3자적 분쟁해결절차에서 제외될 수 있는 반면에 연안국의 법집행활동은 강제적인 국제분쟁해결절차의 대상이 되는 결과를 초래한다는 점을 강조하였다.

이러한 반론에 따라 '비공식통합협상초안(Informal Compositive Negotiating Text)'에서는 군사활동 뿐만 아니라 협약에서 규정된 주권적 권리와 관할권 행사상 법집행활동도 강제적 분쟁해결절차의 대상에서 예외를 선언할 수 있는 대상으로 수정되었다.[17] 그러나, 법집행활동의 예외인정범위는 모든 법집행활동을 대상으로 하지 않고 제297조와 연계하여 동 조 제2항 및 제3항에 따라 연안국이 강제적 관할권을 수용하지 않아도 되는 법집행활동만으로 국한하는 규정으로 최종 수정되어 현재의 협약 규정으로 채택되었다.[18]

이와 같은 과정을 통하여 제정된 협약 제298조 제1항 (b)호의 문언적 해석상, 군함 또는 군용항공기 또는 비상업용 정부선박 및 항공기에 의해 행하여진 군사활동은 전적으로 협약당사국의 선언에 의해 협약 제15부 제2절의 구속력있는 결정을 수반하는 강제적 분쟁해결절차의 대상에서 제외될 수 있는 것으로 이해되었다. 이와 같은 군사활동에 관한 법적 분쟁의 강제적 분쟁해결절차 적용 예외 가능성은 연안국의 관할해역에서 활동하는 외국 군함과 비상업용 정부선박에 대하여 주권면제를 인정하여 연안국의 주권을 제한한 것에 대

17) Ibid., p.136. ICNT, Source 6, para. 1(b).
18) Ibid., p.137.

응하여 연안국 군함이 자국 관할해역에서 활동하는 외국 군함 등에 대하여 행한 행위와 관련된 분쟁도 연안국의 결정에 따라 협약 제15부 제2절의 구속력 있는 결정을 수반하는 강제적 분쟁해결절차의 대상에서 제외될 수 있다는 점에서 일정부분 균형점을 찾았다고 볼 수 있다.

반면에 연안국의 법집행활동은 연안국 배타적 경제수역에서 해양과학조사와 어업에 관하여 행사된 협약 제297조 제2항 및 제3항에서 명문으로 규정한 법집행활동만이 협약당사국의 선언에 의해 협약 제15부 제2절의 구속력있는 결정을 수반하는 강제적 분쟁해결절차의 적용대상에서 제외되게 되었다. 즉, 연안국이 내수와 영해, 배타적 경제수역에서 협약 규정에 근거하여 행한 법집행활동중 특정된 사항을 제외한 대부분은 협약 제15부 제2절의 분쟁해결절차를 적용받아서, 분쟁당사국 일방의 제소에 의해 국제재판의 대상이 된다는 것이다.

그러나, 앞서 언급한 바와 같이 협약은 무엇이 군사활동이며 무엇이 법집행활동인가에 대한 정의를 두지 않았으며, 해군 이외에 별도의 법집행세력을 두고 있지 않은 국가의 경우 군함이 행한 군사활동과 법집행활동의 구별 기준에 대해서도 뚜렷하게 규정하고 있지 않아 해석상 다툼의 여지를 내포하고 있다.

Ⅲ. 유엔해양법협약상 군사활동에 관한 국제판례의 태도 분석

1. 2007년 가이아나 수리남사건에 대한 유엔해양법협약 제7부속서 중재 판정

이 사건은 1799년 가이아나와 수리남이 각각 영국과 네덜란드의 식민지 시절부터 시작된 해양경계획정분쟁사건의 일환으로 발생한 것이다. 유엔해양법협약 제287조에 따라 가이아나의 일방적 제소로 협약 제7부속서에 따른 중재재판소에 2004년 부탁되어, 2007년 9월 17일 판정이 내려져 종결되었다.

이 사건에 대한 가이아나의 청구취지중 하나로 수리남 해군이 행한 행위가 유엔헌장 제2조 제4항에서 금지하고 있는 무력사용의 위협에 해당하는 가 아니면 법집행활동의 일환으로 행하여진 것인가가 다루어 졌다.[19] 즉, 수리남 군함의 행위가 가이아나의 영토적 일체성에 대하여 군사력을 사용한 것으로서, 동 행위가 유엔해양법협약과 유엔헌장에 따른 평화적인 분쟁해결의무를 위반한 것이며 더 나아가 유엔헌장 제2조 제4항을 위반하였음을 선언하여 달라고 가이아나가 청구한 것이다.[20]

동 청구취지의 배경이 되는 사실관계를 살펴보면, 2000년 6월 3일 자정 무렵 수리남 군함 2척이 수리남과 가이아나가 각각 관할권을 주장하고 있는 대륙붕 중첩주장수역에서 가이아나로부터 자원개발면허를 받고 대륙붕 굴착작업을 수행하는 캐나다가 임차한 미국 선적의 시추시설 'C.E. Thornton'호에 접근하여 불법행위를 중단하고 즉시 수리남의 해역에서 철수할 것을 요구하였다. 수차례 반복된 수리남 군함의 퇴거명령에 의해, 'C.E. Thornton'호 선장은 비록 수리남 군함이 'C.E. Thornton'호에 대한 위해를 가할 의사가 없음을 밝혔음에도 불구하고 수리남 해군이 무력을 행사할 가능성이 있다고 판단하여 24시간내에 철수를 시행하였다.[21]

이러한 가이아나 주장에 대하여 수리남은 2000년 6월 3일 자국 군함이 행한 조치는 대륙붕에 대한 관할해역 분쟁지역에서 불법적으로 시추행위를 하는 것을 배제하기 위한 '합리적이고도 균형감이 있는 법집행조치의 성격(the nature of resonable and propotionate law enforcement measures)'을 가지는 것이며 유엔헌장 제2조 제4항에서 언급하고 있는 무력사용의 위협에 해당하지 않는다고 항변하였다.[22]

이 쟁점에 대하여 중재재판소는 2000년 6월 3일 행하여진 수리남의 행위는 단순한 법집행조치라기 보다는 군사행동의 위협에 보다 가까운 것이며, 따라

19) 이에 대하여 자세한 것은 S. Fietta, "Guyana/Surinam Award", American Journal of International Law, Vol.102(2008), pp.119－128 참조.

20) Guyana/Suriname Case, UNCLOS Annex VII Arbitral Tribunal, Award of 17 September 2007, para.263.

21) Ibid., pp.49－50.

22) Patricia Jimenez Kwast, "Maritime Law Enforcement and the Use of Force: Reflections on the Categorisation of Forcible Action at Sea in the light of the Guyanas/Surinam Award", Journal of Conflict and Security Law, Vol.13, No.1(2008), p.51.

서 유엔해양법협약, 유엔헌장 및 일반국제법에 위반되는 무력사용의 위협에 해당한다고 중재재판관 전원일치의 결정을 한 바 있다.[23]

중재재판소가 이러한 결정을 내린 이유에 대해 살펴보면, 먼저 법집행활동의 일환으로 무력사용이 불가피하고, 합리적이며 필요성의 원칙에 부합하면 국제법상 허용된다는 점을 인정하였다. 그러나, 이 사건에서 수리남 군함이 행한 행위는 이 사건의 환경상 단순한 법집행활동으로 보기 보다는 군사활동의 위협에 더 가깝다고 판단하였다.[24] 특히, 이러한 판단을 함에 있어 'C.E. Thornton'호의 감독관(supervisor) Messrs Netterville과 동 작업에 전체적인 책임을 지고 있는 Barber의 증언이 주요한 역할(primary)을 하였다고 설명하였다.[25] Messrs Netterville의 증언 내용을 살펴보면, 앞서의 사실관계를 설명하면서 "수리남 군함의 행위를 통하여 만약 그들의 요구대로 12시간 안에 철수하지 않으면 그들이 자신들의 굴착선과 보조선에 대하여 무력행사를 주저하지 않았을 것이라고 이해하였다"고 증언하였다.[26] 또한 그는 자신의 40년 넘는 해양굴착분야의 경험상 수리남 군함이 행한 무력사용의 위협은 전례가 없으며, 경험해보지도 못하였고 그런 사례가 있다고 들어본 바도 없다고 증언하였다.[27] Barber도 이와 유사한 증언을 하였다.[28]

이 사건에서 수리남은 자국 군함이 무력을 행사하지도, 구체적으로 무기사용을 위협하지도 않았을 뿐만 아니라, 자국의 광업법 제2조 제6항에 따라 면허없이 광업행위를 한 자는 최대 2년의 징역 또는 최대 100,000 수리남 길더(guilders)의 벌금을 각각 또는 병과할 수 있다는 근거규정을 제시하였다.[29] 또한, 수리남 군함의 현장지휘관들도 무력사용의 의사도 없었고 어떠한 실제적 무력사용의 지시를 받은 바도 없고 그러한 무기도 없었다고 증언하였다.[30]

이와 같음에도 불구하고 중재재판소는 군사활동에 의한 무력사용과 법집행활

23) Guyana/Suriname Case, op. cit., para.445.
24) 박덕영, "가이아나-수리남 해양경계획정을 위한 중재판정의 주요법적 쟁점 고찰", 「국제법학회논총」, 제54권 제1호, 대한국제법학회(2009), 219쪽.
25) Ibid.
26) Guyana/Suriname Case, op. cit., para.433.
27) Ibid., para.434.
28) Ibid., para.435.
29) Ibid., para.441.
30) Ibid., paras.437-438.

동을 구분함에 있어, 수리남 군함의 지휘관이 내린 철수명령이 'C.E. Thornton'호가 불복한 경우 무력을 사용할 수 있다는 명백한 위협이라는 점, 영토를 획득하기 위하여 또는 정치적이나 경제적 목적을 타국이 따르거나 따르지 않을 경우 타국에 대하여 무력 사용을 위협하는 것은 국제법상 불법이라는 점을 들어 수리남 군함의 행위가 법집행활동이 아닌 국제법상 금지하고 있는 무력사용의 위협이라고 판단한 것이다.[31] 즉, 해당 국가의 주관적 요소를 예외하고 객관적으로 해당 행위의 배경이 된 사항에 주목한 것으로 생각된다. 더욱이 무력사용의 위협 여부의 판단을 객관적으로 일정한 기준에 의해 판단하기 보다는 실제적인 위협인 지 여부를 당시 현장의 제소국 증인들의 증언에 기초하여 판단하였다는 점에서는 일방의 주관적 판단에 근거했다는 점에서 특기할만하다.

2. 2016년 남중국해사건에 대한 유엔해양법협약 제7부속서 중재재판소 판정

이 사건은 필리핀과 중국간에 남중국해에서 해양지형물의 영유권을 둘러싼 분쟁과 남중국해에 대한 주권, 주권적 권리 및 관할권 행사에 관한 분쟁이 혼합된 것으로서, 필리핀이 유엔해양법협약 제286조와 제287조에 따라 중국을 상대로 협약 제7부속서에 따른 중재재판소에 2013년 1월 22일 부탁한 사건이다.[32]

이 사건에 대한 필리핀의 청구취지는 총 15개로 구성되었으며, 이중 이 논문에서 다루고 있는 유엔해양법협약 제298조 제1항 (b)호에 근거하여 협약상 강제적 분쟁해결절차의 적용에서 제외될 수 있는 군사활동 또는 법집행활동에 관련된 것은 청구취지 8에서 14가 해당하였다. 특히, 동 청구취지 관련 내용중 중국의 어업집행조치, Mischief Reef의 매립 및 인공섬 건설행위, 중국 법집행선박의 행위, Second Thomas Shoal에서의 필리핀과 중국의 대치행위가 군사활동에 해당하는 것인지 또는 법집행활동에 해당하는 것인지, 법집행활동

31) Ibid., para.439.

32) The South China Sea Arbitration(the Republic of the Philippines v. the People's Republic of China)(2016), UNCLOS Annex VII Arbitral Tribunal, Award on the Merits, 12 July 2016, available on the Permanent Court of Arbitration website at www.pca-cpa.org.

이라면 협약 제298조 제1항 (b)호에서 적용 예외의 대상으로 인정하고 있는 법집행활동인지에 대한 판단이 쟁점이었다. 이러한 사항에 대한 고려는 중국이 제298조 제1항에 따라 모든 종류의 분쟁에 대하여 협약 제15부 강제적 분쟁해결절차의 적용을 예외하는 선언을 2006년 8월 25일에 하였고, 따라서 필리핀의 청구취지의 내용중 어느 하나가 동 예외 선언에 해당된다면 재판소가 관할권을 갖지 않는다는 문제가 발생하기 때문이었다.

중재재판소는 위의 관할권 인정 여부에 대한 판단에서, 앞서 제기된 4개의 쟁점중 청구취지 12와 관련된 Mischief Reef의 매립 및 인공섬 건설행위가 군사활동에 해당하는 지 여부와 청구취지 14와 관련된 Second Thomas Shoal에서의 필리핀과 중국의 대치행위가 군사활동에 해당하는 것인지 여부에 대한 판단은 본안심리단계에서 판단하기로 결정하였다.[33)]

청구취지 12번에서 필리핀은 중국이 필리핀의 승인없이 Mischief Reef에 인공섬, 시설 및 구조물을 건설한 것은 유엔해양법협약 제60조와 제80조를 위반한 것이며, 협약하에서 미수에 그친 위법행위에 해당한다고 주장하였다. 특히. 이 논문의 쟁점과 관련하여서는, Mischief Reef에 건설된 인공섬 등이 비군사적 목적과 군사적 목적을 동시에 내포하는 것이라면 동 건설행위를 군사활동으로 볼 것인가라는 점과 동 건설행위에 군사인력이 활용되었다면 군사활동으로 볼 것인가 하는 점이다.

이 점에 대하여 필리핀은 3가지 이유를 들어 해당 행위가 협악 제298조 제1항에서 규정하고 있는 군사활동에 해당하지 않음을 주장하였다. 첫째, 중국이 위의 건설행위를 2014년 12월 7일자 입장문에서 제298조 제1항의 예외에 해당하는 군사활동으로 보지 않는 등 지속적으로 군사활동에 해당하지 않는다고 발언하였다는 점이다. 필리핀은 "국가가 자신이 한 행위가 군사활동이라고 하지 않은 결정을 재판소가 가볍게 다루어서는 안된다"고 주장하였다.[34)]

33) 김원희, "남중국해 중재사건의 관할권 판정: 유엔해양법협약 제15부 분쟁해결제도의 남용인가 진화인가?", 「서울국제법연구」, 서울국제법연구원, 제23권 제1권(2016), 117쪽; The South China Sea Arbitration(the Republic of the Philippines v. the People's Republic of China), UNCLOS Annex VII Arbitral Tribunal, Award on Jurisdiction and Admissibility, 29 Oct. 2015, paras.409, 411.

34) The South China Sea Arbitration, Award on the Merits, op.cit., para.1012.

둘째, 제298조 제1항에 따라 적용 예외가 되는 군사활동은 다른 활동과 목적을 예외할 정도로 그 활동의 성질과 목적이 군사적이어야 한다는 것이다. 그러나, 위의 건설행위와 같이 군사인력이 건설행위에 동원되거나 보급활동에 참여한 것만으로 그 활동의 목적이 군사적이라고 볼 수는 없다는 것이다.[35] 셋째, 해당 활동이 군사활동의 성질을 갖는 것인지 여부는 그 활동이 이루어진 시점에 결정되는 것이지, 사후의 입장 변화로 그 성질이 바뀌는 것이 아니라는 점을 주장하였다.[36]

위와 같은 쟁점에 대하여 재판소는 중국이 동 건설활동이 완전하게 '민간목적(civilian purpose)'이라는 점을 반복적으로 표명하였다는 점, 국가원수인 시진핑이 "동 건설활동이 다른 나라를 겨냥하거나 영향을 주려는 것이 아니며 군사화를 추구할 의도가 없다"고 공개적으로 밝힌 점을 주목하였다.[37] 따라서, 재판소는 중국이 스스로 지속적으로 동 건설활동이 군사활동으로 분류되는 것에 반대의 입장을 표명하였고 국가 최고지도자가 그것을 확인하였다는 점에서 동 건설활동의 성질을 군사적인 것으로 보지 않는다고 하였다.[38] 즉, 국가 스스로 자신의 활동을 군사활동이라고 보지 않는다면 재판소가 그 활동을 군사활동으로 보지 않는다는 판단을 한 것이다.

한편, 필리핀의 청구취지 14는 중재재판 개시 이후 중국의 행위가 불법적으로 분쟁을 악화시키고 확장시켰다는 점을 확인하고자 한 것이다. 그 대표적 사실로 (a) Second Thomas Shoal 의 수역과 그 주변수역에서 필리핀의 항행권을 방해하였다는 점, (b) Second Thomas Shoal에 위치한 필리핀 인원의 교대 및 보급을 막았다는 점, (c) Second Thomas Shoal에 위치한 필리핀 인원의 건강과 복지를 위험하게 하였다는 점, (d) Mischief Reef, Cuarteron Reef, Fiery Cross Reef, Gaven Reef, Johnson Reef, Hughes Reef and Subi Reef 에서 굴착, 인공섬 건설 행위를 한 점을 언급하였다.[39]

필리핀은 청구취지 14의 (a)에서 (c)의 행위는 Second Thomas Shoal에 위치

35) Ibid., para.1013.
36) Ibid., para.1014.
37) Ibid., para.1027.
38) Ibid., para.1028.
39) Ibid., para.1110.

한 필리핀 군대에 대한 중국의 대응행위에서 비롯된 것이며, 그 대응행위의 주체는 중국 해경과 해양감시선이 사용되었다고 주장하였다. 이에 대한 사실관계를 살펴보면, 필리핀 해군은 1999년 5월 7일 Second Thomas Shoal에 상륙정 BRP Sierra Madre호를 좌초시키고 약 7명의 해병을 주둔시킨 상태에서 재판이 개시된 시점까지 보급과 인원 교대를 정기적으로 수행하였다. 필리핀이 중재재판을 제기한 이후 중국의 해양감시선과 해군함정이 Second Thomas Shoal 주변을 순찰 항해하였으며, 2014년 3월 9일에는 보급 및 인원 교대를 위해 Second Thomas Shoal로 항해하는 2척의 필리핀 비상업용 정부선박을 2척의 중국 해경선이 차단하고 진입을 방해하였으며, 3월 29일에도 같은 사건이 발생하였다.[40)]

이 청구취지 14의 (a)에서 (c)와 관련하여 중재재판소는 관할권 성립측면에서 Second Thomas Shoal과 그 주변수역에서 행하여진 중국의 행위가 성질상 군사활동인 지 아니면 법집행활동 인지를 검토하였다.

필리핀은 위의 쟁점과 관련하여 청구취지 14의 (a)에서 (c)의 행위는 성질상 군사적인 것이 아니며, 오히려 법집행활동으로 간주하는 것이 보다 적합하다는 주장을 하였다. 즉, 위에서 언급된 중국 해경선의 행위는 중국이 주장하는 관할권의 집행을 위한 것이었으며, 군함이 사용된 것도 그 목적이 민간 목적이거나 법집행 목적이었다고 주장의 근거를 제시하였다. 또한, 청구취지 12에서 논의된 바와 같이 인공섬 등의 건설행위도 군사적 목적이 아닌 민산목적이므로, 청구취지 14에서 논의되는 사안은 군사활동에 관한 것이 아니라 법집행활동 또는 민간활동이므로 유엔해양법협약 제298조 제1항에 따른 강제관할권 적용이 예외되는 대상이 아님을 주장하였다.[41)]

중재재판소는 군사활동 여부를 판단하면서, 유엔해양법협약 제298조 제1항 (b)호에 의해 강제적 분쟁해결절차의 적용이 예외되는 분쟁은 "군사활동에 관한 분쟁"이며, "군사활동"을 예외하는 것이 아님을 적시하였다. 또한, 중재재판소는 이 건과 관련하여 핵심적 사실은 Second Thomas Shoal과 관련하여 필리핀 군대가 Second Thomas Shoal에 파견한 필리핀 군대와 중국 해군 및 해경과

40) Ibid., paras.1113－1127.
41) Ibid., paras.1131.

기타 정부선박간의 대치상태로 보았다. 그러한 대치상태에서 중국 정부선박이 적어도 2번에 걸쳐 필리핀 군대의 공급 및 교대를 방해한 것이며, 비록 직접적 방해행위 선박은 중국의 군함이 아니지만 가까운 거리에 중국 군함이 존재했었다는 점을 고려하였다. 재판소는 이러한 상황을 일방의 군사력과 타방의 군사 및 준군사력이 상호간에 대립하는 것이 본질적으로 군사상황(military situation)으로 판단하였다. 결론적으로 중재재판소는 필리핀의 청구취지 14의 (a)에서 (c)는 군사활동에 관한 분쟁으로 보았으며, 중국이 군사활동에 관한 재판소 관할권 적용 예외 선언을 하였으므로 동 건에 대하여 관할권이 없음을 결정하였다.[42]

이 사건에서 중재재판소는 유엔해양법협약 제298조 제1항 (b)호의 규정에 따라 강제적 분쟁해결절차의 적용이 예외되는 분쟁은 분쟁당사자간 "군사활동에 관한 분쟁" 이라는 점을 확인하였다. 또한, 비록 군함이나 군사인력이 개입하였다고 하여도 일방당사자가 지속적으로 그 활동의 성질을 "군사활동이 아닌 것"으로 주장하는 경우 동 활동을 군사활동으로 보지 않는다는 점을 확인하였다. 즉, 군사활동이라고 주장하는 경우에는 그 활동의 성질과 목적 더 나아가 객관적 상황을 기준으로 군사활동 여부를 판단하지만, 군사활동 성질을 부인하는 경우에는 이를 재판소가 판단하지 않는다는 것이다. 마지막으로, 분쟁의 상황이 분쟁당사국간 군사적 대치상황이라면 비록 군함 이외의 선박이 행위 주체라고 하여도 군함 등이 그 배후에 있다면 군사활동에 관한 분쟁이라고 판단한다는 점이다. 특히, 마지막 해석태도는 중재재판소가 제298조 제1항 (b)호에 따른 군사활동에 관한 분쟁의 적용 예외 가능성을 높혀 놓았다는 평가를 받게 하였다.[43]

3. 2019년 우크라이나와 러시아간 3척의 우크라이나 해군함정 억류사건에 대한 국제해양법재판소 잠정조치명령

이 사건은 우크라이나가 유엔해양법협약 제286조와 제287조에 따라 러시아

42) Ibid., paras.1158, 1161–1162.
43) Keyuan Zou, Qiang Ye, op. cit., p.340.

를 상대로 협약 제7부속서에 따른 중재재판소에 2019년 3월 31일 분쟁을 부탁하면서, 협약 제290조 제5항에 근거하여 2019년 4월 29일 잠정조치명령을 국제해양법재판소에 청구한 것이다. 사건의 배경을 약술하면, 2018년 11월 25일 3척의 우크라이나 군함과 24명의 승조원이 흑해에 위치한 Odesa항을 출발하여 케르치해협을 통과후 Azov해에 위치한 Berdyansk항으로 이동할 목적으로 항행중 케르치해협에서 러시아 해양경비대(the Border Service of the Federal Security Service)[44] 의 저지를 받았다. 러시아 해양경비대는 우크라이나 군함이 동 해협 통항에 관한 2015년 규칙상 관련 절차를 준수하지 않았으며 최근 폭풍으로 인한 안보적 고려로 군함의 무해통항권이 잠정 정지되었다는 사유를 제시하였다. 러시아로부터 동 해협이 폐쇄되었다는 통보를 받은 우크라이나 군함은 8시간 동안 대치한 후 회항중 추적해 온 러시아 해양경비대에 의해 충격을 받아 3명이 부상당하고 선박이 손상되었으며 종국적으로 3척의 군함과 24명의 승조원이 전부 나포되어 억류되었다.[45] 이 사건과 관련하여 러시아는 24명의 해군 승조원이 러시아 국경을 불법적으로 침범하려는 범죄 피의자로서 러시아 형사소송법 제91조에 따라 체포되어 조사가 진행중이라는 주장을 하였다.[46]

이러한 사건 배경하에 우크라이나는 러시아가 3척의 군함과 24명의 해군 승조원을 나포하여 억류한 것은 유엔해양법협약 제32조, 제58조, 제95조, 제96조의 의무를 위반한 것으로 보았다. 그리고 그러한 위반은 러시아가 책임져야하는 국제적으로 위법한 행위에 해당하며, 3척의 군함과 24명의 승조원을 석방하고 재발 방지를 보장하고 완전한 보상을 우크라이나에 할 것을 요구하는 청구취지를 유엔해양법협약 제7부속서에 따른 중재재판소에 제출하였다. 우크라이나의 핵심 주장은 3척의 군함과 24명의 해군 승조원이 주권 면제의 대상으로서 러시아의 집행관할권 대상에 포함되지 않는다라는 것이다. 우크라이나

44) 러시아 해양경비대는 러시아 연방 보안국(Federal Security Service of Russian Federation) 소속 국경경비대(The Border Service)의 일원이다.

45) Case concerning the Detention of three Ukrainian Naval Vessels(Ukraine v. Russian Federation), International Tribunal for the Law of the Sea, Order for provisional Measures(2019), paras.31, 71.

46) Ibid., para.32.

는 중재재판 청구와 함께 앞서 언급한 바와 같이 국제해양법재판소에 잠정조치명령을 요청하였는 바, 잠정조치의 내용으로는 3척의 군함과 24명의 승조원을 석방하여 우크라이나로 송환하고, 24명에 대한 형사소송절차를 중단하며 새로운 소송의 개시를 삼갈 것을 요구하였다.

잠정조치명령 청구에 대한 국제해양법재판소의 핵심적 고려사항중 하나는 동 사건이 러시아의 군사활동에 해당한다면, 러시아가 1997년 3월 12일 협약 제298조에 따라 군사활동에 대한 분쟁을 협약 제15부 제2절의 분쟁해결절차의 적용 예외로 선언하였으므로 동 건에 대하여 관할권을 갖지 않는다는 점이었다. 러시아는 이 사건의 본질이 양국 군사력간의 군사활동에 기인한 분쟁이며 우크라이나도 유엔 안전보장이사회 등에서 이 사건을 반복하여 군사활동이라고 정의하였다는 사실을 들어 군사활동에 관한 분쟁이므로 위의 이유로 관할권의 부존재를 주장하였다.[47] 특히, 러시아는 우크라이나 군함 Nikopol함에서 발견된 '항해준비 점검목록'에 3척의 우크라이 군함의 임무가 러시아 영해로 허가되지 않은 비밀침투라는 점이 명기되어 있으며, 이를 러시아 해양경비대 군사요원들이 저지한 것이므로 명백히 군사활동에 해당한다고 주장하였다.[48] 이에 반하여 우크라이나는 러시아의 행위가 군사활동이 아닌 법집행활동에 해당하므로 러시아의 예외선언의 효과가 이 사건에 적용되지 않는다고 주장하였다.[49] 그 이유로서는 러시아가 반복적이고 지속적으로 러시아 행위를 군사적 성질이 아니고 국내법집행활동의 하나로 주장하였다는 점과 우크라이나는 동 사건에 대한 주장을 러시아의 불법적인 법집행활동으로 판단하고 대응하였다는 점을 들었다.[50]

이러한 쟁점에 대하여 국제해양법재판소는 군사활동 여부를 판단함에 있어 군함이 사용되었는 지 또는 법집행선박이 사용되었는 지를 유일의 판단기준으로 사용할 수 없다는 입장을 표명하였다. 그 이유로서는 어떠한 선박이 사용되었는 지는 군사활동 여부를 판단함에 있어 관련요소는 될 수 있지만 두 가지 종류의 선박이 갖는 기능과 임무가 구분할 수 없을 정도로 상당히 유사

47) Ibid., paras.51–53.
48) Ibid., para.51.
49) Ibid., para.50.
50) Ibid., paras.55–57.

하다는 점을 들었다.[51] 또한, 재판소는 군사활동인 지 아니면 법집행활동인 지의 유일한 판단기준으로 분쟁당사국이 그 행위를 어떻게 규정하느냐를 고려할 수 없으며, 단지 관련요소로서의 지위를 갖는다고 하였다.[52] 재판소는 위와 같은 형식적 또는 주관적 판단기준 대신에 군사활동과 법집행활동을 구분 짓는 판단기준으로서 분쟁당사국 행위의 성질을 객관적으로 평가하여야 한다고 하였다.[53] 이러한 판단에 기초하여 분쟁당사국 행위의 객관적 평가를 위하여 첫째, 우크라이나 군함의 케르치해협 항행의 성질, 둘째, 러시아 행위의 법적 근거 성질, 셋째, 러시아가 우크라이나 군함에 대하여 행한 무력 사용의 법적 성질에 대하여 판단하였다. 재판소는 첫 번째 사안과 두 번째 사안을 판단함에 있어 유엔해양법협약상 해협 통항이나 영해 통항은 모든 선박에 허용되므로 군함이 그 권리를 행사하였다고 하여 군사활동으로 보기 어렵다는 점과 러시아가 동 해협 통항을 저지한 사유가 군사적 성질이 아니었다는 점을 들어 동 해협 통항에 관한 분쟁은 통항제도에 대한 이견일 뿐 분쟁 자체가 군사적 성질을 갖는다고 보지 않았다.[54] 세 번째 러시아 군함이 우크라이나 군함을 추적하여 나포하는 과정에서 사용한 무력사용의 성질에 관해서는 정선명령을 하고 경고사격을 한 후 실제사격을 하는 등의 전반적 과정이 군사작전이라기 보다는 법집행작전으로 보아야 한다고 판단하였다. 또한, 나포 후에 러시아가 우크라이나 승조원을 처리함에 있어 국경 불법 침범과 유엔해양법협약 제30조(군함의 연안국 법령 위반)를 근거로 하였다는 점에서도 러시아의 행위가 군사활동이 아니라 법집행활동라고 보았다.[55]

이상과 같은 판단하에 국제해양법재판소는 동 분쟁의 성질이 군사활동이 아니라 법집행활동에 기인한 것이므로, 러시아가 주장하는 관할권 부존재 주장을 배척하고 잠정조치명령 대하여 판단하였다. 국제해양법재판소는 종국적으로 러시아에게 3척의 우크라이나 군함과 24명의 승조원을 석방하도록 잠정조치명령을 내렸다.[56]

51) Ibid., para.64.
52) Ibid., para.65.
53) Ibid., para.66.
54) Ibid., paras.68－72.
55) Ibid., paras.73－76.

동 명령에서 국제해양법재판소는 분쟁당사국의 행위가 군사활동에 해당하는 지 아니면 법집행활동에 해당하는 지 여부를 판단함에 있어 단순한 군함이 행위의 주체로 활용되었다는 형식적 측면이나 분쟁당사국의 판단과 같은 주관적 요소를 단일의 판단기준이 아닌 관련 요소로 보았으며, 동 분쟁의 전개과정을 객관적으로 평가하여 종합적으로 판단하고 군사활동 여부를 결정하였다.

이와 같은 국제해양법재판소의 유엔해양법협약 제298조 제1항 (b)호에 대한 해석 태도는 동 규정에 따라 협약 제15부 제2절의 강제적 분쟁해결절차를 적용예외할 수 있는 군사활동의 범위를 좁혔다는 점에서 많은 의미를 부여하고 있다.[57)]

4. 2020년 우크라이나와 러시아간 케르치해협사건에 대한 러시아 선결적 항변에 대한 유엔해양법협약 제7부속서 중재재판소 판정

2020년 우크라이나와 러시아간 '흑해, 아조프해 및 케르치해협에서 연안국 권리에 관한 분쟁(Dispute Concerning Coastal State Rights in the Black Sea, Sea of Azov, and Kerch Strait)' 사건은 2014년 우크라이나 영토이었던 크림자치공화국이 러시아에 합병되는 전후과정에서 발생한 해양에서의 사건에 대하여, 우크라이나가 러시아를 상대로 유엔해양법협약상 우크라이나의 권리를 침해하였다는 주장에서 시작되었다.[58)]

우크라이나는 2016년 9월 14일 유엔해양법협약 제7부속서에 따른 중재재판소 제소를 러시아에 통보하였고, 제7부속서 중재재판소는 2016년 9월 16일 구성을 개시하였다. 우크라이나는 2018년 2월 19일 준비서면에서 20개항에 이르는 청구취지를 제출하였다. 우크라이나가 제출한 청구취지의 대강을 살펴보

56) Ibid., para.124.

57) Case concerning the Detention of three Ukrainian Naval Vessels(Ukraine v. Russian Federation), International Tribunal for the Law of the Sea, Separate Opinion of Judge Gao, op. cit., paras.39－41.

58) Notification under Article 287 and Annex VII, Article 1 of UNCLOS and Statement of Claim and Grounds on Which it is Based, 14 September 2016, para.1.

면, 우크라이나가 크림반도를 둘러싼 흑해, 아조프해에서 유엔해양법협약에 따른 연안국으로서의 권리를 향유하며, 러시아가 우크라이나의 어업, 해저자원 개발 행위를 침해하였다는 점, 케르치해협 통항과 관련하여 해협연안국으로서 통항권이 있으며, 러시아도 해협연안국으로서 협력할 의무가 있으며, 해협연안국인 우크라이나의 동의없이 교량 건설, 해저전선 부설 등을 할 수 없다는 점을 적시하였다.

이에 대하여 러시아는 2018년 5월 21일 중재재판소에 선결적 항변을 제기하였다. 선결적 항변의 사유중 하나로 적시된 것이, 동 분쟁의 성질이 군사활동에 기인한 것이고 러시아가 1997년 3월 12일 군사활동과 법집행활동에 관한 분쟁에 대한 유엔해양법협약상 강제적 분쟁해결절차 적용 예외 선언을 하였으므로 중재재판소가 관할권을 갖지 않는다는 것이었다. [59]

러시아의 이러한 주장의 근거는 러시아가 제기한 선결적 항변 첫 번째 사유와 연계를 갖고 있다. 러시아는 우크라이나가 제기한 이 사건의 본질이 유엔해양법협약상 연안국의 지위를 다투는 것이 아니라 러시아의 2014년 크림자치공화국 합병의 불법성을 전제로 하는 것이라고 주장하였다. 즉, 크림반도의 영유권을 누가 갖느냐하는 문제가 전제되지 않으면 안되며 이는 유엔해양법협약의 해석과 적용에 관한 분쟁이 아니므로 중재재판소의 관할권이 적용되지 않는다는 점을 항변하였다. 이러한, 첫 번째 항변사유와 연계하여 중재재판소가 러시아의 첫 번째 항변을 러시아의 크림반도 합병행위를 위법한 무력 사용으로 보고 수용하지 않는다면 이는 곧 러시아의 군사활동으로 볼 수 있으며, 군사활동이라고 판단하였다면 제298조 제1항에 따른 러시아의 적용 예외선언에 따라 중재재판소가 이 사건에 대하여 관할권을 갖지 못한다는 것이다.[60]

또한, 러시아는 "군사활동"의 의미에 대하여 "단순하게 국가의 군사력 또는 준군사력이 행한 모든 활동"이라고 주장하며 "군사활동에 관한 문제는 제한적으로 해석되어서는 안된다는 광범위한 합의"가 있음을 들어 위와 같은 해석이 지나치게 넓은 해석이라고 보기 어렵다고 주장하였다.[61] 이 밖에도 러시아는

59) Dispute Concerning Coastal State Rights in the Black Sea, Sea of Azov, and Kerch Strait(Ukraine v. Russian Federation), UNCLOS Annex VII Arbitral Tribunal, Award concerning the Preliminary Objections of the Russian Federation, 21 February 2020, para. 300.

60) Ibid., paras.47−48, 303.

유엔해양법협약이 군사활동을 포함하는 선택적 예외를 허용한 최소한의 실질적 규정태도는 해양의 군사적 이용에 대한 상당한 유연성을 유지시키려는 의지의 표현이라고 주장하였다.[62] 더욱이 러시아는 앞서 살펴본 남중국해사건에 대한 협약 제7부속서에 따른 중재재판에서 청구취지 14와 관련하여 필리핀의 인원 교대 및 보급활동을 저지한 행위는 중국의 민간선박이 하였음에도 불구하고 가까이에 중국군함이 존재하였다는 이유만으로도 동 활동의 성격을 군사활동으로 판단한 사실을 거론하였다. 즉, 중재재판소가 제298조 제1항 (b)호에 규정된 군사활동에 관한 분쟁의 적용예외규정의 주장 가능성을 폭넓게 인정하였다는 점을 강조한 것이다.[63]

이러한 쟁점에 대하여 중재재판소는 유엔해양법협약 제298조 제1항 (b)호에서 적용예외선언의 대상이 되는 것은 "군사활동에 관한 분쟁(disputes concerning military activities)"임을 강조하였다. 유엔해양법협약 다른 규정[64]에서 보다 폭넓은 해석의 여지를 주기 위해 분쟁과 연관하여 사용한 "arising out of," "arising from," 또는 "involving," 대신에 "concerning"이라는 용어를 사용하였다는 점을 주목하였다. 즉, "concerning"이라는 용어는 제298조 제1항 (b)호에서 적용예외선언의 대상이 되는 군사활동에 관한 분쟁의 범위를 분쟁의 주된 사안이 군사활동인 경우로 제한하고자 한 것으로 해석하였다. 따라서, 분쟁당사자가 주장하는 군사활동과 분쟁의 쟁점이 되는 활동간에 우연하거나 역사적 관련성이 있는 정도로는 제298조 제1항 (b)호에서 적용예외선언의 대상이 되는 군사활동의 요건을 충족시키지 못한다고 판단하였다.[65]

다음으로 중재재판소는 제298조 제1항 (b)호에 따라 적용예외선언의 대상이 되는 군사활동이 되기 위해서는 군함 뿐만 아니라 비상업용 정부선박 및 항공기에 의해서도 가능하다는 점을 확인하였다. 다만, 분쟁의 사안이 되는 활동에 단순히 군함이 포함되어 있거나 현장에 있었다는 사실은 당해 분쟁이

61) Ibid., para. 306.
62) Ibid., para. 307.
63) Ibid., para. 308.
64) 유엔해양법협약 제151조 제8항, 제289조, 제297조 제1항, 제297조 제2항 (a)호와 (b)호
65) Dispute Concerning Coastal State Rights in the Black Sea, Sea of Azov, and Kerch Strait(Ukraine v. Russian Federation), UNCLOS Annex VII Arbitral Tribunal, Award concerning the Preliminary Objections of the Russian Federation, op. cit., para.330.

군사활동에 관한 분쟁인지 여부를 판단하는 관련요소이기는 하지만 제298조 제1항 (b)호에 따라 적용예외선언의 대상이 되는 군사활동이 되기 위한 결정적 요소는 아니라고 판단하였다.[66] 즉, 분쟁 자체가 군사활동에 관한 것이어야 하며, 쟁점이 되는 활동에 군사적 요소를 활용한 것은 이에 해당하지 않는다고 본 것이다.

또한, 중재재판소는 군함, 군용항공기 및 군인이 행한 것으로 간주할 수 있는 활동의 범위에 대하여 일관된 국가관행도 존재하지 않는다는 점을 추가적으로 강조하였다. 동일한 사안에 대해서도 일부국가가 민간세력 또는 법집행세력으로 보는 것을 다른 국가는 군사적인 것으로 간주하고 있으며, 많은 국가들이 자국의 군사세력을 재해 대응, 피난, 공공질서 회복 등 비군사적 기능에 활용하고 있다는 점을 그 논거로 제시하였다.[67]

한편 중재재판소는 물리력의 사용과 관련하여, 일반적으로 법집행세력에게도 물리력의 행사가 허용됨으로 군함이 물리력을 행사하였다고 하여 그 자체로 당해 활동이 군사적 성질을 가진 것으로 볼 수 없다고 보았다.[68]

이 밖에도 러시아 군인이 우크라이나 어선선장을 억류한 것, 석유 채굴선의 활동을 감독하기 위하여 군인을 배치한 것, 러시아 군함과 항공기가 우크라이나 선박을 위해한 행위의 사실만으로 그것이 객관적으로 군사적 성질을 가진 것으로 분류할 수 없으며 그 행위의 실제 목적과 성질을 갖고 판단하여야한다고 적시하였다.[69]

이상과 같은 판단하에 중재재판소는 분쟁이 군사활동에 관한 분쟁이므로 협약 제298조 제1항 (b)호에 따라 적용예외선언의 대상에 해당하며 재판소의 관할권이 부존재하다는 러시아의 선결적 항변을 인용하지 않았다.

결론적으로 중재재판소는 협약 제298조 제1항 (b)호에 따라 적용예외선언의 대상이 되는 군사활동되는 요건으로서 ⅰ) 분쟁의 주된 쟁점이 군사활동에 관한 분쟁이어야 한다는 점, ⅱ) 군함이 분쟁의 대상이 되는 활동에 단순히 관여한 것만으로는 군사활동 여부를 판단함에 있어 충분한 요소가 되지 못한다

66) Ibid., paras.333－334.
67) Ibid., para.335.
68) Ibid., para.336.
69) Ibid., paras.337－340.

는 점, iii) 군함이나 군용항공기 이외에 비상업용 정부선박 또는 항공기의 행위도 군사활동이 될 수 있다는 점, iv) 물리력 행사를 포함한 군함 등의 활동이 민간활동이나 법집행활동이 아닌 객관적으로 고유의 군사적 성격을 가져야 한다는 점이어야 한다고 판단하였다.

5. 2022년 우크라이나와 러시아간 3척의 우크라이나 해군함정 억류사건의 러시아 선결적 항변에 대한 유엔해양법협약 제7부속서 중재재판소 판정

이 사건은 앞서 살펴본 2019년 우크라이나와 러시아간 3척의 우크라이나 해군함정 억류사건의 본안에 해당하는 협약 제7부속서 중재재판소에 2019년 3월 31일 부탁된 분쟁에 대하여, 러시아가 제기한 선결적 항변을 다룬 사건이다.

러시아는 본안사건과 관련하여 2020년 8월 24일 재판소가 관할권이 없음을 주장하는 선결적 항변을 제기하였다. 러시아는 관할권 부존재를 주장하는 논거로서 다음과 같은 4가지 주장을 제기하였다. 첫째, 분쟁의 본질이 군사활동에 관한 것이며 러시아가 협약 제298조에 따라 군사활동에 관한 분쟁을 협약의 강제적 분쟁해결절차 적용 예외를 선언하였으므로 재판소의 관할권에 해당되지 않는다는 것.[70] 둘째, 협약 제32조가 영해에서의 군함과 비상업용 정부선박에 대한 주권면제를 규정하고 있지 않으므로 우크라이나가 주장하는 러시아의 협약 위반에 대한 분쟁은 존재하지 않으므로 재판소가 관할권을 행사할 수 없다는 것.[71] 셋째, 중재재판소가 본안사건에 대한 관할권이 없으므로, 러시아가 중재재판소의 관할권을 전제로 내린 국제해양법재판소의 잠정조치명령을 위반하였다는 우크라이나의 주장에 대해서도 중재재판소가 관할권이 없다는 것.[72] 넷째, 러시아가 분쟁을 악화시키지 않아야할 협약 제279조의

70) Case concerning the Detention of three Ukrainian Naval Vessels and Servicemen(Ukraine v. Russian Federation), UNCLOS Annex VII Arbitral Tribunal, Award on the Preliminary Objections of the Russian Federation, 27 June 2022, para.77.

71) Ibid., para.131.

72) Ibid., para.159.

위반하였다는 우크라이나의 주장도 협약 제279조에 그러한 내용을 포함하고 있지 않으므로 잠정조치명령 위반 주장과 마찬가지 논리로 중재재판소가 관할권이 없다는 것이다.[73] 이와 같은 4가지 선결적 항변사항중 이 논문의 주제인 군사활동에 관한 사항만을 검토의 대상으로 한다.

재판소는 군사활동에 관한 분쟁 여부를 판단하기 위하여 사건의 진행단계를 세부적으로 나누어 살펴보았다. 사건의 시작은 2018년 11월 24일 우크라이나 해군보조함인 예인선 Yani Kapu와 급유선 Gorlovka가 케르치해협의 러시아 영해 외측까지 항해하였을 때 러시아 해양경비대 함정이 러시아 국경통과절차와 케르치－에니칼레 항행규칙에 대해 무선으로 안내하였다. 이에 대해 우크라이나 해군함정은 영해에 진입하거나 케르치해협 통과의사가 없음을 답신하였다. 또한, 러시아 해양경비대 함정은 동 해역이 폐쇄되어 케르치해협으로 접근하는 흑해지역의 무해통항권이 정지되었음을 통보하였다. 2018년 11월 25일 우크라이나 해군함정 Berdyansk와 Nikopol이 이미 도착한 두척의 해군보조함과 영해 외측에서 조우하여 재급유를 받았다. Berdyansk는 러시아 해양경비대에 무선으로 접촉하여 Nikopol와 Yani Kapu 등 3척의 해군함정이 영해를 진입하여 케르치해협을 통과할 계획을 통보하였다. 이에 대하여 러시아 해양경비대 함정은 Berdyansk에게 동 해역이 차단되어 케르치해협으로 접근하는 흑해지역의 무해통항권이 정지되었음을 무선으로 통보하였다. 이에 Berdyansk는 러시아 해양경비대에 공식적인 항행통보의 확인을 요구하였으며, 러시아 해양경비대는 항행통보는 없으나 동 해역을 폐쇄하는 결정을 하였음을 답변하였다. 러시아 해양경비대 함정은 케르치해협 통과시 48시간 전 통보 의무의 불이행을 무선으로 통지하였다. 이에 Berdyansk는 현행규칙이 4시간 전 통보이며 이미 그 통보는 이행하였음을 답변하였다. 그후 3척의 우크라이나 함정은 영해 경계를 넘어 케르치해협으로 항행하였다. 이에 2척의 러시아 해양경비대 함정이 무선으로 불법적인 러시아 국경 침범 사실을 통보하고 퇴거할 것을 명령하는 한편 케르치해협으로의 항행을 차단하는 행동을 취하였다. 러시아의 차단행동에는 적어도 러시아 흑해함대 소속 군함 1척이 동참하였다. 우

73) Ibid., para.171.

크라이나 해군함정은 조금 더 항진한 후 정박지 471에서 멈추었다. 이 과정에서 우크라이나 해군함정 Berdyansk는 포신의 포장을 걷고 45도에서 50도의 각도로 정렬하기를 반복하였다. 이후 수시간동안 3척의 우크라이나 해군함정은 러시아 함정과 군용헬리콥터에 의해 둘러쌓인 채 대치상태를 유지하였다. 우크라이나 해군함정은 마침내 케르치해협 통과를 포기하고 정박지를 떠나는 시도를 하였으며, 이때 러시아 해양경비대 함정이 따라와서 정선을 명령하였다. 정선명령을 거부하고 지속적으로 영해를 벗어나기 위해 항해하자 러시아 해양경비대 함정은 청각과 시각신호를 통하여 정선을 명령하였다. 정선명령에 불응하자 러시아 해양경비대 함정 한 척이 경고사격을 하였으며, 종국적으로 우크라이나 해군함정 Berdyansk에 대한 실사격을 하였고 승선하여 나포하였다. 이후 나머지 두척의 우크라이나 함정도 다른 러시아 해양경비대 함정과 헐리콥터에 의해 정선, 나포되었다. 다만, 나포위치에 대해 우크라이나는 3척 모두 러시아 영해 외측에서 나포되었음을 주장하였고, 러시아는 Nikopo만 영해 근접외측에서 나포되었을 뿐 나머지 두척은 러시아 영해에서 나포되었음을 주장하였다.[74] 이후의 진행사항은 전술한 바와 같다.

러시아가 행한 행위가 협약 제298조에서 규정하고 있는 군사활동에 관한 분쟁에 해당하는가에 대한 러시아의 주장과 우크라이나의 반론은 이미 동 사건에 대한 국제해양법재판소의 잠정조치명령 검토단계에서 제기된 것과 유사하며, 이에 대한 반복적인 기술은 생략하도록 한다. 다만, 러시아는 국제해양법재판소가 잠정조치명령사건에서 동 사건의 본질을 군사활동이 아닌 법집행행위로 본 것은 본안사건에 대한 중재재판소의 관할권 유무에 대해 상세히 살펴본 것이 아니고 일응판단한 것이므로 번복될 수 있다는 점을 주장하였다. 또한, 잠정조치명령에 대한 국제해양법재판소 재판관의 개별의견에서 제시된 주장중 "군사활동과 법집행활동은 상호 배타적인 것이 아니다"라는 점을 언급하였다.[75] 이밖에도 재판소가 협약 제298조의 군사활동 적용예외의 기준을 높게 설정하는 경우 분쟁당사국이 마찰을 더욱 격화시키기는 이유로 작용할 수 있음을 강조하였다.[76] 또한, 분쟁의 본질이 군사활동이라는 관련사정으로서 i)

74) Ibid., paras.43–74.
75) Ibid., para.82.

양측 모두 군인들이 존재하였다는 점, ii) 억류된 우크라이나 선박이 군사용 선박이라는 점, iii) 3척의 우크라이나 함정이 총포로 무장하였다는 점, iv) 정선명령을 거부할 때 양측 군대가 마주보며 전개되었다는 점, v) 우크라이나 함정과 승조원에 대해 러시아 무력의 위협과 실제 행사가 되었다는 점, vi) 러시아의 행위가 타국 군함의 불법 국경침범에 대응한 것이라는 점 등 8가지 상황을 적시하였다.[77] 우크라이나는 러시아의 행위가 법집행행위라는 기존 주장을 유지하면서, 재판소가 이 분쟁의 주된 쟁점이 우크라이나 함정이 향유하는 주권면제를 위반한 러시아의 협약 위반이라는 점을 상기하고 이 점에 주목하여야 한다는 주장을 하였다.[78] 또한, 러시아가 주장하는 관련사정에 관해서도 단지 군인과 군함이 관여하였다고 하여도 이들은 행위자일뿐 협약 제298조가 주목하는 것은 군사활동이라는 점, 우크라이나 함정이 러시아 해양경비대 또는 군대와 교전하지 않았으며 함정의 추적 및 나포시에도 영해를 벗어나 귀항하고 있었다는 점 등을 들어 반박하였다.[79]

이와 같은 양측의 주장에 대하여 재판소는 잠정조치사건에서 국제해양법재판소가 취한 조치와는 약간 다른 결론을 도출하였다. 재판소는 러시아가 군사활동 적용 예외규정의 적용을 주장하면서 2018년 11월 25일 발생한 사건에 주목한 반면에 우크라이나는 우크라이나 함정 및 승조원의 체포, 억류 및 기소가 분쟁의 주제라는 주장이 양립 가능하다고 판단하였다.[80] 또한, 잠정조치사건에서 국제해양법재판소가 군사활동에 관한 분쟁의 적용 예외를 판단함에 있어서 제시한 기준의 적절성을 인정하면서, 우크라이나 함정과 승조원의 체포에 이르게 된 사정과 체포 후의 기소 등을 분리하여 살펴보았다. 재판소는 러시아가 우크라이나 함정과 승조원을 나포하여 체포하는 일련의 과정을 살펴볼 때, 우크라이나 함정이 군사적 임무를 수행하고 있었으며, 임무 수행중 러시아 해양경비대와 해군함정의 정선명령을 거부하고 포신을 작동한 것은 우크라이나 함정이 러시아 해군함정과 대치한 것을 인지한 것으로 보았다. 또

76) Ibid., para.83.
77) Ibid., para.84.
78) Ibid., para.92.
79) Ibid., para.97.
80) Ibid., para.108.

한, 함정 체포후 우크라이나가 이를 군사활동으로 보았다는 점도 평가하였다. 동시에 러시아도 그 시점에 동 사건을 군사적 대치로 인식하였다는 점에서 체포에 이르는 일련의 과정이 군사활동에 해당한다고 보았다. 더욱이 양국의 함정과 헬리콥터가 동원된 상태에서 8시간동안 대치하였고, 러시아 함정이 발포하여 우크라이나 함정이 피격된 점도 주목하였다. 재판소는 모든 행동이 군사활동과 법집행활동으로 이분법적으로 구분되는 것이 아니라 군사활동으로 시작되었다가 법집행활동으로 전환되거나 그 반대의 상황이 발생할 수 있다고 보았다. 이 분쟁은 후자에 해당한다고 보았다.[81] 재판소는 분쟁의 사실관계를 3단계로 구분하였다. 1단계는 양국 군사세력의 대치상태로서 이는 협약 제298조에서 언급한 군사활동에 해당하는 것으로 보았다. 2단계는 우크라이나 함정이 정박지에서 출발하여 정선명령을 거부하고 항진중 추적되어 승선·나포된 순간이다. 이 시점에서 군사활동은 종료되고 법집행활동이 개시되었다고 볼 수도 있으며 여전히 대치상태의 지속이라고 볼 수도 있으므로 이 부분은 본안심판에서 판단하도록 유보하였다. 3단계는 우크라이나 함정의 체포후부터 시작하여 함정을 억류하고 승조원을 기소한 과정으로서 이는 러시아 국내의 법집행절차로 보았다. 따라서, 1단계의 사안에 대해서는 협약 제298조의 군사활동에 관한 분쟁의 적용 예외선언에 해당하여 재판소가 관할권이 없으며, 2단계는 판단을 본안으로 유보하고, 3단계는 군사활동이 아니므로 재판소의 관할권에 해당한다고 판정하였다.[82]

이 판정에서도 협약 제298조의 적용 예외에 해당하는 군사활동 여부를 판단하는 기준에 대해서는 앞선 판례의 태도를 유지하였다. 다만, 사건 전체를 하나의 행위로 보지 않고 사건을 구성하는 행위를 단계별로 구분하여 군사활동 여부를 판단한 점이 주목되며, 모든 활동이 군사활동 아니면 법집행활동이라는 이분법적 접근 보다는 이를 세분화하여 접근하였다는 점이 발전된 모습으로 평가된다. 또한, 군사활동으로 인정한 관련사정으로서 양국의 군사세력이 군사작전중 대치하고 무기 사용을 위협하는 행위 등은 그것이 비록 영해 무해통항을 행사하는 군함의 행위라 할 지라도 이를 군사활동으로 보았다는 점 또한 주목된다.

81) Ibid., para.121.
82) Ibid., paras.122–125.

Ⅳ. 결론 및 시사점

유엔해양법협약 제298조 제1항 (b)호에 따라 협약당사국은 서면선언을 통하여 군사활동에 관한 분쟁을 협약의 강제적 분쟁해결절차 적용대상에서 제외할 수 있는 권리를 부여받고 있다. 이와 같은 권리가 협약 규정에 포함되게 된 과정을 살펴보았을 때, 주권면제규정에 따라 군함이 타국 관할권의 적용을 받지 않으므로 그 연장선상에서 군함과 관련된 군사활동도 국제재판의 대상에서도 제외할 수 있는 기반을 마련하고자 하였던 것으로 분석된다. 또한, 이러한 입법의 의도로서는 군사활동에 관한 분쟁을 제외하였으므로 군함의 주권면제와 같이 군함과 관련된 모든 활동이 적용예외의 범위에 포함되는 것으로 판단한 것으로 추정된다.

그러나, 유엔해양법협약상 제298조에 포함된 군사활동에 관한 분쟁의 명확한 범위에 관한 규정이 부존재하여 이를 해석함에 국가간 분쟁이 발생할 여지가 있었으며, 불명확한 해석의 문제는 관련 국제판례를 통하여 해결될 것으로 기대되었다. 실제로 이러한 해석의 문제는 2007년 가이아나와 수리남간 중재판정, 2016년 남중국해 중재 판정, 2019년 우크라이나와 러시아간 잠정조치명령, 2020년 우크라이나와 러시아간 선결적 항변 판정, 2022년 우크라이나와 러시아간 선결적 항변 판정의 핵심쟁점중 하나로 다루어졌다. 이들 판례는 모두 유엔해양법협약상의 분쟁해결절차가 적용된 분쟁이라는 공통점이 있으며, 이중 협약 제298조 제1항 (b)호의 적용 여부에 관한 사건은 뒤의 4가지 판례로 좁혀진다.

이상의 판례를 통하여 확인된 군사활동인가 법집행활동인가를 구별하는 기준, 더 나아가 그 군사활동이 제298조 제1항 (b)호가 적용될 수 있는 군사활동에 관한 분쟁에 해당하느냐를 판단하는 기준이 제시되었으나 완전히 일관되고 통일된 기준을 제시하였다고 보기 어렵다.

2016년 남중국해 중재 판정을 비롯한 이후의 국제판례에서는 일관되게 유엔해양법협약 제298조 제1항 (b)호에 따라 적용예외선언의 대상이 되는 분쟁은 “군사활동” 자체에 관한 분쟁이 아니라 “군사활동에 관한 분쟁”이어야 한다는 문언적 해석을 확인하고 있다. 따라서, 단순히 군함이 당해활동에 관여하였다는 사실만으로는 군사활동에 관한 분쟁이라고 판단하는데 충분하지 않다는 입장을 견지하고 있다. 즉, 군함이 행한 활동이라도 그것이 객관적으로 군사활동에 해당하여야 하며, 민간활동이나 법집행활동의 영역에 해당하는 경우에는 군사활동에 관한 분쟁으로 볼 수 없다는 것이다. 반면에 군함이 아닌 민간선박에 의해 행하여졌다고 하여도 그 상황이 군사적 상황이면 군사활동에 관한 분쟁이라고 판단하였다. 또한, 2020년 선별적 항변 판정에서는 분쟁의 주된 사안이 군사활동에 관한 분쟁만이 적용예외의 군사활동에 관한 분쟁으로 보았다.[83] 즉, 분쟁의 주체와 군사활동간에 밀접한 연계성이 있어야 하고 행위 자체가 객관적으로 평가하였을 때 본질적으로 군사적이어야 한다는 것이다.

그러나, 국제판례의 태도는 협약 제298조 제1항 (b)호에 따라 적용예외선언의 대상이 되는 군사활동에 관한 분쟁의 요건에 대하여 명확한 기준을 제시하고 있지는 않다. 오히려 여러 가지 객관적 요소를 혼용하여 사례에 따라 판단하려는 경향을 보이고 있다.[84] 2019년 우크라이나와 러시아간 잠정조치명령에서도 "군사활동과 법집행활동의 구분은 각각 사례의 관련사정을 고려하며 쟁점이 되는 활동의 성질을 객관적으로 평가하는 것에 주로 하여야 한다"고 판결한 바 있다.[85] Gao판사도 동 잠정조치명령에 대한 개별의견을 통하여 "군사활동인지 여부에 대한 평가는 그 활동의 의도와 목적을 분쟁당사국이 그들의 군사세력을 전개하는 방법과 해상에서 상호대응한 방법과 같은 당해 사건의 관련 사정을 고려하여 혼합하여 판단하여야 한다"고 주장하였다.[86]

그러나, 여전히 해석상 분명하지 않은 요소가 남아있다고 본다. 앞서 살펴본 판례의 태도는 주관적 요소와 객관적 요소중 객관적 요소에 기준하여야 한다는 입장을 2007년 가이아나와 수리남간 중재판정 이후 일관되게 유지하고 있다. 하지만, 실제 적용과정에서는 그러하지 않은 경우를 찾아 볼 수 있다.

83) Dispute Concerning Coastal State Rights in the Black Sea, Sea of Azov, and Kerch Strait(Ukraine v. Russian Federation), UNCLOS Annex VII Arbitral Tribunal, Award concerning the Preliminary Objections of the Russian Federation, op. cit., para.330.

84) Nilüfer Oral, "Ukraine v. The Russian Federation: Navigating Conflict over Sovereignty under UNCLOS", International Law Studies, Vol. 97(2021), p.501.

85) Case concerning the Detention of three Ukrainian Naval Vessels(Ukraine v. Russian Fereration), International Tribunal for the Law of the Sea, Order for Provisional Measures, op. cit., para.66.

86) Case concerning the Detention of three Ukrainian Naval Vessels(Ukraine v. Russian Federation), International Tribunal for the Law of the Sea, Separate Opinion of Judge Gao, op. cit., para.22.

2016년 남중국해 중재판정은 군사활동에 관한 분쟁의 해석과 관련하여, 한가지 쟁점은 분쟁당사자가 당해 활동을 군사활동으로 보지 않았다는 주관적 요소에 근거하여 군사활동에 관한 분쟁으로 보지 않았다. 그러나 다른 쟁점에서는 필리핀이 중국의 행위를 비군사적 활동으로 주장하였음에도 불구하고 이러한 주관적 요소를 배제하고 비록 실질적 행위는 군함이 아닌 선박에 의해 행하여 졌음에도 군함이 그 배후에 있고 그 상황이 전형적인 군사적 대치상황이라는 점을 들어 군사활동에 관한 분쟁으로 보는 주관적 요소에 대한 이중적 태도를 보인 바 있다. 따라서 군사활동에 관한 분쟁 여부를 판단함에 있어 분쟁당사자의 주관적 판단과 객관적 기준의 적용조건이 여전히 분명하지 않다.

또한, 군사활동에 관한 분쟁인 지 아니면 법집행활동에 관한 분쟁인 지를 구분하는 기준에 있어서도 특정분쟁의 경우 두 가지 성질이 혼재된 경우 이를 구분하는 시도는 2022년 판례에서 시도되었으나 어떻게 이를 판단할 것인가 하는 명확한 기준의 문제도 앞으로 좀 더 해결되어야 하는 과제로 보인다.[87]

이 밖에도 2016년 남중국해 중재 판정이 제시되었을 때에는 중재재판소가 협약 제298조 제1항 (b)호에 근거한 군사활동에 관한 분쟁의 적용예외를 폭넓게 해석하였다는 평가가 있었으나 2019년과 2020년, 2022년 판례가 제시된 이후에는 그 반대의 평가가 제시되는 등 판례의 일관성 부분에 문제가 제기되고 있다.

특히, 2019년 우크라이나와 러시아간 잠정조치명령 이후에는 판례의 태도가 협약 제298조 제1항 (b)호의 입법의도와는 반대의 방향으로 가고 있다는 우려가 제기되었다.[88] 이러한 우려는 2022년 현재 협약 제298조 제1항 (b)호에 따라 군사활동과 일정한 법집행활동을 협약 제15부 제2절의 구속력있는 결정을 수반하는 강제적 분쟁해결절차의 적용에서 제외하겠다는 선언을 한 28개 협약당사국[89]에게는 더욱 현실적인 문제로 대두되고 있다.

---

87) Yurika Ishii, op. cit., p.2.

88) Ibid., p.3.

89) 알제리, 아르헨티나, 벨라루스, 카보베르데, 캐나다, 칠레, 중국, 쿠바, 덴마크, 에콰도르, 이집트, 프랑스, 그리스, 기니비사우, 멕시코, 니카라과, 노르웨이, 포르투갈, 한국, 러시아, 사우디아라비아, 슬로베니아, 태국, 토고, 튀니지, 우크라이나, 영국, 우루과이. 그러나, 이들 28개국 모두가 협약 제15부 제2절의 강제적 분쟁해결절차적용을 일률적으로 선언을 통하여 예외하고 있는 것은 아니다. 기니비사우, 쿠바는 국제사법재판소의 관할권만을 예외하였고, 니카라과는 반

2019년 우크라이나와 러시아간 잠정조치명령에서 국제해양법재판소는 “케르치해협을 우크라이나 군함이 항행한 것이 그 자체로 군사활동이라고 일반적으로 말하기 어렵다”는 태도를 보였다. 그 이유로서, 유엔해양법협약이 모든 선박에게 무해통항 또는 통과통항제도를 적용하고 있음을 적시하였다.[90] 이와 같은 판례의 태도에 비추어 본다면, 군함에 의한 해양과학조사도 동일한 해양과학조사를 민간이 수행하고 있기 때문에, 군함이 수행하였다는 이유만으로 반드시 군사활동이라고 보기 어려울 수 있으며, 유엔해양법협약의 강제적 분쟁해결절차의 대상이 될 수도 있기 때문이다.[91]

따라서, 유엔해양법협약 제298조 제1항 (b)호에 근거한 군사활동에 관한 분쟁의 적용예외 인정범위에 관한 해석은 후속적인 국제판례를 통하여 보다 명확히 해결되어야 한다고 생각한다.

대로 국제사법재판소 관할권만을 수락하고 나머지 재판소의 관할권을 예외하였다. 덴마크, 노르웨이, 슬로베니아는 협약 제7부속서 중재재판소의 관할권만을 예외하고 다른 재판소의 관할권은 수락하였다. 아르헨티나는 당초 군사활동과 법집행활동 모두에 대한 절차 적용 예외를 선언하였으나 2012년 선언을 통하여 군사활동 분쟁에 대한 적용 예외는 철회하였다. https://www.un.org/Depts/los/settlement_of_disputes/choice_ procedure.htm(2021.8.11. 방문)

90) Case concerning the Detention of three Ukrainian Naval Vessels(Ukraine v. Russian Fereration), International Tribunal for the Law of the Sea, Order for Provisional Measures, op. cit., para.68.

91) James Kraska, “Did ITLOS Just Kill the Military Activities Exemption in Article 298?”, *European Journal of International Law: Talk!*, May 27, 2019, p.5. https://www.ejiltalk.org/did-itlos-just-kill-the-military-activities-exemption-in-article-298/2021.8.4 방문

참고문헌

김원희, "남중국해 중재사건의 관할권 판정: 유엔해양법협약 제15부 분쟁해결제도의 남용인가 진화인가?", 「서울국제법연구」, 제23권 제1권, 서울국제법연구원(2016)

박덕영, "가이아나-수리남 해양경계획정을 위한 중재판정의 주요법적 쟁점 고찰", 「국제법학회논총」, 제54권 제1호, 대한국제법학회(2009)

이민효, "공해의 군사적 이용과 공해자유원칙의 제한", 「성균관법학」, 제16권 제1호, 성균관대학교 법학연구원(2007), "EEZ에서의 군사활동 제한원칙에 관한 소고", 「E-Journal」, 제34호, 한국해양안보포럼(2018)

이용희, "연안국 법집행시 외국선박에 대한 무력사용에 관한 국제법적 고찰", 「해사법연구」, 제21권 제1호, 한국해사법학회(2009)

Fietta, Stephen, "Guyana/Surinam Award", American Journal of International Law, Vol. 102(2008)

Francesco Francion "Peacetime Use of Force, Military Activities, and the New Law of the Sea", Cornell International Law Journal, Vol.18, No.2(1985)

Kim, Hyun-Soo, "Military Activities in the Exclusive Economic Zone: Preventing Uncertainty and Defusing Conflict", International Law Studies, Vol. 80(2003)

Kraska, James, "Did ITLOS Just Kill the Military Activities Exemption in Article 298?", European Journal of International Law: Talk!(2019)

Kwast, Patricia Jimenez, "Maritime Law Enforcement and the Use of Force: Reflections on the Categorisation of Forcible Action at Sea in the light of the Guyanas/Surinam Award", Journal of Conflict and Security Law, Vol.13, No.1(2008)

Nilüfer Oral, "Ukraine v. The Russian Federation: Navigating Conflict over Sovereignty under UNCLOS", International Law Studies, Vol. 97(2021)

Nordquist, Rosenne, Sohn, United Nations Convention on the Law of the Sea 1982 A Commentary Vol. V(Dordrecht: Maritinus Nijhoff Publishers, 1989)

Pedrozo, Raul, "Preserving Navigational Rights and Freedoms: The Right to Conduct Military Activities in China's Exclusive Economic Zone", Chinese Journal of

International Law(2010)

Starati, Gavouneli, Skourtos(eds.), Unresolved Issues and New Challenges to the Law of the Sea(Leiden:Maritinus Nijhoff Publishers, 2006)

Talmon, "The South China Sea Arbitrations: Is there a Case to answer?" in Talmon, Stefan, Jia, Bing Bing, The South China Sea Arbitration: A Chinese Perspective(Oxford: Hart Publishing, 2014)

Zhang, Haiwen, "Is It Safeguarding the Freedom of Navigation or Maritime Hegemony of the United States? – Comments on Raul Pedrozo's Article on Military Activities in the EEZ", Chinese Journal of International Law(2010)

Zou, Keyuan , Ye Qiang, "Interpretation and Application of Article 298 of the Law of the Sea Convention in Recent Annex VII Arbitrations: An Appraisal", Ocean Development & International Law, Vol.48, No.3–4(2017)

Guyana/Suriname Case, The Arbitral Tribunal in accordance with Annex VII of the UNCLOS, Award of 17 September 2007.

The South China Sea Arbitration(the Republic of the Philippines v. the People's Republic of China), UNCLOS Annex VII Arbitral Tribunal, Award on Jurisdiction and Admissibility, 29 Oct. 2015

The South China Sea Arbitration(the Republic of the Philippines v. the People's Republic of China), UNCLOS Annex VII Arbitral Tribunal, Award on the Merits, 12 July 2016.

Case concerning the Detention of three Ukrainian Naval Vessels(Ukraine v. Russian Fereration), International Tribunal for the Law of the Sea, Order for provisional Measures, 25 May 2019.

Dispute Concerning Coastal State Rights in the Black Sea, Sea of Azov, and Kerch Strait(Ukraine v. The Russian Federation), UNCLOS Annex VII Arbitral Tribunal, Award concerning the Preliminary Objections of the Russian Federation, 21 February 2020.

Case concerning the Detention of three Ukrainian Naval Vessels(Ukraine v. Russian Fereration), UNCLOS Annex VII Arbitral Tribunal, Award concerning the Preliminary Objections of the Russian Federation, 27 Jun 2022.

제 2 장

행정법의 법적 쟁점

한국해양정책의 구조와 문제점: 해양공간계획 및 관리에 관한 법률을 중심으로

김 현 귀

Ⅰ. 서 론

부산에는 해양스포츠를 즐길 수 있는 곳이 세 군데 있다. 다대포, 광안리 그리고 송정해수욕장이다. 다른 해변에서는 서핑 같은 해양스포츠를 즐길 수 없다. 그렇게 할 수 있는 해역이 정해져 있기 때문이다.[1] 해양스포츠를 즐길 수 있는 지역이 정해져 있다는 사실로 미루어보면, 그 뒤에 더 크고 복잡한 시스템이 있다고 추측해 볼 수 있다. 실제로 바다에는 어업, 양식장 등을 할 수 있는 곳, 배가 정박하거나 지나다닐 수 있는 곳, 연구나 탐사를 할 수 있는 곳, 시설물 보호를 위해 통행이 제한되는 곳, 환경보호를 위해 접근이 제한되는 곳 등이 정해져 있다. 국가는 바다의 이용에 관해 다 계획이 있다.

해양공간에 대한 계획과 용도구역지정의 체계가 만들어지기 시작한 것은 2019년 관련 법률이 시행되면서부터이다. 2019년에 기본계획이 수립되었고, 2020년부터 2022년까지 3년 동안 전국 주요 지역의 관리계획이 수립되었다. 그러니까 2023년에서야 해양공간에 대한 관리계획과 용도구역지정의 체계가 어느 정도 완비된 것이니 비교적 최근에 만들어진 체계이다. 이 글에서는 최근에 완비된 해양공간계획 및 관리체계를 소개하면서 그 체계가 가진 문제점도 검토해 볼 것이다.

이를 위해 해양, 즉 바다에 관한 주요 법적 개념들을 살펴보고 해양정책은

1) 해양공간통합관리정보시스템, 해양공간관리계획도, <http://msp.go.kr/manageplan/plan.do> [지도보기] 참조.

기본적으로 어떤 구조와 특성을 가지는지에 대해 살펴본다. 특히 육지, 즉 토지에서 적용되는 법 개념을 해양공간에 똑같이 적용하기는 어려운 이유에 대해 논할 것이다. 그런 다음에 해양공간계획 및 관리에 관한 법률의 주요한 내용에 대해 살펴보고 앞에서 살펴본 해양공간의 특수성을 근거로 현 체제가 가진 한계점에 대해 검토한다.

II. 바다에 대한 인식과 헌법

1. 바다에 대한 법적 인식

바다를 법으로 인식한다는 것은 사람의 법적인 생활영역에 바다가 들어가는 것이다. 바다에는 지구상의 물의 97.5%가 있다. 지표면의 71%가 바다로 덮혀있으니 지하자원도 육지의 것보다 더 많을 것이다.[2] 그 안에 살고 있는 생물도 더 많을 것으로 보인다. 육지의 사람들은 바다가 주인이 없는 공간이라고 생각했다.[3] 누구도 바다를 독점하지 못하고 누구든 자신의 노동을 들여 바다에 가서 획득해 오는 것은 그 사람의 정당한 소유물이라고 봤다. 자유주의자 로크의 노동가치론에 따르면, 자연에서 자신의 노동을 들여 생산하거나 획득한 물건은 그 사람의 정당한 소유물이기 때문이다.[4] 그러나 무한할 것 같은 바다의 자원도 이를 소유하려는 인간의 욕망 앞에서는 공유지의 비극을 피할 수 없었다. 많은 해양생물이 멸종되거나 멸종위기에 몰리고 자원개발로 바다의 생태계는 파괴되고 오염되었다. 따라서 사람들은 바다에 관한 법을 만들고 바다에서의 어업과 그에 대한 개발행위 등을 통제하기 시작했다. 법은 사람의 행동을 통제하기 위한 것이다. 더불어 법은 사람의 행동을 통제하기 위해 나름의 방식으로 바다를 인식한다.

---

2) Garrison, Tom, 이상룡 외, 옮김, 해양학, 센게이지러닝코리아, 2021, 5쪽.
3) 전종익, 헌법 제120조 제1항 천연자원 규정의 해석, 서울대학교 法學 제61권 제2호, 2020, 51－53쪽.
4) Locke, John, 강정인, 문지영 옮김, 통치론, 까치글방, 2007, 33－54쪽; Locke, John, Peter Laslett, Two treatises of government, New York: Cambridge University Press, 1988 참조.

2. 바다와 헌법

우리 헌법도 바다를 인식한다. 물론 헌법에 바다에 대해 정의한다거나 명시적으로 해양정책에 관한 원칙을 제시하는 규정 같은 것은 없다. 다만 우리가 바다를 법적으로 어떻게 인식하는지에 따라 헌법에 이에 관한 규정이 있다 혹은 없다고 해석할 수 있다. 헌법에서 바다를 직접 언급하고 있는 예는 헌법 제60조에서 우호통상항해 조약은 국회의 동의를 받아야 하는 조약이라고 규정하고 있는 부분 뿐이다. 그러나 법은 각각의 상황에 맞는 관점에 따라서 바다에 관한 규범을 형성하고 사람과 사람들 그리고 여러 국가조직을 규율한다.

가령 헌법 제3조는 영토를, 헌법 제120조 제2항에서는 국토를 규정하고 있지 바다에 대해 언급하지 않는다. 그러나 우리는 영해를 기준으로 국가가 주권을 행사하고 바다 위에서 일어나는 선박과 항행활동과 관련된 생활관계에 개입한다. 바다를 공간의 개념으로 인식한다면 영해에 해당하는 바다는 영토의 개념에 그밖에 개발이 가능한 바다의 영역은 국토의 개념에 포함된다고 해석할 수 있다.

한편 헌법 제120조 제1항에서 수산자원과 제123조에서 어업이나 어촌, 어민에 관한 규정은 있으나, 그것이 바다의 수산자원이나 어업 등을 특정하여 지칭하는 것은 아니므로 바다를 직접 언급한 규정이라고 볼 수는 없을 것이다. 그러나 자원이라는 관점에서 바다를 인식한다면, 바다 속에 매장된 지하자원은 헌법 제120조 제1항에서 규정하는 광물 등 지하자원으로, 수산물 등은 수산자원으로, 바닷물 등은 수력이나 경제적으로 이용할 수 있는 자연력으로 인식할 수 있다. 또 경제와 산업의 관점에서 바다를 인식한다면 헌법 제123조에서 지역간 균형발전을 위하여 언급되는 어촌, 어민 또는 어업, 수산물 등은 바다에 관한 국민의 생활관계를 규정한 바다에 관한 규정이다.

과학기술이 발전하고 지식이 쌓이면서 바다가 품고 있는 자원을 개발하여 소유하려는 인간의 욕구는 막을 수 없게 되었고, 그에 따라 자원과 공간에 대한 개발과 소유에 관한 원칙을 세우고, 공공복리를 위하여 이를 관리하기 위한 조사와 계획을 세울 수 있도록 지도해야 한다. 그리고 바다를 경제적으로 이용하기만 한다면 환경이 훼손되고 이는 국민전체뿐 아니라 전세계적으로 피해가 될 수 있으므로 이에 상응하는 대책을 세워야 한다. 우리 헌법 제35조는 환경권을 규정하고 있을 뿐 바다를 언급하지 않지만, 환경적인 관점에서 접근하면, 바다는 해양환경으로서 헌법 제35조 제1항에 따라 국가와 국민이 보전하기 위해 노력해야 하는 환경의 일부가 된다.

3. 해양에 대한 법적 인식

바다는, 즉 해양은 전술한 바와 같이 법적으로 공간, 자원 그리고 환경으로 인식되고 있다. 사실 해양이나 바다는 공간이나 자원, 항해나 어업과 같은 일정한 인간의 생활관계나 해양환경 중 어느 하나로 규정할 수 없다. 다만 바다가 무엇인지 어느 한 관점으로 다 설명할 수 없기 때문에 이렇게 실용적인 목적을 위해 사람은 규범을 만들고 바다를 정의한다.

가. 해양공간

우선, 공간의 관점에서 우리 헌법 제3조 "한반도와 그 부속도서"라는 규정과 해양법규약에서 영해에 관한 근거를 찾을 수 있다. 한편 헌법 제6조는 국제법의 국내법적 효력을 규정하고 제60조는 "우호통상항해조약"은 국회의 동의를 받도록 규정하고 있다. 선박의 항해문제는 어업과 함께 해양정책에 있어서 역사가 오래된 중요한 문제이다. 해양정책에 있어 영해 등 해상관할권 설정같은 경계획정과 바다를 타고 다른 나라로 항해하는 선박의 통항문제는 국가적으로 중요한 이익을 확보하는 문제이다. 그리고 이는 보통 국제조약 등을 통해 국제법적으로 해결된다. 경계획정 및 통항 등에 관한 해양정책에 관한 국제법적인 규율과 그 국내적 효력은 주권의 문제이므로 헌법적으로 중요하게 다루어야 할 내용이 아닐 수 없다.

(1) 해양

해양수산발전 기본법상 '해양'이란 "대한민국의 내수·영해·배타적경제수역·대륙붕 등 대한민국의 주권·주권적 권리 또는 관할권이 미치는 해역과 헌법에 의하여 체결·공포된 조약 또는 일반적으로 승인된 국제법규에 의하여 대한민국의 정부 또는 국민이 개발·이용·보전에 참여할 수 있는 해역"을 말한다(법 제2조 제1호). 결국 해양은 해역, 즉 바다의 영역을 말하는데, 그중에서 대한민국의 주권이 미치고 국제법적으로 대한민국의 관할권이 허용되어 대한민국 국민이 이용할 수 있는 바다를 말한다.

(2) 해양공간의 개념

한편 '해양공간계획 및 관리에 관한 법률'(해양공간계획법)에 따르면, "해양공간"은 "「영해 및 접속수역법」에 따른 내수·영해, 「배타적 경제수역 및 대륙붕에 관한 법률」에 따른 배타적 경제수역·대륙붕 및 「해양조사와 해양정보 활용에 관한 법률」 제8조 제1항 제3호에 따른 해안선으로부터 지적공부에 등록된 지역까지의 사이를 포함한 것"을 말한다(법 제2조 제1호). 해양공간도 기본적으로 바다를 말하는데 이를 공간의 개념으로 정의한 것이다. 해양과 다른 점이 있다면, 해안선에서 갯벌 등 지적공부에 등재되지 않는 육지 일부를 포함하고 심해저 등 국제법에 따라 대한민국에 개발이 허용되는 바다가 제외된다는 점이다.

(3) 구별개념: 국토

바다가 균형있는 개발과 이용의 대상이 되는 공간이라면, 헌법 제120조 제2항과 제122조에서 규정하는 "국토"에 바다도 포함될 수 있다.[5] 처음부터 바다가 당연히 국토의 개념에 포함되었다고 보기는 어렵다. 이 규정을 구체화하는 '국토의 계획 및 이용에 관한 법률'(국토계획법) 등을 보면, 법률상 '국토'의 개념에는 바다가 거의 포함되지 않고 있기 때문이다.[6] 국토계획법상 해양이나 바다와 관련이 있는 국토의 범위는 '자연환경보전지역'에 해당하는 해안이나 간척사업으로 국토에 편입된 해양의 토지(공유수면매립지) 정도이다. 그러나 바다도 균형있는 개발과 관리의 대상이 되는 공간이라고 인식되면서, 2018년

5) 이와 같은 견해는 한병호, 헌법과 바다, 바다를 둘러싼 법적 쟁점과 과제, 피앤씨미디어, 2017, 26쪽 참조.

6) '국토의 계획 및 이용에 관한 법률'(국토계획법) 제6조(국토의 용도 구분)을 보면, 토지의 이용 실태 및 특성 등을 고려하여 국토는 도시지역, 관리지역, 농림지역, 자연환경보전지역으로 구분된다.

에 해양공간계획법이 제정되고 2019년에 시행되었다.[7] 이 법에 따라 해양공간도 국가의 보호와 균형있는 개발 및 이용을 위한 관리가 가능해졌다. 만일 헌법상 '국토'의 개념에 해양이 포함된다고 본다면, 이는 2019년 이후에야 법률로써 구체화되었다고 말할 수 있다.

나. 해양자원

둘째로 헌법상 경제질서에 관한 규정 중 제120조는 지하자원과 수산자원 등과 국토의 개발 그리고 제123조는 농업 및 어업의 보호·육성에 관해 규정하고 있다. 해양자원개발과 수산, 어촌개발 및 수산물 유통에 관한 정책의 직접적인 근거가 될 수 있고, 더 나아가 포괄적으로 국가경제발전을 위한 해양정책의 헌법적 근거가 될 수도 있다. 오늘날 수산업과 해양자원의 개발과 관련하여 국가의 해상관할권이 넓어지는 추세에 있고, 지상자원의 고갈로 해양자원을 이용한 지속가능한 발전을 위해 국가의 정책적인 노력이 요구되고 있는 것이 현실이다.[8]

(1) 광의의 해양자원

'해양환경 보전 및 활용에 관한 법률'(해양환경보전법) 제2조 제4호에 따르면, 해양자원은 해양수산발전 기본법에서 말하는 해양수산자원을 말한다. 그리고 해양수산발전 기본법에 따르면, "해양수산자원"이란 "개발·이용이 가능한 해양생물자원·해양광물자원·해양에너지·해양관광자원 및 해양공간자원 등 국가경제 및 국민생활에 유용한 자원"을 말한다(법 제2조 제2호). 더 나아가, 해양생태계의 보전 및 관리에 관한 법률(해양생태계법) 제2조 제15호는 '해양자산'을 규정하는데, 이는 "사람의 생활이나 경제활동에 이용될 수 있는 유형·무형의 가치를 가진 해양생태계의 생물자원과 해양경관, 해양광물, 해수(海水) 및 해양에너지 등 비생물적 자원의 총체를 말한다."

7) 법률 제15607호로 2018. 4. 17. 제정되고 2019. 4. 18. 시행된 '해양공간계획 및 관리에 관한 법률'(해양공간계획법) 참조.
8) 이를 중국이나 캐나다에서는 남색(藍色)경제 또는 Blue econnomy라고 한다. 박광서, 황기형, 세계 각국의 해양정책과 Blue Economy에 관한 소고, 해양정책연구 24권 2호, 2009, 27-62.

해양자원을 정의하는 핵심적인 구성요소는 국민생활 및 국가경제에 유용하다는 점이라고 할 수 있다. 어딘가에 유용하다면 무엇이든 자원으로 붙일 수 있어서 해양자원의 개념은 넓고 광범위하다. 그래서 해양공간도 공간자원이라고 하고, 경관 등 해양환경도 해양관광자원이라고 한다. 더 나아가, 해양수산에 관한 정보나 지식 등도 자원이라고 한다. 그래서 '해양수산생명자원'은 "생명공학연구 또는 산업을 위하여 실제적이거나 잠재적인 가치"가 있는 수산자원을 포함하여 해양동식물, 해양미생물 등에 관한 정보 등을 말한다.[9] '해양환경 보전 및 활용에 관한 법률'(해양환경보전법) 제2조 제3호에 따르면, 해양환경의 활용을 "해양환경의 공간자원, 생명자원, 식량자원 등을 적절히 활용·이용하는 등"의 행위로 규정하고 있는데, 해양환경과 자원을 특별히 구별하지 않고 이를 유용하게 활용할 수 있다면 모두 자원이라고 넓게 정의하는 경향이 있다.

(2) 협의의 해양자원

그러나 보통 지하자원이나 수산자원 등을 말할 때 공간이나 환경, 정보 등을 자원이라고 하지 않는다. 유용한 물질적인 자원을 말하기 때문이다. 우선 수산자원관리법 제2조 제1항 제1호는 수산자원을 "수중에 서식하는 수산동식물로서 국민경제 및 국민생활에 유용한 자원"으로 규정한다. 그리고 수산자원은 넓게 보면 해양생물자원을 말하는 것이라고 할 수 있다. 해양생태계법 제2조 제4호에 따르면, 해양생물자원은 "사람을 위하여 가치가 있거나 실제적 또는 잠재적 용도가 있는 유전자원(遺傳資源), 생물체, 생물체의 부분, 개체군 그 밖에 해양생태계의 생물적 구성요소"를 말한다. 즉, 해양생물자원이라 함은 해양생물의 유전정보서부터 해양생물 본체와 지체 그리고 해양생물로부터

9) '해양수산생명자원의 확보·관리 및 이용 등에 관한 법률'(해양생명자원법) 제2조
1. "해양수산생명자원"이란 생명공학연구 또는 산업을 위하여 실제적이거나 잠재적인 가치가 있는 자원으로서 다음 각 목의 어느 하나에 해당하는 것을 말한다.
가. 해양동식물, 해양미생물 등 해양생물체의 실물(實物)과 그 실물을 이용하여 파악된 유용한 사실 등의 정보
나. 해양수산생명유전자원
다. 「수산자원관리법」 제2조제1항제1호에 따른 수산자원 및 수산자원에 관련된 미생물 등 생물체의 실물과 그 실물을 이용하여 파악된 유용한 사실 등의 정보

발생하는 부산물까지 해양생물로부터 얻을 수 있는 거의 모든 것을 정의하고 있다.

한편 비생물자원인 해양광물자원, 해양에너지 등은 헌법 제120조 제1항의 지하자원 및 자연력에 해당하는 해양자원이라고 볼 수 있다. 해양광물자원을 별도로 정의하는 규정은 없고, 해양수산발전 기본법에서 '해양수산업'의 일종으로 "해저 또는 해수(해양심층수를 포함한다. 이하 같다)로부터 해양광물을 탐사·채집·추출·제련(製鍊)·생산하거나 이를 위한 시설·장비의 개발·운영과 관련된 산업"을 규정하고 있다(법 제3조 제3호 다목). 그리고 특별히 '해저광물자원 개발법'(해저광물자원법)에서 대륙붕에 있는 천연자원 중 석유 및 천연가스만 '해저광물'로 규정하고 있다(법 제2조). '해양에너지'도 이를 정의하는 규정은 없으나, '신에너지 및 재생에너지 개발·이용·보급 촉진법'(신재생에너지법)에서 재생에너지를 "햇빛·물·지열(地熱)·강수(降水)·생물유기체 등을 포함하는 재생 가능한 에너지를 변환시켜 이용하는 에너지"로 규정하면서, '해양에너지'를 재생에너지의 하나로 규정하고 있다.

(3) 해양자원에 관한 헌법원칙

헌법 제120조 제1항은 광물 기타 중요한 지하자원, 수산자원, 수력과 경제상 이용할 수 있는 자연력은 법률이 정하는 바에 의하여 일정한 기간 그 채취개발 또는 이용을 특허할 수 있다고 규정하고 있다. 이는 중요한 지하자원 등이 원칙적으로 개인의 소유가 아니라는 전제에서 이를 개발 또는 이용하는 행위를 국가가 특허할 수 있다고 규정한 것이다. 지하자원 등은 본래 사유재산인 것을 국유화하거나 공공필요를 위해 수용, 사용, 제한하는 공용침해와 달리 원래부터 공동체의 소유로 한다는 의미이다. 그런 의미에서 헌법 제120조의 규정을 사회화(Sozialisierung)에 관한 규정이라고 한다.[10] 이 사회화 규정에 따라 해양자원, 즉 바다의 지하자원과 수산자원 및 자연력 등은 원칙적으로 누군가의 소유가 아니고 그 개발 및 이용은 일정한 기간 특허할 수 있다. 어업권이 그 대표적인 사례일 것이다. 어업권은 재산권으로 보호될 수 있지만,

10) 사회화에 관한 자세한 설명은 김현귀, 헌법 제120조, 한국헌법학회 편, 헌법주석 : 법원, 경제질서 등 : 제101조－제130조, 홍진기법률연구재단, 2018, 1513~1545쪽 ; 김문현, 社會、經濟秩序와 財産權, 法元社, 2001, 173－177쪽; 한수웅, 헌법상 권력구조의 재조명, 法文社, 2021, 367－370쪽 참조.

엄밀히 말해 공법적 수단인 국가의 특허에 의하여 부여되고 변경되는 공법상 권리이다.

다. 해양환경

셋째로 헌법 제35조는 환경권을 규정할 뿐 바다나 해양에 관하여 직접 언급하고 있지는 않지만, 바다는 헌법 제35조 제1항에 규정된 "환경보전"의 대상이 될 수 있다. 법적으로 환경은 자연환경뿐 아니라 생활환경을 포괄한다(환경정책기본법 제3조 제1호). 헌법재판소도 헌법상 환경의 개념을 자연환경과 생활환경을 포괄하는 넓은 개념으로 본다.[11] 따라서 해양환경 보호를 위한 국가적 노력은 헌법 제35조 제1항에 규정된 "국가와 국민의 환경보전을 위한 노력"의 하나라고 볼 수 있다.

(1) 해양환경의 개념

해양환경보전법에서는 '해양환경'을 "해양에 서식하는 생물체와 이를 둘러싸고 있는 해양수(海洋水), 해양지(海洋地), 해양대기(海洋大氣) 등 비생물적 환경 및 해양에서의 인간의 행동양식을 포함하는 것으로서 해양의 자연 및 생활상태"로 정의한다(법 제2조 제1호). 이 규정에 따르면, 해양환경이란 해양과 관련된 자연환경뿐 아니라 생활환경을 포괄하는 개념이다. 해양환경의 하위 개념으로 해양생태계법은 해양생태계를 "일정한 해역의 생물공동체와 이를 둘러싼 무기적(無機的) 또는 유기적 환경이 결합된 물질계 또는 기능계"로 정의하고 있다. 이는 인간의 생활환경을 제외한 해양의 자연환경을 의미한다고 할 수 있다.

(2) 해양오염의 개념

해양환경이 인간과 관련된 생활환경과 자연환경으로 나뉘는 것처럼 해양오염도 인간과 관련된 오염과 자연적으로 발생하는 오염이 있다. 보통 환경오염

11) 헌재 2008. 7. 31. 2006헌마711, 판례집 20-2상, 345 ; 환경정책기본법에 따르면, '자연환경'이란 지하, 지상, 지표, 해양을 포함하여 "모든 생물과 이들을 둘러싸고 있는 비생물적인 것을 포함한 자연의 상태(생태계 및 자연경관을 포함한다)"를 말한다(동조 제2호). 그리고 '생활환경'은 사람의 일상생활과 관련된 "대기, 물, 토양, 폐기물, 소음·진동, 악취, 일조(日照), 인공조명, 화학물질 등"의 환경을 말한다(동조 제3호).

은 인간에 의하여 야기된 환경적 피해를 말한다. 지진이나 쓰나미, 화산의 분화와 같은 자연재해로 인한 환경변화는 환경오염에 원칙적으로 포함되지 않는다.[12] 가령, '기후변화에 관한 국제연합 기본협약'(기후변화협약)[13] 제1조에서 정의하는 기후변화는 원칙적으로 인간활동에 직접 또는 간접으로 기인하여 지구대기의 구성을 변화시키는 것을 말한다(협약 제1조 제2호). 그리고 그 기간동안 관측된 자연적 기후 가변성을 기후변화의 범위에 추가한다. 환경정책기본법도 환경오염을 사람의 활동에 의하여 발생하는 사람의 건강이나 환경에 피해를 주는 상태로 규정하고 있다.[14] 한편 여기서 오염되는 환경은 생활환경을 포함한다. 반면 '환경훼손'은 자연환경의 훼손만을 말한다.[15] 해양오염도 "해양에 유입되거나 해양에서 발생되는 물질 또는 에너지로 인하여 해양환경에 해로운 결과를 미치거나 미칠 우려가 있는 상태"를 말한다(해양환경보전법 제2조 제3호). 이때 해양환경은 생활환경을 포함한다. 반면 해양생태계 훼손은 해양의 자연환경에 대한 훼손을 의미한다.[16]

(3) 해양자원의 활용과 환경오염

전술한 법 규정 중에서는 해양공간이나 해양환경도 공간자원 또는 환경자원으로 분류하여 자원의 관점에서 바라보는 경우를 볼 수 있었다. 이는 경제적 관점에서 공간과 환경마저도 인간에게 유용한지를 기준으로 가치를 판단하는 모습이다. 즉, 환경도 결국에는 오염되어 소모될 수 있는 일종의 자원이라고 보는 것이다. 그리고 이는 바꾸어 말하면 인간이 해양자원을 개발하고 이용하면 환경이 오염되기 마련이라는 사실을 전제한다. 물론 그렇다고 해양자원을 개발하고 이용하면 반드시 중대한 환경오염이 발생한다고 전제할 수

12) 환경과 개발에 관한 리우선언(1992) 참조; 西井 正弘, 국제환경법의 형성과 전개, 西井 正弘, 鶴田 順 편, 국제환경법강의, 제1장, 박영사, 2021, 3쪽 참조.

13) 조약 제1213호로 1994. 3. 21.에 발효된 기후변화에 관한 국제연합 기본협약(1992).

14) 환경정책기본법 제3조 4. "환경오염"이란 사업활동 및 그 밖의 사람의 활동에 의하여 발생하는 대기오염, 수질오염, 토양오염, 해양오염, 방사능오염, 소음·진동, 악취, 일조 방해, 인공조명에 의한 빛공해 등으로서 사람의 건강이나 환경에 피해를 주는 상태를 말한다.

15) 환경정책기본법 제3조 5. "환경훼손"이란 야생동식물의 남획(濫獲) 및 그 서식지의 파괴, 생태계질서의 교란, 자연경관의 훼손, 표토(表土)의 유실 등으로 자연환경의 본래적 기능에 중대한 손상을 주는 상태를 말한다.

16) 해양환경보호법 제2조 4. "해양생태계 훼손"이란 해양생물 등의 남획 및 그 서식지 파괴, 해양질서의 교란 등으로 해양생태계의 본래적 기능에 중대한 손상을 주는 상태를 말한다.

도 없다. 수산자원의 남획이나 서식지 파괴로 인한 생물자원의 멸종 또는 해양생태계의 파괴 등과 같이 인과관계가 명백한 예외적인 상황도 있지만, 사실 대부분의 환경오염 사건에서 법적책임을 부여하기에 충분한 인과관계를 밝히는 것은 쉬운 일이 아니다. 이런 경우 해양자원 개발과 환경오염 사이에 개연성이 있음을 확인할 수 있을 뿐이다. 그러나 이런 개연성이라도 있다면 해양자원의 개발은 해양환경 오염의 리스크(Lisk)를 관리해야 할 의무가 요청된다.[17] 헌법상 국가와 국민은 환경을 보전할 의무가 있기 때문이다. 만일 관리할 수 없는 리스크가 있다면 공익을 위해 해양자원의 개발은 금지되거나 제한될 수 있다.

Ⅲ. 해양정책의 의의와 구조

1. 해양정책의 의의

가. 해양정책의 개념

해양정책은 쉽게 말하면 바다(海)에 대하여 국가가 어떤 계획을 세우고 집행하고 평가하는 일의 총체를 말한다. 경제적 측면에서 해양정책은 공공의 복리를 위하여 해양의 지속가능한 이익과 가치를 확보하려는 일련의 목표나 방향이라고 할 수도 있다.[18] 그리고 정치적으로 보면, 해양정책은 국가가 자신의 관할해역에서 얻을 수 있는 장기적인 이익과 가치를 확보하고 이를 이용하는 과정에서 발생하는 갈등을 조절하기 위해 해양자원과 해양공간을 관리하고 그에 관한 계획을 수립·집행하는 일련의 과정을 말한다.[19] 오늘날 해양정

17) 이를 환경법상 '사전배려원칙'이라고 한다. 자세한 내용은 조홍식, 환경법원론, 박영사, 2022, 103－116쪽 참조.

18) Hong Seoung－Yong, A Framework for Emering New Marine Policy, 해양정책연구 제9권 제1호, 1994, 7쪽.

19) United Nations General Assembly, Law of the Sea－Report of the Secretary－General, A/44/650, New York: UN, 1989, pp.9－10.

책은 국가별 영해나 배타적 경제수역 같은 관할권 설정의 문제를 넘어서 자원의 이용과 선박 등의 통항, 기후변화와 환경, 극지문제와 해수면 상승 등의 다양한 문제상황들에 대응하기 위한 국가적 목표와 이를 달성하기 위한 계획 등을 말하는 것이다.

나. 해양정책의 종류

해양에 관한 국가의 정책은 전통적인 해운, 항만과 수산업에 대한 행정적인 지원과 해양에서의 치안의 확보를 위한 경찰 및 안전업무에 국한되지 않는다. 요즘은 해양자원의 개발과 이용이 경제적으로 중요한 의미를 가지기 시작했고 그와 함께 해양환경에 관한 정책도 중요한 의미를 가지게 되었다. 넓은 의미에서 해양자원의 개발과 이용은 해양의 지하자원의 개발이나 자연력을 이용한 사업, 경관 및 환경자원 등을 이용한 해양레저관광사업, 해양공간자원을 활용한 공유수면매립, 인공섬, 신공항 건설, 현수교 등의 개발사업 등이 해양자원의 개발과 이용과 관련된 정책사업이 될 것이다. 그리고 해양자원의 개발은 환경오염의 리스크를 가지고 있으므로 지속가능한 개발을 위해서는 해양환경정책과 함께 가야할 것이다.

다. 한국의 해양정책기구: 해양수산부

한국에서 해양정책을 주관하는 정부부서는 해양수산부이다. 해양수산부는 해운항만청, 수산청 등 여러 부처에 흩어져 있던 해양정책기능을 통합하여 1996년에 신설되었다. 현재는 장관과 차관 1명, 3개실과 3개국으로 구성되어 있다. 그 외 국립수산물품질관리원, 국립해양조사원, 서해, 동해, 남해어업관리단, 해양수산인재개발원, 국립해양측위정보원, 중앙해양안전심판원과 4개의 지방해양안전심판원, 국립수산과학원, 11개의 지방해양수산청 등을 소속기관으로 두고 있다.

정부조직법 제43조에 따르면, 해양수산부는 해양정책, 수산, 어촌개발 및 수산물 유통, 해운·항만, 해양환경, 해양조사, 해양자원개발, 해양과학기술연구·

개발 및 해양안전심판에 관한 국가사무를 관장한다. 이를 위해 장관과 차관 밑에 기획조정실, 해양정책실, 수산정책실, 해운물류국, 해사안전국, 항만국을 두고 있다. 주요 업무부서를 보면, 해양정책실 소속의 해양정책관, 해양환경정책관, 국제협력정책관, 수산정책실 소속의 수산정책관, 어업자원정책관, 어촌양식정책관, 해운물류국, 해사안전국, 항만국이 있다. 해양수산부의 해운물류국, 항만국과 해사안전국은 선박의 운항과 관련된 정책을 담당하고, 수산정책실은 어업 혹은 양식업 등 수산업과 관려된 정책을 담당한다. 그밖에 해양정책은 해양정책실에서 담당하는데 넓은 의미의 해양자원의 개발과 이용 그리고 이를 위한 조사 및 과학기술개발에 관한 정책, 해양환경정책, 국제협력과 영토관리 등에 관한 업무 등을 담당한다.

〈그림 1〉 해양수산부 조직도

2. 해양정책의 구조

가. 바다의 특징

바다는 물로 채워져 있는 공간이다. 사람이 영토나 국토의 개념으로 바다의 공간을 구획하더라도 바닷물은 그런 공간에 구애되지 않고 흐른다. 바닷물은 지구를 돌고 돌아 기후를 유지한다. 적도의 열을 다른 지역으로 전달하고 극지방의 빙하가 녹아 그 열을 식힌다.[20] 바다의 생물도 인간이 만든 영역과 관계 없이 이동한다. 철새나 물고기 떼나 고래도 자신이 특정 국가의 영해나 배타적 경제수역 혹은 공해에 있다는 것을 모른다. 그래서 바다는 법에 따라 구역이 나누어지더라도 전지구적으로 연결되어 있다. 바다를 일정한 영역으로 나누는 것은 바다를 이용하는 인간의 행동을 통제하는 것이지 바닷물을 통제하는 것이 아니다.

한편 인간은 바다를 채우고 있는 바닷물을 극복하거나 타지 않으면 이용할 수 없다. 바닷물을 극복한다는 말은 바닷물을 생존할 수 있는 환경으로 바꾼다는 말이다. 바닷물을 막아서 맨땅이 드러나게 한다거나 수중이나 물 위에 인공섬 같은 생존할 수 있는 환경을 만드는 방법을 말한다. 바다를 탄다는 말은 바닷물 위에 떠서 혹은 바닷물 속에 부유하면서 이동한다는 말이다. 물위에 떠서 항행하는 것이 대표적이다. 그러니까 바다를 이용하는 인간의 행동은 바닷물을 극복하거나 항해를 전제로 이루어진다.

나. 해양정책의 다층적(multi-layered) 구조

지리적으로 한국은 3면이 바다로 둘러싸여 있다. 서해는 중국과 면해 있고, 동해는 일본과 러시아를 접할 수 있으며, 남해는 태평양으로 연결되어 더 넓

20) 물은 팽창성이 큰 물질이라 지구 기온이 오르면 팽창하여 해수면이 올라가고 반대로 기온이 내리면 해수면도 내려간다. 빙하가 녹아서 해수면이 올라가는 것이 아니라 반대로 빙하가 녹아 바다의 온도를 낮추어서 해수면이 올라가는 것을 막는다. 빙하가 빨리 더 많이 녹는다는 것은 그만큼 지구의 온도를 높아졌다는 말이다. Garrison, Tom, 이상룡 외, 옮김, 해양학, 센게이지러닝코리아, 2021, 166-167쪽 참조.

은 세계로 연결될 수 있는 해양환경을 가지고 있다. 또 서해와 남해의 연안은 수많은 섬들로 이루어져 있고 한반도 주변을 포함한 북태평양의 바다는 세계적으로 풍부한 어족자원을 가진 어장으로 손꼽힌다. 기본적으로 바다에 관한 정책은 국가영역에서 주도하여야 하지만, 삼면의 바다 별로 서로 다른 국제적 환경을 가지고 있으면서 지방자치단체가 관할하는 복잡한 해안선이 발달해 있다. 그래서 한국의 해양정책은 국제관계뿐 아니라 국가 그리고 지방자치의 영역이 공존하는 다층적인(multi-layered) 규범구조를 가지고 있다.

예를 들어, 일본의 원전수 방류결정은 문제가 된 원자력발전소가 있는 일본의 도호쿠 지방 어민만의 문제가 아니다. 일본 전체의 문제이면서 동시에 해양과 어장을 접하고 있는 우리나라와 중국, 러시아 등 일본의 인접국가의 문제이기도 하다. 동시에 해류를 통해 원전수의 영향을 영향을 받을 수 있는 저 멀리 태평양 국가들의 문제이기도 하다. 또 만일 우리 영해에서 기름유출사고가 일어났다고 그것을 해당 해역의 지방자치단체역가 해결할 수 있는 문제가 아니다. 또 태안군 해안에서 발생한 허베이 스피리트호 유류오염사고의 예를 보면, 기름이 태안반도 주변에 집중적으로 피해를 줬지만 전국가적으로 나서야 해결할 수 있었다. 만일 해류를 따라 중국 등 인접국가로 유출된 기름이 흘러간다면 일본의 원전수 방류 문제와 같이 국제문제가 되기 쉽다. 또 다른 예로 만일 정부가 해양생태계를 보전하기 위하여 배타적 경제수역 등에서 휴어기 등을 설정해 특정 해양공간에서 지역 어민의 어입권을 제한하더라도, 불법으로 중국에서 어선이 몰려와 저인망 그물로 싹 쓸어간다면 그 목표는 달성할 수 없을 것이다. 해양과 관련된 정책적인 결정들은 해당해역의 지방자치단체나 지역주민 입장에서의 이익과 정부 차원에서의 추구하는 이익 그리고 국제적으로 다른 국가의 상황 등도 모두 다층적으로 고려해야 할 때가 많다. 따라서 해양정책에 관한 결정들은 지방자치-국내법-국제법의 다층적인 구조 속에서 고려되고 집행되며 평가되어야 한다.

3. 해양공간과 해양공간정책

가. 해양공간의 이용

해양공간의 이용은 1960년대 이전에는 전통적으로 해운과 무역 또는 수산업을 목적으로 평면적 해양공간만 이용하던 시대가 있었다. 이후 해양자원의 개발필요성이 높아지면서 해양공간의 이용은 수직적으로 해저, 해중, 해수면 위 공간을 포괄하는 입체적인 형태로 진화하였다. 1990년대 이후에는 지속가능한 발전과 환경보전에 대한 관심이 높아지면서 해양공간의 이용은 입체적 해양공간을 채우는 생물 및 무생물 해양자원에 대한 개발과 이용으로 확대되었다.[21] 한국에서 해양공간정책의 대상이 되는 범위는 아래 그림과 같이 수평적으로 지적공부에 등재된 토지의 경계선인 '지적선' 바깥의 해안선과 내수, 영해, 배타적 경제수역과 유엔해양법협약상 대륙붕을 포함하고, 수직적으로는 그 해저, 해중, 해수면과 해수면 위 공간을 모두 포함한다.

나. 해양공간계획의 도입

해양정책의 다층적 구조를 가장 잘 보여주는 사례가 해양공간정책이라고 할 수 있다. 해양공간정책의 핵심이라고 할 수 있는 해양공간계획이 미국에서 도입되는 과정을 보면 그 이유를 알 수 있다. 2010년 미국 멕시코만 지역의 해저유전시설에서 유정이 폭발하여 원유가 유출되는 사고가 발생하였다. 440만 배럴 이상의 원유가 유출된 것으로 추정되는 이 사고로 인하여 미 서부해안을 따라 230km가 오염되었고, 그 여파가 멕시코나 캐나다 해안에 이르는 국제적인 문제가 되었다. 방재작업 등으로 들어간 직접적인 피해 금액만 12조원이고 피해주민도 10만여 명에 이를 것으로 추정되었다.[22] 물론 기름유출로 죽은 수많은 조류와 어류, 포유류 등 동물과 다양한 해양식물의 환경파괴로 인한 피

21) 허형택, 해양공간 이용의 새로운 조망, 최정호 편, 물과 한국인의 삶, 나남출판, 1994, 490-491쪽.
22) Deepwater Horizon 기름유출사고에 대한 자세한 내용은 <https://www.epa.gov/enforcement/deepwater-horizon-bp-gulf-mexico-oil-spill> 참조.

〈그림 2〉 해양공간계획법의 해양공간

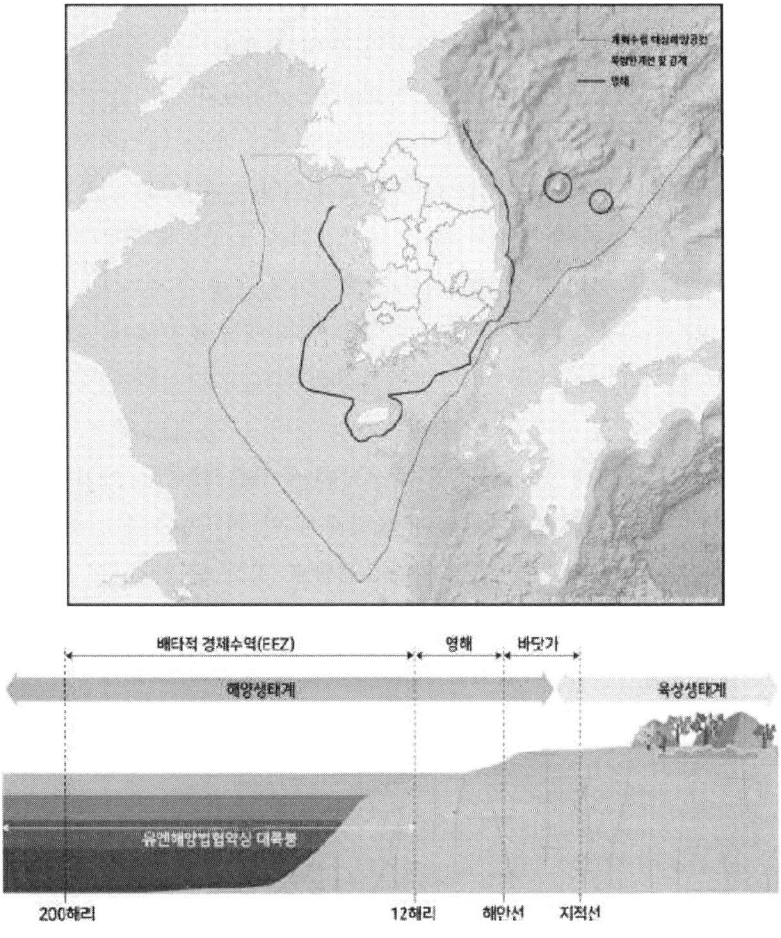

[출처] 해양수산부, 제1차 해양공간기본계획 2019 – 2028, 2019. 7, 7쪽 [그림 1–3].

해는 여기에 계산되지 않았으므로, 이를 포함하면 멕시코만 기름유출사고로 인한 피해는 돈으로 환산하기 어려울만큼 컸다.

석유자원의 개발과정에서 일어난 이 사고는 국제사회에 해양자원의 개발과 해양환경의 보전이라는 두 과제를 동시에 균형있게 달성하기 위해서는 단순히 원유개발과정에서 수반되는 해양오염에 그치지 않고 다층적으로 연계되는 해양환경과 해양생태계 보전을 고려한 충분한 위기관리능력이 필요하다는 사실을 깨우쳐줬다.[23] 이를 위하여 멕시코만 석유유출사고에 대한 미국의 사고조사위원회가 해저유전개발 관리에 관한 최종보고서를 제출하면서 해양공간의 이용을 담당하는 부처간의 통합적인 협의가 필요하고 종합적인 해양관리의 관점에서 해양공간계획(Marine Spatial Planning)의 실시를 제안하였다.[24] 그리고 당시 미국 오바마 대통령이 설치한 부처간 통합 테스크포스에서도 현재 또는 이후에 예상되는 해양, 연안과 오대호의 이용을 분석하기 위하여 과학적이고 포괄적이며 투명성이 높은 공간계획을 권고하였다.[25]

해양공간계획은 해양을 접하는 육지, 해양의 상공에서 해저까지 3차원의 공간을 파악하고 다양한 해양의 이용과 개발 및 생태계의 보호를 목적으로 하는 종합적인 해양관리수단이다. 해양공간계획을 통하여 달성하려는 정책적인 목적은 일단 해양에 관한 정보를 일원화하는 것이고, 둘째로 이를 통하여 해양자원의 개발과 이용과 해양환경의 보전이라는 상충하는 두 가치를 조정하는 것이며, 셋째로 이를 실현하기 위한 협의체계 및 거버넌스를 구축하는 데 있다. 그럼으로써 궁극적으로 환경자원의 개발로 인한 환경오염의 리스크를 관리할 수 있게 되는 것이다. 가령, 기름유출사고와 같은 재난이 발생하더라도 해양공간계획에 따라 해양환경을 보호하기 위해 방재자원을 배정할 우선순위를 정하거나 피해를 대비하는 등 피해확산을 막는데 활용할 수 있다.

23) 최환용, 해양공간계획제도 도입을 위한 법제연구, 한국법제연구원, 2015, 22쪽 참조.

24) National Commission on the BP Deepwater Horizon Oil Spill and Offshore Drilling, “Deep Water: The Gulf Oil Disaster and the Future of Offshore Drilling”, January 2011, pp. 282－283. <https://www.govinfo.gov/content/pkg/GPO－OILCOMMISSION/pdf/GPO－OILCOMMISSION.pdf> 참조.

25) The White House Council on Environmental Quality, Final Recommendations of the Interagency Ocean Policy Task Force, July 19, 2010, pp.41－48. <https://obamawhitehouse.archives.gov/files/documents/OPTF_FinalRecs.pdf> 참조.

Ⅳ. 해양공간계획 및 관리에 관한 법률

1. 입법목적과 개요

가. 입법목적

우리나라는 기존에 연안관리법 등 해양공간관리에 관한 법률들이 있으나 배타적경제수역 등 전체 해양공간을 포괄하지 못하였다. 오늘날 해양과학기술이 발전하여 해양활동과 해양자원의 이용 가능성 확대하였고 주변국가와 해양자원 개발 및 해양관할권 확보 갈등에 대응하기 위하여 해양공간 관리의 범위를 배타적 경제수역과 대륙붕으로 확대할 필요성이 있었다.[26] 우리나라는 기존에 연안관리법 등 해양공간관리에 관한 법률들이 있으나 배타적경제수역 등 전체 해양공간을 포괄하지 못하였다. 그리하여 기존 연안관리법의 일부 내용을 통합하여 2018년 해양공간계획법이 제정되었고 1년 뒤인 2019년에 시행되었다.

나. 법률의 개요

법률은 해양수산부장관에게 10년마다 해양공간에 관한 기본계획을 수립하고(법 제5조), 해양수산부장관과 광역자치단체장인 시·도지사에게 지역별 해양공간관리계획을 수립하도록 하고 있다(법 제7조). 관리계획을 통해 해양수산부장관과 시·도지사는 해양공간에 해양용도구역을 지정하고 또 변경할 수 있다(법 제12조). 해양용도구역 지정 또는 변경을 위해서는 반드시 '해양공간특성평가'를 해야 하는데(법 제13조), 이를 위해 해양공간정보를 수집하고 이를 통합적으로 관리하는 해양공간정보체계를 구축할 수 있다(법 제19조). 이후 중앙행정기관의 장과 지방자치단체의 장(광역 및 기초 포함)이 해양공간을 이용 및 개발하고자 하면, 해양수산부장관이 기존의 해양공간관리계획에 기초하여 해당 개발계획을 심사하여 승인하거나 수립, 변경하거나 지구 및 구역 등을 지정 또는 변경지정할 수 있다. 이를 '해양공간적합성협의'라고 한다(법 제15조).

26) 양희철 외, 해양법과 정책, 한국해양과학기술원, 2020, 146－147쪽.

2. 해양공간계획의 수립절차

가. 해양공간기본계획

(1) 개요

해양공간기본계획은 해양공간의 기본 정책 방향을 제시하고 추진전략 및 중점 추진과제 등을 포함하여야 한다.[27] 기본계획은 정책적인 방향을 제시해 줄 뿐, 구체적으로 행정기관을 구속하거나 국민의 행위를 규제하지는 못한다. 해양공간계획법 제5조에 따르면, 10년 단위의 해양공간기본계획을 해양수산부장관이 입안하고, 5년마다 그 타당성 검토를 한다.

(2) 절차

해양수산부장관은 기본계획을 입안하기 위해 먼저 시·도지사의 의견을 듣고 관계 중앙행정기관의 장과 협의하여야 한다. 필요하다면 관계기관에 자료의 제출을 요청할 수 있고 특별한 사유가 없으면 이 요청을 따라야 한다. 해양수산부장관이 해양공간기본계획을 입안하면 해양수산부 내부에 해양수산발전기본법 제7조에 따라 구성된 해양수산발전위원회의 심의를 거쳐야 한다. 해양수산발전위원회 위원장은 해양수산부장관이고 위원은 관계 중앙행정기관의 차관급 공무원과 해양수산부장관이 위촉한 위촉위원들로 구성된다(해양수산발전 기본법 제8조). 해양수산발전위원회의 심의를 통과한 뒤에 해양수산부장관이 해양공간기본계획의 내용을 확정한다. 해양수산부장관은 이렇게 수립되거나 변경된 해양공간기본계획을 바로 관보에 고시하고 관계 중앙행정기관 및 시·도지사에게 통보하여야 한다(해양공간계획법 제6조).

27) 해양공간계획법 제5조와 시행령 제2조에 따라 해양공간기본계획에 포함되어야 하는 내용은 다음과 같다. 1. 해양공간에 관한 기본정책 방향; 2. 해양공간관리계획의 수립 방향; 3. 해양공간정보의 수집、관리、활용에 관한 사항; 4. 해양공간특성평가에 관한 사항; 5. 해양공간 관리에 필요한 연구개발 및 국제협력에 관한 사항; 6. 해양공간 관리를 위한 교육、홍보에 관한 사항; 7. 해양공간정보의 표준화 정책에 관한 사항; 8. 해양공간 관리에 필요한 인력양성에 관한 사항; 9. 해양공간 관리에 필요한 소요예산 계획에 관한 사항.

나. 해양공간관리계획

(1) 개요

해양공간기본계획에 따라서 해양수산부장관은 배타적경제수역과 대륙붕 그리고 국가가 직접 관리하는 항만지역의 관리계획을 수립한다. 해양수산부장관이 관리계획을 수립하는 지역 이외 지역의 관리계획은 해당 지역을 관할하는 광역자치단체의 장인 시·도지사가 수립한다(법 제7조). 수평적으로 지적선 바깥의 해안선까지의 육지와 해안선에서 영해기점까지의 바다가 이에 해당한다. 바다를 면하는 광역자치단체는 부산, 경기, 인천을 비롯해 모두 11개이다.[28] 이들 지방자치단체 사이의 경계는 기본적으로 지적 경계와 해역 경계를 기준으로 하되, 분쟁이 있는 지역은 협의를 통하여 공동으로 수립하고 협의가 이루어지지 않거나 관련 시·도지사의 요청이 있으면 해양수산부장관이 수립할 수 있다.

실제 지방자치단체 사이의 해상경계를 정하는 합의된 규범은 없다. 소위 '해상관습법'에 따라 그 경계가 나누어지는데, 어업권이나 공유수면매립 등 개발 이슈가 발생한 지역의 지방자치단체와 지방자치단체 그리고 국가와 지방자치단체 사이에 해상경계에 관한 권한쟁의 등 분쟁이 많이 발생하고 있다.[29] 2020년에서 2022년에 이루어진 1차 관리계획은 전반적으로 해양수산부에서 가용한 정보와 기술을 제공하고 시·도와 협의하여 관리계획안을 마련하는 방식으로 진행하도록 방침이 성해졌었다.[30]

(2) 절차

시·도지사가 해양공간관리계획을 수립하는 때에는 초안을 만들고 이를 열람할 수 있게 하고, 해양공간관리지역협의회(이하 '지역협의회') 또는 공청회

28) 바다를 접하는 광역지방자치단체는 강원도, 경기도, 경상남도, 경상북도, 제주특별자치도, 전라남도, 전라북도, 충청남도, 부산광역시, 인천광역시, 울산광역시까지 총 11개이다.

29) 실제로 인천 옹진군과 충남 태안군 사이에 바다골재(해사)채취허가를 둘러싸고 해상경계에 관한 권한쟁의가 발생하기도 하였다. 헌재 2009. 7. 30. 2005헌라2, 판례집 21-2상, 116 참조. 이를 포함하여 2022년 기준으로 해상경계를 두고 행정자치부장관과 시·도지사와 시·도지사 또는 시·군·구 사이에 발생한 권한쟁의 사건만 17건에 달한다.

30) 해양수산부, 제1차 해양공간기본계획(2019-2028), 2019.7, 72쪽 참조.

를 열어 지역주민의 의견을 수렴해야 한다. 지역협의회는 시·도지사가 관리계획의 효율적 수립 및 변경을 위하여 조례에 따라 지역주민, 시민단체, 이해관계자 및 관계 전문가 등으로 구성한 협의회이다(시행령 제6조). 이후 관계 행정기관과의 협의를 위해 관리계획 초안을 송부하고 의견을 회신받아야 한다. 이때 협의요청을 받은 관계 행정기관의 장은 30일 이내에 의견을 회신하여야 한다(시행령 제8조).

이후 시·도지사 소속의 해양공간관리지역위원회(이하 '지역위원회')의 심의를 거쳐 관리계획의 내용을 확정한다. 지역위원회의 위원장은 시·도지사이고 해당 시·도 또는 시·군·구 소속 공무원이나 해양공간계획과 관련된 행정기관의 소속 공무원 또는 해당 분야에 학식과 경험이 풍부한 사람 중에서 시·도지사가 임명하거나 위촉한 위원으로 구성된다(법 제9조; 시행령 제11조).

지역위원회 심의를 통과한 시·도지사의 관리계획은 이후 해양수산부장관의 승인을 받아야 한다. 시·도지사는 관리계획안을 해양수산부장관에게 관련서류를 송부하면서 승인신청을 해야 한다(시행규칙 제5조).[31] 해양수산부장관은 시·도지사의 관리계획을 해양수산발전위원회의 심의를 거쳐서 승인한다. 해양수산부장관은 시·도지사의 관리계획을 승인하면 이를 바로 관보에 고시하고 및 관계 행정기관에 통지한다. 해양수산부장관과 시·도지사는 이런 심의과정에서 필요한 경우에 관리계획을 변경할 수 있고, 그 절차는 위 수립 절차와 같다.

31) 해양공간계획법 시행규칙 제5조(관리계획의 승인신청) 시·도지사는 법 제7조제6항에 따라 관리계획의 승인을 받으려는 경우에는 관리계획에 다음 각 호의 서류를 첨부하여 해양수산부장관에게 제출해야 한다.
1. 영 제5조제2항에 따른 해양공간관리계획도 및 해양공간관리계획설명서
2. 공청회 개최 결과
3. 관계 행정기관의 장과의 협의 결과
4. 법 제9조에 따른 해양공간관리지역위원회의 심의 결과
5. 그 밖에 「해양수산발전기본법」 제7조에 따른 해양수산발전위원회의 심의에 필요한 서류

〈그림 3〉 해양공간관리계획 수립절차

[광역시 · 도지사가 수립시](둘 이상의 시 · 도에 걸친 경우, 협의하여 공동 수립)

구분	절차	세부절차
1단계	해양공간관리계획 마련	공간특성평가 ⇒ 용도구역마련 ⇒ 지역협의회 의견 수렴 및 검토
2단계	공청회 등 의견수렴 및 관계 행정기관과 협의	-
3단계	지역위원회 심의	-
4단계	승인 신청	시 · 도지사 ⇒ 해수부
5단계	해양수산발전위원회 심의 및 승인	해수부 ⇒ 시 · 도지사
6단계	고시 및 통보	시 · 도지사 ⇒ 관계 행정기관의 장, 시장 · 군수 · 구청장

[해수부장관이 수립시](「해양공간계획 및 관리에 관한 법률」 제7조 ②항 단서에 따라 해수부장관이 수립시에는 공청회 실시)

구분	절차	세부절차
1단계	해양공간관리계획 마련	공간특성평가 ⇒ 용도구역마련 ⇒ 지역협의회 의견 수렴 및 검토
2단계	시 · 도지사 의견수렴 및 관계 행정기관과 협의	-
3단계	해양수산발전위원회 심의	-
4단계	고시 및 통보	해수부 ⇒ 관계 행정기관의 장

[출처] 해양공간통합관리정보시스템 <https://msp.go.kr>

한편 해양수산부장관이 수립하는 해양공간관리계획은 해양공간 기본계획의 수립절차와 차이가 없다. 해양수산부에서 관리계획을 입안할 때 시·도지사 및 관계 중앙행정기관과 협의해야 하고, 해양수산발전위원회의 심의를 거쳐서 관리계획을 수립하면, 이를 고시하고 통지하면 된다(법 제7조 제5항). 다만 관련 시·도지사의 요청 등으로 해양수산부장관이 관리계획을 수립하는 경우는 공청회를 실시하여야 한다.

(3) 해양공간특성평가

해양공간관리계획의 수립을 위하여 해양공간은 일단 위·경도 좌표를 기준으로 격자 모양으로 분할되어 해양공간의 보전 및 이용·개발 수요 등을 고려하여 해양공간특성평가가 이루어진다. 이 격자를 기준으로 나뉜 해역의 해양자원 부존현황과 가치, 해양환경 및 생태계의 특성, 해양공간의 이용 및 개발현황, 해양공간의 미래 활용 수요 등 해양공간정보를 수집·조사하고 정량적으로 평가하여 해양공간특성을 등급화한다. 각 격자로 나뉜 해역 안에서 각각의 용도별로 등급화된 점수를 부여하고 서로 중첩되거나 상충하는 용도도 분석하여 점수화한 자료를 제공하는 것이 해양공간특성평가 자료이다. 시 · 도지사는 이를 고려하여 구체적인 해양용도구역을 지정한다.

〈그림 4〉 정규화된 환경생태계관리구역 공간특성평가지도(부산 · 경남 예시)

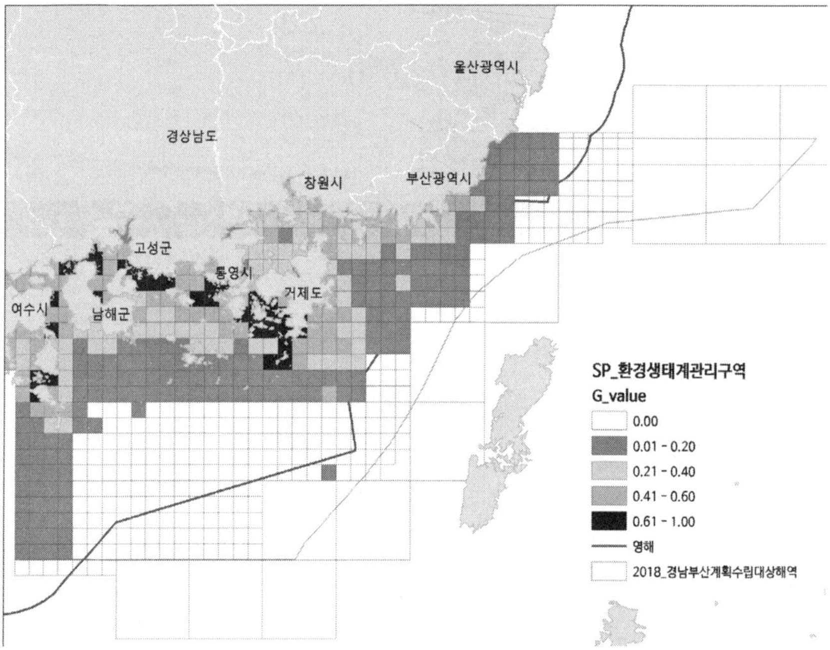

[출처] 해양수산부, 해양공간특성평가 지침, 2019. 6, 42쪽.

3. 해양공간의 관리

가. 해양용도구역

관리계획을 통하여 해양공간은 다음 9개의 용도구역으로 나누어 지정한다(법 제12조 제1항). 주요 해양활동 중에서 해양수산부장관 또는 시 · 도지사는 정책의 방향과 여러 이해관계자의 요구사항을 종합하여 특정한 해역 내에서의 가장 우선시하거나 상대적으로 중요도가 높다고 판단되는 핵심활동을 기준으로 용도구역을 정하고 이를 유지 및 지속될 수 있도록 관리한다. 다음은 해양용도구역 관리지침에서 정하고 있는 용도구역별 핵심활동이다.

[표 1] 해양용도구역 관리지침 제2조 제4호 용도구역별 핵심활동

구분	해당 국가 수
어업활동보호구역	수산물을 포획·채취·양식하거나 수산물의 지속가능한 생산을 위해 수산자원을 보호하는 활동
골재·광물자원개발구역	바다골재 자원을 채취하거나 광물 자원을 채굴하는 활동
에너지개발구역	조류력, 조력, 파력, 해상풍력 등 해양에너지를 생산하는 활동
해양관광구역	해양레저, 휴양, 생태관광 등의 해양관광 활동
환경·생태계관리구역	해양환경·생태계 및 경관을 보호하는 활동
연구·교육보전구역	해양수산의 환경·자원·생태에 관한 연구 및 교육활동
항만·항행구역	항만의 기능을 유지하고 선박의 안전운항을 지원 및 보호하는 활동
군사활동구역	군사시설을 보호하고 군사작전을 원활히 수행하기 위한 국가안전보장 활동
안전관리구역	해양에 설치한 시설물의 보호 및 해양안전 관리 활동

〈그림 5〉 우리 바다 용도구역 지정 현황(2022년 기준)

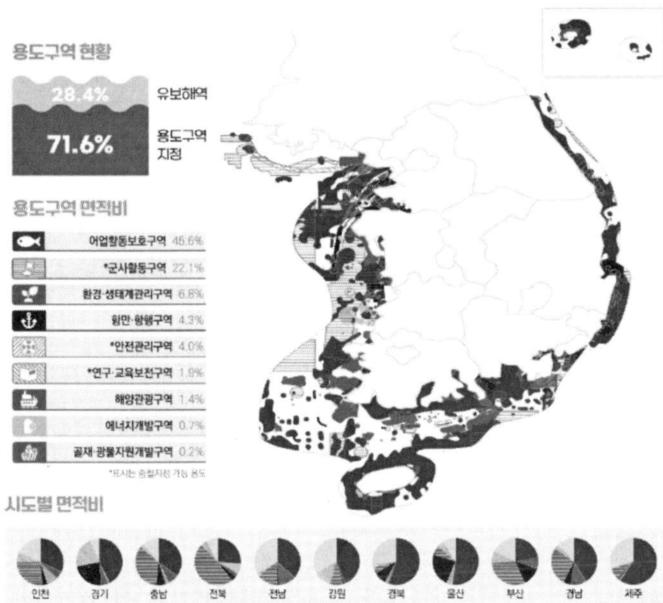

[출처] 해양공간통합관리정보시스템 <https://msp.go.kr>

나. 해양공간관리계획과 다른 계획의 관계

해양공간계획법이 제정되기 전부터 해양공간의 보전 및 이용·개발 수요에 관하여 다른 법률에서 계획하는 경우는 많았다. 해양공간계획법이 기존에 해양공간에 관하여 흩어져 규정되는 다양한 계획을 해양공간을 중심으로 통합적으로 관리하기 위하여 만들어진 것이다.[32] 따라서 해양공간관리계획을 수립할 때, 기존의 해양공간에 관한 다른 법률에 의한 계획을 고려해야 한다. 해양수산부고시로 정하고 있는 '해양공간관리계획의 수립 및 관리 등에 관한 규정' 제11조는 보전 및 개발 수요에 있어서 참고해야 할 다른 법률상 계획을 정리하고 있다.

[표 2] 해양공간관리계획에서 고려해야 하는 법정계획

1. 국가 계획

가. 국토 및 연안관리 개발	「국토기본법」의 국토종합계획, 「공유수면관리 및 매립에 관한 법률」의 공유수면매립기본계획, 「연안관리법」의 연안정비기본계획, 「무인도서의 보전 및 관리에 관한 법률」의 무인도서종합관리계획
나. 해양환경 및 생태계 보전	「해양환경 보전 및 활용에 관한 법률」의 해양환경종합계획, 「해양환경관리법」의 환경관리해역기본계획, 「해양생태계의 보전 및 관리에 관한 법률」의 해양생태계보전·관리기본계획, 「습지보전법」의 습지보전 기초계획 및 기본계획, 「자연공원법」의 공원기본계획, 「문화재보호법」의 문화재기본계획
다. 수산자원 이용 및 관리	「수산업기본법」 수산업 어촌 발전 기본계획, 「수산업법」의 기르는어업발전기본계획, 「수산자원관리법」의 수산자원관리기본계획, 「어장관리법」의 어장관리기본계획, 「어촌、어항법」의 어촌·어항발전기본계획, 「낚시관리법」의 낚시진흥기본계획

32) 해양공간계획법 이전에는 기존 38개 법률, 34개 국가계획에 따라 관리되고 있었고, 이에 다라 지정 가능한 해역, 구역, 지구 등은 약 100개로 개별법에 따른 해양활동의 용도, 진흥, 관리, 보호 등의 목적으로 구역이 지정되어 있었다. 해양수산부, 제1차 해양공간기본계획(2019－2028), 2019.7, 25－26쪽 참조.

라. 해양에너지 및 광물 등 이용·개발	「골재채취법」의 골재수급기본계획, 「해양심층수의 개발 및 관리에 관한 법률」의 해양심층수기본계획, 「해저광물자원 개발법」의 해저광물자원개발기본계획, 「저탄소녹색성장기본법」의 에너지기본계획, 「신재생에너지 및 재생에너지 개발·이용·보급 촉진법」의 신재생에너지기본계획, 「전기사업법」의 전력수급기본계획
마. 해상교통	「항만법」의 항만기본계획 및 항만배후단지개발 종합계획과 항만재개발기본계획, 「마리나항만의 조성 및 관리 등에 관한 법률」의 마리나항만기본계획, 「신항만건설촉진법」의 신항만건설기본계획, 「해사안전법」의 국가해사안전기본계획
바. 해양관광 및 레저	「관광진흥법」의 관광개발기본계획, 「해양수산발전기본법」의 해양수산발전기본계획, 「해수욕장의 이용 및 관리에 관한 법률」의 해수욕장기본계획, 「수상레저안전법」의 수상레저안전관리계획, 「수중레저활동의 안전 및 활성화 등에 관한 법률」의 수중레저활동 기본계획
사. 그 밖의 관리계획 수립에 필요한 국가계획	

2. 광역시 및 도 계획

가. 「관광진흥법」의 권역계획
니. 「국가균형발전특별법」의 시·도발전계획
다. 「국토의 계획 및 이용에 관한 법률」의 광역도시계획 및 도시·군 기본계획
라. 「도서개발촉진법」의 도서개발사업계획
마. 「동·서·남해안 및 내륙권 발전 특별법」의 해안권 발전 종합계획
바. 「문화산업진흥 기본법」의 문화산업진흥지구 조성계획
사. 「수산업법」의 어장이용개발계획
아. 「에너지법」의 지역에너지계획
자. 「지역특화발전특구에 대한 규제특례법」의 지역특화발전특구계획
차. 그 밖의 관리계획 수립에 필요한 광역시 및 도계획

3. 그 밖의 이용·개발 및 보전사업이 포함된 법정계획

다. 해양공간에 대한 적합성 협의

다른 법률에 따라 해양공간의 이용·개발을 추진하는 주체인 중앙행정기관이나 지방자치단체는 해양공간의 이용·개발에 관한 계획 중에서 1. 해양관광단지의 개발; 2. 해양공간에서 석유나 천연가스; 3. 광물, 골재 등의 채취; 4. 항만·어항의 개발; 5. 수자원의 개발; 6. 해양에너지의 개발; 7. 어장의 개발; 8. 그밖의 해양자원의 이용과 개발에 관한 계획에 관한 계획의 승인·수립·변경하거나 지구·구역 등을 지정하거나 변경하려는 경우에는 해양공간적합성협의를 거쳐야 한다(법 제15조 제1항).

해양공간적합성협의는 해양공간 이용·개발에 관한 인·허가나 개별 처분에 관한 협의가 아니다. 해양공간의 이용·개발에 관한 행정계획에 관한 협의이다. 그리고 모든 해양공간의 이용·개발 및 보전에 관한 행정계획에 적용되는 것이 아니다. 해양공간계획법 제15조 제1항의 각호에 열거된 해양자원 이용·개발에 관한 행정계획에 적용된다. 더 구체적인 해양공간적합성협의의 대상과 시기는 해양공간계획법 시행령 제13조에 따라 별표로 정리되어 있다.[33] 보통 법령에 따라서 해당 계획을 수립·변경하기 위하여 주무기관의 장이 다른 관계 행정기관의 장과 협의하기 전에 해양수산부장관과 해양공간적합성협의를 거치도록 하고 있다. 해양수산부장관이 동의하지 않더라도 중앙행정기관이나 지방자치단체의 해양공간 이용·개발을 막거나 이를 강제할 법적인 근거는 없다.[34] 해양자원의 이용·개발 여부를 결정할 주체는 해양수산부장관이 아니라 그 사업을 추진하는 중앙행정기관이나 지방자치단체의 장이기 때문이다. 다만 해양공간적합성협의의 절차에서 해양수산부장관의 부동의는 해양공간의 이용·개발을 위한 계획이 해양공간관리계획에 부합하지 않다는 점을 확실히 한다.

33) 해양공간계획법 시행령 제13조(해양공간에 대한 적합성 협의) ② 해양공간적합성협의의 대상이 되는 계획 및 지구、구역 등의 종류와 협의 요청시기는 별표와 같다. 다만, 해당 계획의 승인、수립、변경 또는 지구、구역 등의 지정、변경지정과 관련하여 다음 각 호의 어느 하나에 해당되는 협의 또는 평가를 요청해야 하는 경우에는 그 협의 또는 평가를 요청하기 전에 해양공간적합성협의를 요청해야 한다.
1. 「해양환경관리법」 제84조제1항의 해역이용협의
2. 「해양환경관리법」 제85조제1항의 해역이용영향평가

34) 이점은 해양공간계획법의 한계로 지적하기 쉬운 지점이다. 김진경, 이상일, 해양공간계획 및 관리에 관한 법의 한계와 개선방안, 해사법연구 34권 2호(2022), 231－260 참조.

이는 개발계획의 추진과정에서 오점으로 남을 것이다.

해양공간의 이용·개발에 관한 계획은 해양공간계획법이 아니라 다른 개별 법률에서 정한다. 예를 들어, 부산에서는 가덕도 신공항을 추진하는데 이 사업은 가덕도 주변의 공유수면을 매립하거나 이용·개발하는 과정을 포함한다. '가덕도신공항 건설을 위한 특별법'(가덕도신공항법)[35]에서 신공항건설사업으로 열거하는 내용을 보면, 「공항시설법」 제2조제7호에 따른 공항시설의 건설에 관한 사업뿐 아니라 공항개발에 따라 필요한 접근교통수단 및 항만시설 등 기반시설의 건설에 관한 사업, 신공항건설예정지역의 조성을 위한 공유수면의 매립이 포함되어 있다. 해양공간계획법 시행령 제13조에 따라 해양환경관리법상 해역이용협의 및 영향평가를 요청해야 할 사안에 해당되면 해양공간적합성협의를 거쳐야 한다.

[표 3] 해양공간적합성협의의 대상

구분	대상 계획 및 지구·구역 등의 종류
1. 해양관광단지의 개발	가. 「관광진흥법」 제52조제1항에 따른 관광지와 관광단지 나. 「자연공원법」 제12조제1항에 따른 국립공원에 관한 공원계획(공원용도지구계획에 한정한다) 다. 「자연공원법」 제13조제1항에 따른 도립공원에 관한 공원계획(공원용도지구계획에 한정한다) 라. 「자연공원법」 제14조제1항에 따른 군립공원에 관한 공원계획(공원용도지구계획에 한정한다) 마. 「동·서·남해안 및 내륙권 발전 특별법」 제20조의2제1항에 따른 해양관광진흥지구 바. 「해양수산발전 기본법」 제28조제2항에 따른 해중경관지구
2. 해양공간에서 석유(천연피치 및 가연성 천연가스를 포함한다)의 채취	「해저광물자원 개발법」 제14조제1항에 따른 채취권의 설정
3. 해양공간에서 광물, 골재 등의 채취	가. 「광업법」 제42조제1항에 따른 채굴계획 나. 「골재채취법」 제21조의2제1항에 따른 골재채취 예정지 다. 「골재채취법」 제34조제1항에 따른 골재채취단지

35) 2021년 3월 16일 법률 제17938호로 제정된 '가덕도신공항 건설을 위한 특별법' 참고.

4. 항만·어항의 개발	가.「항만법」 제5조제1항에 따른 항만기본계획 나.「항만법」 제44조제1항에 따른 항만배후단지개발 종합계획 다.「항만 재개발 및 주변지역 발전에 관한 법률」 제5조제1항에 따른 항만재개발기본계획 라.「항만 재개발 및 주변지역 발전에 관한 법률」 제9조제1항에 따른 항만재개발사업계획 마.「해양산업클러스터의 지정 및 육성 등에 관한 특별법」 제9조제1항에 따른 해양산업클러스터개발계획 및 해양산업클러스터 바.「신항만건설 촉진법」 제3조제1항에 따른 신항만건설기본계획 사.「신항만건설 촉진법」 제5조제1항에 따른 신항만건설 예정지역 아.「마리나항만의 조성 및 관리 등에 관한 법률」 제4조제1항에 따른 마리나항만에 관한 기본계획 자.「마리나항만의 조성 및 관리 등에 관한 법률」 제8조제1항에 따른 마리나항만의 조성 및 개발 등에 관한 사업계획 차.「마리나항만의 조성 및 관리 등에 관한 법률」 제10조제1항에 따른 마리나항만구역 카.「어촌·어항법」 제7조제1항 및 제2항에 따른 어촌종합개발사업계획 타.「어촌·어항법」 제19조제1항에 따른 어항개발계획 파.「어촌·어항법」 제47조의3제1항 및 제3항에 따른 어촌·어항재생사업계획
5. 해양공간에서 수자원의 개발	「해양심층수의 개발 및 관리에 관한 법률」 제9조제1항에 따른 취수해역
6. 해양에너지의 개발	가.「전원개발촉진법」 제5조제1항에 따른 전원개발사업 실시계획 나.「전원개발촉진법」 제11조제1항에 따른 전원개발사업 예정구역 다.「에너지산업융복합단지의 지정 및 육성에 관한 특별법」 제5조제1항에 따른 에너지산업융복합단지기본계획 라.「에너지산업융복합단지의 지정 및 육성에 관한 특별법」 제8조제1항 또는 제4항에 따른 에너지산업융복합단지 조성계획과 에너지산업융복합단지
7. 어장의 개발	가.「수산업법」 제4조제1항에 따른 어장이용개발계획 나.「양식산업발전법」 제60조제1항에 따른 양식산업단지
8. 그 밖의 해양자원 이용·개발	가.「해수욕장의 이용 및 관리에 관한 법률」 제6조제1항에 따른 해수욕장 나.「해사안전법」 제10조제1항에 따른 교통안전특정해역

	다. 「해사안전법」 제31조제1항에 따른 항로 라. 「해사안전법」 제68조제1항제2호에 따른 통항분리수역 마. 「섬 발전 촉진법」 제6조제1항에 따른 지정섬에 대한 사업계획 바. 「농어촌정비법」 제8조제1항에 따른 농업생산기반 정비사업 기본계획 사. 「농어촌정비법」 제58조제1항에 따른 생활환경정비사업 기본계획 아. 「농어촌정비법」 제101조제2항에 따른 마을정비계획 자. 「산업입지 및 개발에 관한 법률」 제6조제1항에 따른 국가산업단지 차. 「산업입지 및 개발에 관한 법률」 제7조제1항에 따른 일반산업단지 카. 「산업입지 및 개발에 관한 법률」 제7조의2제1항에 따른 도시첨단산업단지 타. 「산업입지 및 개발에 관한 법률」 제8조제1항에 따른 농공단지 파. 「공항시설법」 제4조제1항에 따른 공항 또는 비행장의 개발에 관한 기본계획 하. 「경제자유구역의 지정 및 운영에 관한 특별법」 제4조제4항 및 제5항에 따른 경제자유구역개발계획 및 경제자유구역 거. 「연안관리법」 제21조제1항에 따른 연안정비기본계획 너. 「새만금사업 추진 및 지원에 관한 특별법」 제6조제1항에 따른 기본계획 더. 「새만금사업 추진 및 지원에 관한 특별법」 제7조제1항에 따른 광역기반시설설치계획 러. 「새만금사업 추진 및 지원에 관한 특별법」 제9조제1항에 따른 용도별 개발기본계획 머. 「동·서·남해안 및 내륙권 발전 특별법」 제7조제1항에 따른 개발구역

Ⅴ. 해양공간계획법의 한계

1. 제1차 해양공간기본계획 체제에 대한 평가

2019년에 수립된 제1차 해양공간기본계획은 기존의 해양공간관리의 한계 및 문제점을 다음 다섯 가지로 분석하였다.[36)]

36) 해양수산부, 제1차 해양공간기본계획(2019－2028), 2019.7, 31－32쪽 참조.

① 부처별 해양공간의 이용·보전 및 개발의 선점과 통합적 관리수단 부재
② 해양공간정보 부족 및 생태적 가치 평가 적용의 한계
③ 해양생태계서비스 및 미래 가치 고려를 위한 조사·정보 및 평가 체계 미비
④ 개별 기관에서 생산된 정보의 구축 방법·목적·형태가 다르며, 접근·활용이 어려움
⑤ 해양공간 통합관리에 대한 인식 부족 및 계획수립의 이해관계자 참여 기반 미흡

지금까지 살펴본 바와 같이 해양공간계획법에 따라 해양공간계획을 수립하고 통합적인 해양용도구역을 지정·관리하면서 이를 위한 해양공간정보 관리체계를 수립함으로써 해양수산부는 해양공간관리에 관한 기존의 문제점들을 어느 정도 적절하게 대응하고 있다고 본다. 다만 아쉬운 점은 ⑤에서 "계획수립의 이해관계자 참여 기반 미흡"이라는 문제는 아직 크게 해결하지 못했다고 본다. 물론 지역협의회를 구성하고 공청회를 통해 시·도지사가 수립하는 관리계획에 이해관계자들의 의견을 수렴할 수 있는 절차가 마련되기는 하였지만, 그것만으로는 충분하다고 볼 수 없다. 이는 국토 분야에서는 도시기본계획 수립과 관련한 참여제도를 그대로 따와 규정하는 것일 뿐이었다. 물론 해양 분야에서는 이런 이해관계자 참여제도는 거의 없었다고 할 수 있다.37)

2. 국토와 해양공간의 차이

해양공간계획법은 기본적으로 시·도지사에게 관리계획 수립의 주도권을 주고 그 과정에서 계획행정상 지역협의회나 공청회 등의 절차를 통하여 이해

37) 해양공간기본계획에 따르면 해양 분야에서 이해관계인 등이 참여하는 법적 기반은 '마산만 오염총량관리 민관산학협의회' 정도가 있다고 한다. 2008년 6월 2일 국토해양부예규 제8호로 제정되고 2019년 8월 6일 해양수산부훈령 제491호로 폐지된 '마산만 특별관리해역 민관산학협의회 운영규정' 참조.

관계인 등의 참여를 보장하는 형태를 취하고 있다. 이는 기존의 국토계획법 등의 국토 분야 계획행정에서 취하고 있는 형태의 절차보장이다. 그러나 해양공간에 대한 계획과 기존의 국토 분야의 계획은 성질이 다르다는 점을 먼저 인식해야 한다.

우선 국토계획법상 국토계획의 대상이 되는 지적공부에 등재된 토지는 기본적으로 사유지인 경우가 많다. 그래서 국토계획법에 따른 공익사업이나 도시개발 등의 관리계획이나 실시계획은 사유재산에 대한 공용제한이나 공용침해의 원인이 될 수 있다. 국토 분야의 계획행정에서 이해관계자 등의 참여 절차보장은 사유재산의 보호와 관련이 깊다. 그러나 해양공간의 이용과 개발은 사유재산의 보호와 관련된 경우가 그렇게 많지 않다. 전술한 바와 같이 해양자원은 헌법 제120조에 따르면 기본적으로 사회화된 자원이다. 사유재산이 아니라 특허의 대상이 될 수 있을 뿐이다. 물론 어업권이나 골재채취권 등과 같이 특허로써 부여되는 공법상 권리도 헌법상 재산권의 보호 대상이 된다. 그러나 전체 해양공간에 비하면 이런 권리가 차지하는 비중은 미미하다. 해양공간 대부분은 이런 어업권이나 해양자원개발권을 가진 사적인 이익보다는 해양환경의 보호나 해양자원의 지속가능하고 공정한 활용이라는 사회적 가치로 평가받아야 한다. 해양은 국토 분야의 것과는 달리 이런 공익을 대변할 수 있는 제도나 수단을 고민해야 한다.

또 국토의 균형있는 개발을 위한 계획행정이 사유재산의 공용제한이나 공용침해 등과 관련이 있다는 점에서 이때 이해관계자 등의 참여는 기본적으로 국민의 권리와 이익을 보호하기 위한 헌법상 적법절차원칙과 법치국가원리에 따라 요청되는 절차이다.[38] 반면 해양계획에 있어서 이해관계자 등의 참여는 재산권 등과 같은 사익보다는 주로 환경권 보호와 같은 공익을 위해 이루어지게 되기 마련이라는 점에서 국토 분야의 그것과는 성격이 다르다고 할 수 있다. 즉, 적법절차원칙이나 법치국가원리보다는 행정에 대한 국민의 민주적 참여라는 의미가 더 강하다고 할 수 있다. 행정에 대한 국민의 민주적 참여라는

38) 헌재 2007. 11. 29. 2006헌바79, 판례집 19－2, 576; 헌재 2009. 6. 25. 2007헌바104, 공보 제153호, 1273; 헌재 2010. 12. 28. 2008헌바57, 판례집 22－2하, 624; 헌재2013. 7. 25. 2011헌바274, 판례집 25－2상, 91 참조.

입장에서 행정계획에 대한 공청회나 이의제기절차 등의 행정절차상 적법한 절차의 보장 수준에서 그치는 것이 아니라 정책이 결정되는 과정에 대한 민주적 참여를 확보하기 위한 절차와 제도를 마련하기 위해 다시 고민해야 할 필요가 있다.

3. 거버넌스의 문제

현재 해양공간계획법상 관리계획 수립·변경과 이용 및 개발 계획수립 등의 주도권은 국토계획법과 마찬가지로 시·도지사 같은 지방자치단체의 장에게 주어져 있다. 그러나 실제로 시·도에는 해양공간에 특성화된 관리계획을 수립하고 유지할 역량이 없는 것이 현실이다. 제1차 해양공간기본계획에 따르면, 초기 관리계획의 수립은 대체로 해양수산부의 지도와 협조하에 수립하게 되어 있다. 물론 해양공간의 이용·개발에 관한 인·허가권 등 해양공간관리에 관한 일부 권한을 해양을 접하는 시·도지사에게 주는 것이 맞다. 그렇지만 전반적으로 해양공간관리에 관한 계획을 수립하고 관리할 권한을 시·도지사에게 주는 것이 맞는지는 의문이다. 왜냐하면, 해양공간의 특수성으로 인해 해양정책은 기본적으로 지방자치－국내법－국제법의 다층적인 구조를 가지기 때문이다. 해양에 관한 중요한 정책적 결정을 내리는 거버넌스 구조에서 지방자치단체의 관점이 무시되어서는 안 되지만 기본적으로 국제적 시각과 국가 전체의 공익을 위해 결정할 수 있는 체계가 필요하다.

해양공간에 관한 정책적 결정에 이해관계자 등 어떤 주체가 그 결정에 참여하는지는 거버넌스의 문제이다. 이는 해양공간정책의 집행력 확보에 있어 중요하다. 정책의 내용이 얼마나 중요한지만으로 그 집행력이 확보되지 않는다. 어떤 주체가 해양공간 및 해양환경에 관한 정책적 결정에 참여했는지는 그 집행력을 정당화하는데 중요한 요인이다. 내용에 맞는 형식을 갖춰야 집행력도 확보된다.

현재 해양공간계획법상 시·도지사나 해양수산부와 같은 중앙정부의 부처가 해상공간에 관하여 내릴 수 있는 정책적 결정은 해양공간에 대한 정보수집이나 특성평가에 기초한 해양용도구역의 지정에 그치고 있다. 해양공간을 실제로 이용·개발하는 정책적 결정은 다른 법률을 통한 계획에 의하여 결정되고 이를 통제할 수 있는 집행력은 없다. 이는 당연한 결론이라고 본다. 왜냐하면 시·도지사나 해양수상부가 해양공간의 이용·개발에 관한 정책적 결정이 가지는 정치·경제·사회·문화적 부담을 떠안을 수는 없기 때문이다.

해양공간계획법이 말 그대로 국토계획법과 같이 해양공간의 개발·이용에 관한 전반적이고 통합적인 관리를 실효적으로 하기 위해서는 해양정책의 다층적인 구조를 감당하고 대표할 수 있는 체계를 갖추어야 한다. 중앙행정부처의 하나인 해양수산부장관이 이런 역할을 계속 감당하기는 쉽지 않을 것이다. 이것이 현재 해양공간관리체계가 가지고 있는 한계라고 한다면, 앞으로는 지방의 이익뿐 아니라 범정부적이고 국제적으로도 해양정책에 관하여 국민의 공공복리와 환경적 이익도 대표할 수 있는 별개의 협의체를 고려해야 할 것이다.

Ⅵ. 결론

해양공간을 통합적으로 관리하는 계획과 조사 및 평가체계가 이전에는 없었다는 점에서 2019년에 수립된 해양공간계획법에 의한 관리체계는 분명히 큰 발전이었다고 평가할 수 있다. 해양공간계획법은 기존에 헌법 제120조 제2항의 균형있는 개발의 대상인 '국토'에도 해양공간이 포함된다는 해석을 구체화했다는 점에서 헌법적으로도 의미가 있는 입법이라고 할 수 있다. 그러나 국토계획법의 체계를 본받아 해양공간에 그대로 이식하여 아직 해양과 해양정책의 특수성을 반영하지 못했다는 점에서 한계를 가지고 있다. 그러나 뭐든 첫술에 배부를 수는 없을 것이다. 이제 2024년이 되면 제1차 해양공간기본계획은 5년에 한 번 돌아오는 타당성 검사를 하게 될 것이다. 이번 기회에 해양과 해양정책의 특수성을 충분히 반영할 수 있는 거버넌스 체계에 대해 한 번 고민해 볼 필요가 있다.

비록 우리 헌법에는 해양정책에 관한 어떤 목표 규정이나 총괄적인 규정이 없지만, 국제사회가 당면한 해양정책의 주요과제에 상응하는 규정들을 찾아볼 수 있다. 가령 현재 세계적으로 당면하고 있는 기후변화와 환경의 문제는 해양정책이 당면한 매우 중요한 과제이다. 해양환경정책은 환경적으로도 해양정책적으로도 빼놓을 수 없는 중요한 과제이다. 이렇게 해양정책은 지방자치–국내법–국제법의 다층적인 구조의 글로컬한(Glocal) 이슈이다. 공익을 위하여 이런 다층적 구조의 해양에 관한 정책적 결정의 정당한 집행력을 확보하기 위해서는 그에 따른 정치·경제·사회·문화적 부담을 충분히 감당할 수 있는 적절한 거버넌스 체계를 마련하여야 한다. 이는 헌법적으로 그리고 공법적으로 매우 중요한 문제이다.

참고문헌

김문현, 社會·經濟秩序와 財産權, 法元社, 2001.

김현귀, 헌법 제120조, 한국헌법학회 편, 헌법주석 : 법원, 경제질서 등 : 제101조~제130조, 홍진기법률연구재단, 2018, 1513-1545쪽.

박광서, 황기형, 세계 각국의 해양정책과 Blue Economy에 관한 소고, 해양정책연구 제24권 제2호, 2009, 27-62.

양희철 외, 해양법과 정책, 한국해양과학기술원, 2020.

전종익, 헌법 제120조 제1항 천연자원 규정의 해석, 서울대학교 法學 제61권 제2호, 2020, 47-92.

조홍식, 환경법원론, 박영사, 2022.

최환용, 해양공간계획제도 도입을 위한 법제연구, 한국법제연구원, 2015.

한병호, 헌법과 바다, 바다를 둘러싼 법적 쟁점과 과제, 피앤씨미디어, 2017, 5-30쪽.

한수웅, 헌법상 권력구조의 재조명, 法文社, 2021.

허형택, 해양공간 이용의 새로운 조망, 최정호 편, 물과 한국인의 삶, 나남출판, 1994, 490-510쪽.

正弘, 西井, 국제환경법의 형성과 전개, 西井 正弘, 鶴田 順 편, 국제환경법강의, 제1장, 박영사, 2021, 3-17쪽.

Garrison, Tom, 이상룡 외, 옮김, 해양학, 센게이지러닝코리아, 2021.

Hong, Seoung-Yong, A Framework for Emering New Marine Policy, 해양정책연구 제9권 제1호, 1994, 3-32.

Locke, John, 강정인, 문지영 옮김, 통치론, 까치글방, 2007.

Locke, John, Peter Laslett, Two treatises of government, New York: Cambridge University Press, 1988.

United Nations General Assembly, Law of the Sea - Report of the Secretary-General, A/44/650, New York: UN, 1989.

United States National Commission on the B. P. Deepwater Horizon Oil Spill Offshore Drilling, Deep water, 2011.

제 2 편 사법적 쟁점과 과제

제 1 장

비교법적 고찰

≫ 일본에서의 안전배려의무론의 전개

_ 김철수

일본에서의 안전배려의무론의 전개

김 철 수

Ⅰ. 머리말

안전배려의무란 어떤 법률관계에 기하여 특별한 사회적 접촉관계에 들어간 당사자 사이에 있어서 당해 법률관계의 부수적 의무로서 당사자 일방 또는 쌍방이 상대방의 생명·신체·건강 등을 위험으로부터 보호하도록 배려해야 할 것을 내용으로 하는 의무를 말한다. 일본민법전에는 안전배려의무에 관한 규정은 존재하지 않지만, 상당히 오래 전부터 학설은 독일법을 참조하면서 이 의무의 존재를 승인하였으며, 일본 최고재판소도 1975년 자위대 사건의 판결에서 처음으로 이 의무를 인정한 것을 계기로, 오늘날에는 학설과 판례가 일반적으로 이 의무를 승인하기에 이르렀다.[1)]

일본에서의 안전배려의무론은 독일법으로부터 많은 영향을 받아 형성되기 시작하였다. 그러나 독일에서의 안전배려의무는 독일민법 제정 전부터 판례에 의하여 인정된 것을 독일민법전 제정 시에 명문으로 규정한 것이지만,[2)] 일본

1) 大村敦志, 新基本民法4 債權編(第2版)(東京: 有斐閣, 2019), 101～102頁 참조.

2) 독일민법은 제618조에서 고용계약상의 의무로서 안전배려의무(Pflicht zu Schutzmaßnahmen)를 명문으로 규정하고 있다. 즉, 동조 제1항에서는 "노무청구권자는, 그가 노무의 실행을 위하여 제공하여야 할 장소, 장비나 기구를 설치 및 유지하고 또 자신의 명령 또는 지시 하에 행하여지는 노무급부를 지휘함에 있어서, 노무급부의 성질상 허용되는 한도에서, 의무자가 생명과 건강에 대한 위험으로부터 보호되도록 이를 하여야 한다"라고 규정한다. 또한 제3항에서는 "노무청구권자가 의무자의 생명 및 건강에 대하여 부담하는 의무를 이행하지 아니하는 때에는, 그의 손해배상의무에 대하여 불법행위에 관한 제842조 내지 제846조의 규정이 준용된다"라고 규정한다. 또한 2002년 개정된 독일민법에서는 제241조 제2항을 신설하여 "채권관계는 그 내용에 좇아 각 당사자에 대하여 상대방의 권리, 법익 및 이익에 배려할 의무를 지울 수 있다"라고 규정한다(이하의 독일민법 조문의 번역은, 양창수(역), 독일민법전(2018년판)(서울: 박영사, 2018)에 의함). 이하에서는 제618조의 의무를 '안전배려의무'로, 제241조 제2항의 의무를 '보호의무' 또는 '배려의무'라고 부르기로 한다.

에서의 안전배려의무는 민법전에 규정은 없지만 학설·판례에 의하여 승인되어 형성된 점에서 차이가 있다. 그리고 일본에서 안전배려의무를 둘러싼 초기의 논쟁의 중심은 안전배려의무의 위반으로 인한 손해배상의 법적 처리를 둘러싼 것이었다. 이에 대하여 종래의 판례는 계약법규범을 전면적으로 적용하는 경향에 있었다. 그러나 학설상으로는 원칙적으로는 계약규범에 의하였지만, 유족고유의 위자료청구권 등 계약법규범에 의하는 것이 피해자에게 불리하게 되는 점에 대하여는 불법행위규범의 유추적용을 인정함으로써 학설·판례상 다툼이 있었다. 그러나 안전배려의무 위반의 효과에 대하여는 일부의 학설을 제외하고 손해배상만을 인정하는 점에서 학설과 판례는 일치하였다.[3] 또한 근래에는 고용·노동계약을 중심으로 안전배려의무 위반의 효과로서 손해배상 외에 고용·노동계약의 특수성을 근거로 하여 이행청구권, 노무급부거절권, 계약의 해제권·해지권의 발생을 인정하는 견해가 주장되고 있다.

한편, 우리나라에서도 그동안 안전배려의무와 관련한 학설·판례법리가 형성·발전되어 왔다. 그러나 아직까지 안전배려의무와 관련한 학계의 논의나 연구 성과가 그다지 많은 것은 아니다. 다만 최근에는 노동·근로계약관계에서의 안전배려의무를 중심으로 어느 정도 논의가 이루어지고 있으며,[4] 특히 최근에는 선원근로계약상의 선박소유자의 안전배려의무에 관한 연구도 발표되고 있다.[5]

이상과 같은 상황 하에서, 일본의 안전배려의무론에 관한 검토는 우리나라의

3) 宮本健藏, "雇傭·勞働契約における安全配慮義務－給付義務構成への一つの試み", 明治學院論叢 第393號 法學研究 36(1986. 3), 146頁.

4) 안전배려의무와 관련한 국내의 연구로는, 김덕중, "민법상 안전배려의무의 법리에 관한 고찰－판례를 중심으로－", 원광법학 제24집 제3호, 원광대학교 법학연구소(2008. 9), 87~113쪽; 김용호, "산업재해에 있어서의 안전배려의무", 법학논총 제35권 제1호, 단국대학교 법학연구소(2011), 371~395쪽; 성대규, "보호의무(Schutzpflichten)에 관한 고찰－본질과 시사점－", 민사법학 제87호, 한국민사법학회(2019. 6), 111~154쪽; 원종욱, "보호의무에 관한 소고", 법학논총 제35집, 숭실대학교 법학연구소(2016. 1), 157~181쪽; 윤용석, "안전배려의무", 재산법연구 제19권 제1호, 한국재산법학회(2002), 85~104쪽; 이충훈, "판례가 인정하는 보호의무에 대한 비판적 고찰", 민사법학 제90호, 한국민사법학회(2020. 3), 161~198쪽; 전형배, "안전배려의무의 내용과 과제", 노동법학 제55호, 한국노동법학회(2015. 9), 27~51쪽; 최창렬, "안전배려의무의 체계", 성균관법학 제16권 제3호, 성균관대학교 법학연구원(2004), 141~169쪽 등 참조.

5) 김기선·전영우, "선박소유자의 안전배려의무와 선내 안전·보건 및 사고예방 제도개선 연구", 해사법연구 제30권 제2호, 한국해사법학회(2018. 7), 217~250쪽; 김기선, "선내안전보건 증진을 위한 입법론적 연구", 법학박사 학위논문, 한국해양대학교 대학원(2022. 2), 80~90쪽.

안전배려의무 법리의 발전이나 앞으로의 입법에 참고가 될 수 있을 것으로 생각한다. 그리하여 본고에서는 일본에서의 안전배려의무론의 형성 및 발전과정에 대하여 검토하는 것을 그 목적으로 한다. 이를 위하여 제2장에서는 안전배려의무론의 이론적 기초인 독일의 채무구조론과 이를 이어받은 일본민법학에서의 채무구조론에 대하여 개관한 다음, 제3장에서는 일본에서 안전배려의무론이 형성되고 발전되어 가는 과정을 기술한다. 그리고 제4장에서는 안전배려의무론의 앞으로의 과제에 대하여 검토한 다음, 제5장에서 결론을 맺기로 한다.

II. 안전배려의무론의 이론적 기초

1. 독일의 채무구조론[6)]

(1) 일본에서의 안전배려의무론의 형성에 이론적 기초를 제공한 것은 독일의 채무구조론이다. 독일민법학에서는 채무자의 의무로서 계약상의 주된 의무인 급부의무(Leistungspflicht) 이외에 일련의 부수적 의무(Nebenpflicht) 내지 보호의무(Schutzpflicht)의 존재를 일반적으로 승인한다. 계약상의 의무로서 부수적 의무 및 보호의무를 승인하는 것은 계약책임을 급부의무에 한정하는 2002년 개정 전의 독일민법(이하 '구독일민법'이라 한다) 제241조의 입장에서 본다면 계약책임의 확대를 의미한다. 이러한 채무의 구조론적 분석방법에 의한 계약책임론의 전개는 20세기 독일민법학의 주된 테마의 하나였다.

독일민법학에서의 채무구조론은 주로 슈타우프(Hermann Staub)에 의하여 문제제기된 적극적 계약침해(positive Vertragsverletzung)의 이론적 근거에 대한 분석을 계기로 하여 계약책임법의 영역에서 논의되어 온 것이다. 이것은 급부의무, 부수적 의무, 보호의무라고 하는 분석도구를 매개로 하여 채무의 구조를 분석하고, 이것을 기초로 하여 계약책임론을 전개하는 것이다.

6) 이하의 독일의 채무구조론에 대하여는, 졸고, "독일의 채무구조론에 관한 한 고찰", 법학연구 제5호, 한국해사법학회(1993. 12), 405~425쪽 참조.

(2) 채무구조론에서의 논의의 중심은 부수적 의무에 관한 것이었으며, 이것은 구독일민법전의 불법행위법규정과 채무불이행법규정의 결점 내지 불비에 유래한다고 한다. 즉, 구독일민법전은 불법행위과 채무불이행의 구성요건에 관하여 개별적 요건주의를 채용하고 있었으며, 특히 채무불이행법은 불이행의 유형으로서 급부불능과 지체만을 규정하고 있었다. 그러나 이것만으로는 불충분하다는 것이 인식되어 적극적 계약침해가 승인되기에 이르렀으며, 그 이론적 기초로서 관념된 것이 부수적 의무인 것이다.

슈타우프가 제기한 적극적 계약침해의 문제에 대하여, 레만(H. Lehmann)과 힘멜샤인(J. Himmelschein)과 같은 학자들은 급부의무의 개념을 넓은 의미로 이해함으로써 문제해결을 하고 있었지만,[7)8)] 대부분의 학자들은 구독일민법상의 급부의무의 개념을 좁은 의미로 이해하여 부수적 의무 내지 부수적 주의의무 개념의 승인에 의하여 문제해결을 시도하였다. 그리하여 독일민법학에서는 명문의 규정에 의한 급부불능, 지체 이외에 적극적 계약침해를 학설·판례상 관습법으로서 승인하게 된 것이다. 그러나 부수적 의무의 개념, 부수적 의무를 구성하는 개별적인 의무의 내용(부수적 의무의 유형화), 급부의무와의 논리적 관계 등에 관하여는 논자에 따라 그 내용을 달리하고 있다. 여기서는 그 가운데 대표적인 라렌쯔(Karl Larenz)의 견해를 소개한다.

라렌쯔에 의하면, 모든 채권관계에서의 각 당사자는 원칙적으로 그 채권관계의 유형을 결정하는 급부의무뿐만 아니라 「그 밖의 행위의무」(weitere Verhaltenspflichten)도 부담하게 된다. 그러나 채권관계에 특히 내용과 의의를 부여하고, 그 유형의 특징을 정하는 것은 일정한 급부의무이다. 「그 밖의 행위의

---

7) 레만에 의하면, 급부의무의 내용은 본래의 의미에 있어서의 급부인 작위 또는 부작위로 이루어질 수 있다고 하며, 부작위의무에는 채무의 유일한 급부내용인 부작위채무, 적극적 의무와 결합한 부수적 의무로서의 부작위채무(예컨대, 상업사용인의 경업피지의무) 그리고 채무목적의 달성을 위태롭게 하거나 좌절시키는 것과 같은 행위를 하지 않아야 하는 제2차적 부작위의무의 세 가지가 있다고 한다. 결국 레만은 제2차적 부작위의무라고 하는 개념에 의하여 급부의무를 확장함으로써 적극적 계약침해의 문제를 해결하였으며, 레만의 제2차적 부작위의무는 그 후의 부수적 의무론의 전개에 기초를 제공하는 것으로 되었다(H. Lehmann, "Die positiven Vertragsverletzungen", AcP. Bd.96(1905), S.60 ff).

8) 힘멜샤인은 구독일민법 제280조의 급부개념을 넓게 해석하고, 뿐만 아니라 주된 급부의무에 부수적 의무까지 합하여 전체를 급부의무로 파악한다(J. Himmelschein, "Erfüllungszwang und Lehre von den positiven Vertragsverletzungen", AcP. Bd.135(1932), S.255 ff).

무」는 채무자의 급부의무와 내적 관련성을 가지기는 하지만, 그것을 넘은 모든 행위의무를 가리킨다. 이것은 특히 발생할 수 있는 손해－채권관계의 실행으로부터 발생할 수 있는 채권자의 법익에 대한 손해－로부터 채권자를 보호하는 역할을 하며(보호의무), 또한 장기간 존속하는 채무관계, 특히 노동 또는 조합관계의 실행에 있어서 필수불가결한 신뢰관계를 유지하는 역할을 한다(성실의무). 슈톨(H. Stoll)은 이러한 의무를 보호의무라고 부르고 있지만, 이 표현은 의무의 일부밖에 나타내지 못하며, 부수적 의무라는 용어도 종된 급부의무와의 구별을 충분하게 표현하지 못한다고 한다.[9]

위와 같은 독일의 부수적 의무론을 정리하면 다음과 같다. 즉, 채무관계의 유형을 결정하고 그 유형의 특징을 정하는 것은 급부의무이지만, 채무자의 의무는 이것에 한하지 아니하며, 부수적 의무라고 하는 의무군이 존재한다. 이것은 신의칙상 요구되는 급부의무 이외의 모든 의무를 총칭하는 개념이다. 그러나 부수적 의무를 구성하는 개별적인 의무의 내용(부수적 의무의 유형화) 및 급부의무와 부수적 의무의 논리적 관계에 대한 분석은 다양한 모습으로 나타나고 있다. 이것을 정리하면, 부수적 의무는 급부의무와의 논리적인 관계여하에 따라 성질이 다른 두 종류의 의무로 분류된다. 즉, 급부의무와 종속적인 관계에 있는 협력의무, 설명의무, 통지의무 등과 같은 비독립적 부수적 의무와 그것과 독립적인 관계에 있는 보호의무로 분류된다. 전자는 급부의무에 부수하여 이것을 보조하는 기능을 함으로써 계약책임의 범위를 확대시킨다. 후자는 급부이익(Leistungsinteresse) 이외의 보호이익(Schutzinteresse)을 보호하기 위한 것으로서, 보호법익의 확대에 의하여 계약책임의 범위를 확대시킨다. 다만 후자의 보호의무에 대하여는 논자에 따라서는 부수적 의무로부터 분리·독립시켜 보호의무론을 구성하기도 한다.

(3) 또한 독일민법학에서는 급부의무와 별개의 독립한 존재로서, 채무의 이행과정에 있어서 일방 당사자가 급부이익 이외의 상대방의 생명·신체·재산 등의 법익(보호법익 또는 완전성이익)을 보호하여야 할 의무인 보호의무를 일반적으로 승인하며, 이것을 계약상의 의무인 부수적 의무의 한 유형으로 파악

9) K. Larenz, Lehrbuch des Schuldrechts, Bd.1, 13. Aufl.(München: C. H. Beck, 1982), S.7 ff.

한다. 그러나 일부 학설은 보호의무를 부수적 의무의 한 유형에 지나지 않는 것으로 파악하는 것이 아니라, 급부의무에 대치하는 당사자 상호간의 신뢰관계를 기초로 하여 발생하는 법정의무의 총칭인 포괄적인 의무로 파악하기도 한다. 이러한 법정의 보호의무론에 의하면, 보호의무 위반을 신뢰책임으로 이론구성하여, 이것을 불법행위, 채무불이행과는 구별되는 제3의 책임체계로 위치시킨다.[10] 그러나 이 견해는 많은 학자들에 의해 비판되었다. 이것에 대한 비판의 내용은 대체로 다음의 두 가지 점에 집중되었다. 첫째, 채무관계를 급부관계와 보호관계로 엄격하게 이분하는 것은 부적합하며, 따라서 보호의무는 급부의무에 대하여 완전히 독립적인 것은 아니라는 것과, 둘째, 보호의무는 본질적으로 불법행위법상의 사회생활상의 안전의무에 지나지 않는다고 하는 것이다.

한편 계약상의 의무로서 보호의무를 승인하는 것에 대해 부정적인 견해도 있다. 즉, 독일채무법 개정작업과 관련하여 「급부장애법」에 관한 감정의견을 제시한 후버(U. Huber)는, 종래 계약상의 보호의무에 대한 침해가 문제로 된 경우, 사실은 불법행위법상의 사회생활상의 안전의무가 침해된 것에 지나지 않으며, 불법행위법의 적용에 의하여 생기는 부당한 결과는 불법행위법, 특히 독일민법 제831조의 개정에 의하여 제거되어야 한다고 하여 보호의무론에 대하여 부정적이었다.[11] 또한 「계약교섭상의 과실」에 관한 감정의견을 제시한 메디쿠스(D. Medicus)도 민사책임을 계약책임과 불법행위책임으로 이분하는 것이 타당하다고 하여, 보호의무론에 의한 신뢰책임에 대하여는 부정적인 견해를 나타내었다.[12]

---

10) C. W. Canaris, “Ansprüche wegen positive Vertragsverletzung und Schutzwirkung für Dritte beinichtigen Verträgen”, Juristen Zeitung(1965), S.475 ff. 이 논문에 대한 소개로는, 宮本健藏, “契約責任の再構成をめぐる最近ドイツ民法學の一動向(一)”, 法學志林 第79巻 1號(1981), 111頁 이하.

11) U. Huber, “Leistungsstörungen”, Gutachten und Vorschläge zur Überarbeitung des Schuldrechts Bd.1(1981), S.736~738.

12) D. Medicus, “Verschulden bei Vertragsverhandlungen”, Gutachten und Vorschläge zur Überarbeitung des Schuldrechts Bd.1(1981), S.479 ff.

2. 일본민법학에서의 채무구조론[13)]

(1) 일본의 종래의 통설적 견해는 대부분 채무의 불이행의 형태에 착안하여 채무불이행의 이론구성을 하였으나, 그 후 독일의 채무구조론의 영향을 받아 채무의 내용에 착안하여 계약책임을 구성하는 견해가 등장하게 되었다. 그리하여 계약에 의하여 보호되는 이익은 급부이익에 한하는 것이 아니라, 채무의 이행과정에서의 채권자의 생명, 신체, 재산 등의 일반법익에 대한 침해도 계약책임의 영역에서 처리한다. 따라서 채무자의 계약상의 의무의 내용도 급부의무에 한하는 것은 아니며, 각종의 부수적 의무 또는 보호의무도 이에 포함되는 것으로 한다. 이와 같은 독일법적인 채무구조론의 수용에 대하여 이를 비판하는 견해도 있었지만,[14)] 오늘날 일본민법학에서는 대체로 이 채무구조론을 승인하고 있다고 말할 수 있다. 이하에서는 채무구조론에 관한 견해 가운데 키타가와 젠타로(北川善太郎), 오쿠다 마사미치(奧田昌道) 그리고 시오미 요시오(潮見佳男)의 견해를 소개한다.

(2) 채무구조론의 분야에 있어서 일본의 선구적인 연구자는 키타가와(北川善太郎)이다. 그는 계약책임의 구조에 관하여, 먼저 급부의무에 대한 일체적인 불이행책임체계를 가운데에 두고(기본적 계약책임), 그것과 일정한 거리에 있는 보충적인 계약책임으로서, 급부의무 밖에 있고 계약이익의 보호를 목적으로 하는 각종의 부수적 의무군과 계약책임의 바깥 테두리를 형성하고 계약의 장의 확보·보전에 의하여 간접으로 계약이익을 유지하는 기능을 가진 주의의무가 채권관계를 매개로 하여 계약책임에 포함되어 있는 단계적 구조를 이루고 있는 것으로 파악한다.[15)]

그 후 키타가와(北川善太郎)는 다시 채무불이행에 있어서 채무의 구조를 다음과 같이 정리한다. 먼저 채무는 본래의 급부의무와 신의칙상의 각종 부수적

---

13) 이하의 일본의 채무구조론에 대하여는, 졸고, "일본법에서의 채무불이행책임의 구조", 사회과학연구논총 창간호, 한국해양대학교 사회과학대학(1994), 81~96쪽 참조.

14) 平井宜雄, 債權總論(東京: 弘文堂, 1987), 41頁 이하.

15) 北川善太郎, 契約責任の研究(東京: 有斐閣, 1963), 361頁.

의무로 되어 있다. 급부의무는 계약유형을 결정하는 기준으로 되는「주된 급부의무」와 예컨대, 매매목적물의 설치, 조립, 그리고 그 성능 또는 사용방법의 설명을 내용으로 하는 것과 같이, 급부결과실현의 일익을 담당하지만 계약유형을 결정하는 것으로는 되지 않는「종된 급부의무」로 분류된다. 다음으로 부수적 의무는 그 이행이 바로 급부결과의 실현에 이르는 것은 아니지만(예컨대, 계약체결 시의 일정사항의 개시, 이행의 준비행위), 그 불이행이 급부결과의 실현을 위태롭게 하는 것(급부결과와 직접적인 관련성은 없다) 및 그 불이행이 급부결과의 불실현과는 다른 불이익(확대손해라고 하는 것으로 계약목적과의 직접적인 관련성은 없다)을 계약상대방에 가하는 것의 두 가지가 중요하다. 전자는 계약목적에 종속적인 부수적 의무라고 할 수 있으며, 이것을 특히「부수적 의무」라고 한다. 후자는 계약과정에서 상대방의 신체·생명·인격·재산 등을 보호하는 것을 목적으로 하는, 따라서 계약목적과는 내용적으로도 시간적으로도 독립한 부수적 의무로서 이것을「안전의무」라고 한다.[16)]

(3) 오쿠다(奧田昌道)는 보호되어야 할 이익과 그것에 대응하는 의무의 역할에 착안하여 상세하게 이론을 전개한다. 그리하여 먼저「급부이익의 보호를 위한 채무자의 의무」인 급부의무·부수적 주의의무와「채권자·채무자 사이에 있어서 서로 상대방의 생명·신체·소유권 기타 재산적 이익을 침해하지 않도록 배려해야 할 주의의무」인 보호의무를 구별한다. 그리고 급부의무는 채무자가 채권자에 대하여 일정한 행위(급부)를 해야 할 의무로서, 이것은 다시 내용상 주된 급부의무와 종된 급부의무로 나눈다. 이 구별은 "주된 급부의무는 대가적 견련관계에 서는 것, 그 불이행에 대하여는 손해배상 뿐만 아니라 해제권이 주어지는 것이 특색이고, 이에 반하여 종된 급부의무의 불이행에 대하여는 이행청구권의 관철 및 손해배상의 구제는 주어지지만 원칙적으로 계약해제의 구제는 주어지지 않는 점"에서 찾는다. 또한 부수적 주의의무는 "급부의무의 존재를 전제로 하여, 이 급부의무를 채무의 본지(本旨)에 적합하게 실현하도록 배려할 것 및 급부결과 내지 급부이익(채무자의 급부를 통하여 채권자가 획득하려고 하는 이익)의 보호에 향하여진 주의의무"라고 한다.[17)]

16) 北川善太郎, "債務不履行の構造とシステム", 法學論叢 第116卷 1−6號(1985), 229~230頁.

한편, 채무불이행의 유형과의 관계에서 본다면, 부수적 주의의무 위반의 경우에는 이행지체·이행불능의 법리 또는 불완전이행의 문제로서 처리되지만, 보호의무 위반으로 인한 손해배상책임은 반드시 이행행위의 하자로 인한 손해의 발생의 경우에 한정되는 것은 아니라고 한다. 따라서 유책의 보호의무 위반의 경우에는 이행행위의 존재는 필요하지 않으며, 피해자는 가해자가 보호의무에 위반하여 손해를 가하였다는 것을 주장·증명하면 족하다고 한다.[18)]

(4) 시오미(潮見佳男)는 계약채무의 이행과정에서의 채무자의 각종 의무(급부의무, 부수적 의무, 보호의무 등)가 급부결과의 실현을 목표로 하는 이행과정에 어떻게 자리매김될 것인가 하는 관점에서 계약규범군을 체계적으로 분석한다.[19)]

그는 먼저 급부의무를 채무자에게 급부결과를 실현해야 할 의무(급부결과 실현의무)로서 자리매김한다. 그리고 이 추상적인 급부의무가 이행과정에 있어서 구체적으로 나타난 것을 구체적 행위의무라고 이해한다. 다음으로 부수적 의무에 대하여는, 종래의 논의에 있어서 부수적 의무라고 하는 것에는 성질을 달리하는 두 가지의 의무, 즉 급부결과의 실현을 향하여 노력한다고 하는 의미에서의 부수적 의무와 급부결과를 둘러싸는 부수적 이익에 대하여 이행 시에 배려한다고 하는 의미에서의 부수적 의무가 있다고 한다. 전자는 예컨대, 결과실현을 위하여 필요한 재료, 도구를 조달하는 의무 등과 같이 급부의무의 내용이 이행과정에서 구체화한 것에 지나지 않는다고 한다. 그리고 후자는 예컨대, 복잡한 기계의 매매에 있어서 매도인의 조작방법 설명의무 등과 같이 급부결과를 통하여 달성되는 모든 이익의 적절한 확보를 향한 행위의무로서, 이 종류의 부수적 의무는 실은 급부의무의 일종이며 종된 급부의무라고 해야 하는 것이라고 한다.

다음으로 시오미(潮見佳男)는 채무이행과정에 있어서 완전성이익(채무이행 시에 있어서 상대방의 생명·신체·재산 등의 법익)의 보호의무를 다음과 같이 네 가지로 나눈다. ① 예컨대 경비계약, 임치계약, 유아보호계약에 있어서의

17) 奧田昌道, 債權總論(上)(東京: 有斐閣, 1982), 15頁 이하 참조.
18) 上揭書, 17頁, 157~158頁.
19) 潮見佳男, 契約規範の構造と展開(東京: 有斐閣, 1991), 49頁 이하 참조.

보호의무와 같이, 완전성이익의 보호가 합의를 기초로 하여 실현되어야 하는 것으로 된 (주된) 급부결과를 형성하고 있는 경우로서, 이것은 주된 급부의무인 보호의무이다. ② 합의를 기초로 하여 실현되어야 하는 급부결과는 완전성이익 그것 자체를 대상으로 하지 않지만, 급부결과를 계약목적에 따라 보유·이용하기 위해서는 완전성이익이 보호되어야 하는 경우이다. 예컨대 운송계약, 진료계약, 숙박계약, 재학계약 등에 있어서의 보호의무가 이것에 해당하며, 이것은 종된 급부의무인 보호의무이다. ③ 완전성이익의 보호가 계약목적의 달성을 위한 필요조건으로는 되어 있지 않지만, 급부결과를 실현할 목적으로 행해진 구체적 행위에서 발생할 수 있는 완전성이익의 침해로부터 상대방을 보호하여야 할 보호의무이다. 다만 이 보호의무를 계약상의 의무라고 하기 위해서는 채무자에 의한 완전성이익의 침해가 급부결과 내지 계약목적 달성을 위한 행위 중에 발생하여야 하며, 당해 완전성이익의 침해는 급부결과 내지 계약목적의 달성에 수반되는 특수한 위험의 실현일 것 등과 같은 계약과의 접점이 있어야 한다. ④ 일부의 논자에 의하면, 일반적으로 특별한 사회적 접촉이 존재하면 그로부터 발생한 완전성이익의 침해도 보호의무의 대상으로 하여 이것에 계약책임의 규율을 타당하게 하지만, 이 보호의무는 계약과의 접점이 없기 때문에 본질적으로는 불법행위책임의 문제로서 처리해야 한다고 한다.

(5) 위와 같이 일본의 종래의 통설적 견해는 채무구조론을 계약책임론의 이론적 기초로서 채용하고 있었다. 그러나 이와 같은 통설적 견해에 대하여는 여러 가지의 비판적인 견해들이 주장되었다. 그 가운데 주목할 만한 것은 완전성이익의 침해에 대하여 계약책임의 성립을 부정하는 히라노 히로유키(平野裕之)의 견해와 이른바 「채무발생원인설」이라고 불리는 히라이 요시오(平井宜雄)의 견해이다.

먼저 히라노(平野裕之)는, 통설적 견해가 채무의 이행과정에서의 채권자의 생명·신체·재산 등의 일반법익(완전성이익)에 대한 침해를 계약책임의 영역에서 처리하는 데 반하여, 완전성이익을 계약책임으로부터 배제하여 이를 불법행위법의 영역에서 처리해야 한다고 한다. 이 견해에 의하면, 계약이익(급부이익)과 완전성이익은 보장의 메커니즘이 서로 다르며, 각각의 침해에 대하여 계약책임, 불법행위책임이 별개 독립으로 성립한다고 하며, 따라서 완전성이익에 대한 침해를 계약책임에 편입하는 것은 메커니즘상 이질의 것이라고 하여 계약책임으로부터 완전성이익의 배제를 주장한다.[20]

다음으로 히라이(平井宜雄)는, 채무불이행의 요건과 관련하여 통설적 견해가 독일민법의 해석론을 기초로 하고 있지만, 일본민법의 규정은 구독일민법과 구조를 달리하고 있으므로 구독일민법적인 해석론을 취할 의미가 없으며, 「채무의 본지(本旨)」에 따르지 않은 이행의 내용을 구체적으로 분명히 하는 것이 일본의 채무불이행법의 구조에 적합하다고 한다. 이 견해에 의하면, 채무불이행의 요건에 있어서는 「채무의 본지」, 즉 채무가 무엇인가 하는 것이 문제인데, 이를 급부의무·부수적 의무라고 하는 형태로 해결하려고 하는 것은 구독일민법의 독자의 구조로부터 발생한 것이며, 「채무의 본지」에 따르지 아니한 이행을 전부 채무불이행으로 취급하는 일본민법에서는 이와 같은 논의에 따를 이론적 근거는 없다고 한다. 따라서 문제는 독일민법과 같이 급부의무·부수적 의무라고 하는 형태로 채권총칙의 차원에서 다루어야 하는 것이 아니라, 채무발생원인이 계약인 경우에는(법률의 규정인 경우에는 그 해석으로서) 계약각론의 차원에서, 바꾸어 말하면 개개의 계약의 해석으로서 해결하여야 한다고 하여 종래의 통설적 견해를 비판하고 채무구조론적인 분석방법에 의한 이론구성의 무용성을 주장한다.[21][22]

---

20) 平野裕之, "利益保障の二つの體系と契約責任論", 法學論叢 第60卷 2·3合併號(1987), 521~522頁.

21) 平井宜雄, 前揭書, 39~48頁 참조.

22) 이에 대하여 시오미(潮見佳男)는 다음과 같은 반론을 제기한다. 즉 급부의무·부수적 의무라고 하는 관점으로부터의 분석은 구체적 결론을 도출하기 위한 해석기술로서 직접 이용되는 것은 아니며, 급부의무·부수적 의무의 개념은 어디까지나 채무관계의 실체구조를 인식하기 위한 분석도구의 단계를 벗어나는 것은 아니다. 급부의무를 중심으로 하여 이것에 연속해 있는 부수적 의무를 포함한 규범군으로서의 채권관계는 어디까지나 정리개념이며, 이것을 기초로 하여 법해석의 결론을 끌어내는 규범개념은 아니라고 하여 채무구조론적 분석방법의 유용성을 주장한다(潮見佳男, 契約規範の構造と展開, 5頁).

Ⅲ. 안전배려의무론의 형성과 발전

1. 안전배려의무론의 형성

(1) 1975년 최고재판소 판결

안전배려의무는 계약 상대방의 생명·신체·건강 등을 위험으로부터 보호하도록 배려해야 할 것을 내용으로 하는 의무이다. 일본에서 안전배려의무라고 하는 개념은 독일의 고용계약에 있어서의 보호의무(독일민법 제618조, 연방관리법 제78조)에서 시사를 받아 오래 전부터 제창되어 왔다.[23] 특히 안전배려의무론의 형성에 있어서 계기가 된 것은 1975년 2월 25일의 일본 최고재판소의 판결이었다. 이 판결의 사안은 다음과 같다. 즉, 자위대원 A는 자위대의 차량정비공장에서 작업 중 동료가 운전하는 대형차량에 치여서 사망하였다. A의 유족은 자위대 측의 설명에 의하여 국가공무원재해보상법에 기한 근소한 보상금밖에 받지 못한다고 생각하고 있었지만, 그 후 국가에 대하여 손해배상청구가 가능하다는 것을 알게 되었다. 그러나 그 시점에서 이미 불법행위법상의 손해배상청구권의 소멸시효기간이 경과하고 있었다(구민법 제724조). 그래서 원고인 A의 유족은 국가를 상대로 하여 채무불이행(고용계약에 비슷한 관계를 근거로 한다)에 기한 손해배상을 청구하였다. 이와 같은 사안에서, 원심은 손해배상청구권은 5년의 소멸시효(회계법 제30조)에 걸린다고 하여 원고의 청구를 인용하지 않았지만, 최고재판소는 주목할 만한 판시를 하였다. 즉, 국가공무원은 법률상 직업전념의무 및 법령과 상사의 지시에 따를 의무를 지며, 국가는 공무원에 대하여 급여지급의무를 지지만, 국가의 의무는 위의 급부의무 뿐만 아니라 "국가는 공무원에 대하여, 국가가 공무수행을 위하여 설치해야 할 장소, 시설 또는 기구 등의 설치관리 또는 공무원이 국가 혹은 상사의 지시 하에서 수행하는 공무의 관리에 즈음하여, 공무원의 생명 및 건강 등을 위험으로부

23) 內田 貴, 民法Ⅲ 債權總論·擔保物權(第4版)(東京: 東京大學出版會, 2020), 152~153頁.

터 보호하도록 배려해야 할 의무를 지고 있다"라고 하고, 이 의무를 안전배려의무라고 한다. 그리고 "안전배려의무는 어떤 법률관계에 기하여 특별한 사회적 접촉관계에 들어간 당사자 사이에 있어서, 당해 법률관계의 부수적 의무로서 당사자의 일방 또는 쌍방이 상대방에 대하여 신의칙상 지는 의무로서 일반적으로 인정되어야 할 것으로, 국가와 공무원 사이에 있어서도 달리 해석해야 할 논거는 없다"라고 하였다. 그리하여 결론으로서 국가에게 안전배려의무 위반으로 인한 손해배상의무는 없다고 한 원심을 파기환송하였다.[24)]

(2) 안전배려의무의 인정이유

위의 판결에서 원고 측에서는 국가에 대한 손해배상청구권을 주장하면서, 이것을 불법행위책임으로 구성한다면 개정 전의 민법 제724조에 의하여 소멸시효기간이 손해 및 가해자를 안 날로부터 3년이었기 때문에 더 이상 청구가 불가능하게 되었다. 그래서 원고 측에서는 고용계약상의 채무불이행책임(계약책임)으로 구성하였던 것이다. 그렇게 한다면 소멸시효기간은 개정 전의 민법 제166조 제1항에 의하여 "권리를 행사할 수 있는 때로부터" 10년이었으므로 아직 손해배상청구를 할 수 있었기 때문이었다. 이에 대하여 원심에서는 국가에게 채무불이행책임은 없다고 판단하여 항소를 기각하였지만, 최고재판소는 안전배려의무를 "어떤 법률관계에 기하여 특별한 사회적 접촉관계에 들어간 당사자 사이에 있어서, 당해 법률관계의 부수적 의무로서 당사자의 일방 또는 쌍방이 상대방에 대하여 신의칙상 지는 의무로서 일반적으로 인정되어야 할 것"이라고 하여, 이전부터 학설상 인정되고 있었던 안전배려의무를 넓은 사정을 가지는 일반적인 의무로서 확립한 것이다.

그러나 이 판결에서 시사하는 바와 같이, 원래 안전배려의무는 불법행위책임과의 경계가 극히 미묘하다. 또 다른 자위대원 사건의 판결에서, 최고재판소는 다음과 같은 이유로 원고의 청구를 기각하였다. 즉, "운전자가 도로교통법 그 밖의 법령에 기하여 당연히 져야 하는 통상의 주의의무는 국가의 안전

24) 最判 1975年 2月 25日 民集 第29卷 2號 143頁(http://www.coutrs.go.jp/app/hanrei_jp/detail2id=52111); 內田 貴, 上揭書, 151頁 참조.

배려의무의 내용에 포함되는 것은 아니다"라고 하여 일반 불법행위에 속하는 도로교통법상의 책임을 안전배려의무로부터 제외한 것이다.[25] 이와 같은 사고방식에 의하면, 계약책임으로서의 안전배려의무는 특정의 당사자 사이의 특별한 사회적 접촉관계를 기초로 하여 인정되는 의무이며, 사회생활상 발생하는 다른 사람에 대한 일반적인 안전배려의무(그 위반은 불법행위를 구성한다)와는 다르다.[26]

그렇다면 위와 같은 사안에 있어서 손해배상청구권을 불법행위책임으로 구성하는 것이 아니라, 안전배려의무 위반으로 인한 채무불이행책임으로 구성하는 소송이 계속되게 된 이유는 어디에 있는 것일까? 이 문제에 답하기 위해서는 불법행위책임으로 구성하는 것과 채무불이행책임으로 구성하는 것의 법적인 차이점에 대한 이해가 필요하다. 그것은 채무불이행책임으로 구성하는 것이 시효기간이나 증명책임의 두 가지의 점에 있어서 청구자에게 유리하게 된다는 것이다. 즉, 불법행위로 인한 손해배상청구권의 시효기간은 3년(구민법 제724조)이었지만, 채무불이행으로 인한 손해배상청구권의 시효기간은 10년(구민법 제167조)이었으므로 채무불이행으로 구성하는 것이 유리하였다. 또한 일반적으로 불법행위의 경우에는 과실의 증명책임이 채권자(청구자)에게 있지만, 채무불이행의 경우에는 귀책사유가 없다는 것을 채무자(상대방)가 증명해야 한다. 따라서 이 점에서도 채무불이행으로 구성하는 것이 유리한 것처럼 보였다. 그러나 증명책임에 관하여는, 오늘날 그다지 차이가 없다고 하는 것이 분명해졌다. 왜냐하면 판례는 행위채무인 안전배려의무에 관하여 채권자(청구자)가 그 의무를 특정하여 의무위반을 증명해야 한다고 하고 있으며,[27] 이것은 귀책사유가 있다고 하는 것을 증명하는 것과 거의 같기 때문이다.[28]

25) 最判 1983年 5月 27日 民集 第37卷 4號 477頁. 이 판결의 사건개요는 다음과 같다. 즉, 자위대원 A가 자위대의 지프를 운전 중, 운전과실에 의하여 마주오던 차와 충돌하여 동승하고 있던 부하 B가 사망하였다. B의 유족은 안전배려의무를 지는 국가의 이행보조자 A에게 과실이 있었다고 하여 국가를 상대로 손해배상청구를 하였다(內田 貴, 上揭書, 153頁).

26) 內田 貴, 上揭書, 153頁.

27) 最判 1981年 2月 16日 民集 第35卷 1號 56頁.

28) 大村敦志, 前揭書, 102～103頁 참조.

(3) 안전배려의무의 확대

안전배려의무에 관한 리딩 케이스인 1975년 최고재판소의 판결 후에도 이와 같은 판결이 계속해서 나타나게 되었으며 그 적용범위도 확대되어 갔다. 그리고 초기의 판례에서 안전배려의무는 국가와 공무원 사이에서 주로 문제로 되고 있었는데, 그 중에서도 국가의 안전배려의무가 쟁점으로 된 초기의 많은 소송은 자위대원에 관한 것이었다. 그 이유는 자위대에서 사고가 일어나 대원이 사망한 경우에 국가공무원의 재해보상금 등이 지급되지만, 당초 자위대 측의 설명이 적절하지 않았던 것도 있었고, 유족은 그것 이상으로 불법행위로 인한 손해배상청구를 할 수 없다고 생각하였다. 그러나 이 경우에 일반불법행위책임의 추급도 가능하다는 것이 판명되어 관련 소송이 이어지게 된 것이었다.[29] 그리고 앞에서 소개한 두 개의 판결 외에도, 1986년 12월 19일 최고재판소는, 주둔지 내에서 경비 중이던 자위대 대원이 제복을 착용하여 간부자위관 복장을 하고, 위문으로 불법침입한 과격파에게 살해당한 사건에서 안전배려의무위반을 인정하였다. 제3자에 의한 가해라고 하는 점에서 1984년의 자위대원 사건 판결과 공통한다.[30]

그 후 노동계약, 재학계약 등에 있어서 사용자나 학교가 지는 안전배려의무가 문제로 되었다. 예를 들면, 최고재판소는 1984년 4월 10일 판결에서, 숙직근무 중의 종업원이 도적에게 살해된 사안에 있어서, “회시가 도적이 침입하여 숙직원에게 위해를 가할 수 있다는 것을 예견할 수 있었음에도 불구하고, 도적방지를 위한 물적 설비를 갖추지 않고, 또한 숙직원을 적절하게 증원하는 등의 조치를 꾀하지 않는 등 판시와 같은 사실관계가 있는 경우에 있어서, 혼자서 숙직의 명령을 받은 신입사원이 근무 중에 침입한 도적에게 살해된 때에는, 회사는 그 사고에 대하여 안전배려의무에 위배한 것으로서 손해배상책임을 져야 한다”라고 판시하였다.[31]

그리고 직접적인 계약관계가 없는 경우에 대하여도 안전배려의무를 인정하

29) 內田 貴, 前揭書, 152頁 참조.
30) 上揭書, 155頁.
31) 最判 1984年 4月 10日 民集 第38卷 6號 557頁.

는 판례도 나타났다. 즉, 최고재판소는 1980년 12월 18일 판결에서, 철골도장 작업에 종사하고 있던 하도급기업의 노동자가 전락사한 사안에 있어서, "원심이 인용한 청구는 피상고인들이 사망한 하도급기업의 노동자에 대하여 부담해야 할 원도급기업과 사망한 노동자를 고용하고 있던 하도급기업 사이의 고용계약상의 안전보증의무 위배를 이유로 하는 채무불이행에 기한 손해배상청구인 것이 원판결의 조문에 비추어 분명하다"라고 하면서, 건설업에 있어서 업무도급의 원도급기업에 대하여 하도급기업의 노동자에 대한 안전배려의무에 기한 손해배상청구를 인정하였다.[32] 또한 최고재판소는 1991년 4월 11일 판결에서는, 원도급기업의 조선소에서 작업에 종사하고 있던 하도급 근로자가 직장의 소음에 의해 청력장해에 걸린 사안에 있어서, 하도급기업의 노동자가 원도급기업의 작업장에서 노무를 제공함에 즈음하여, 원도급기업이 관리하는 설비, 공구 등을 사용하고, 사실상 원도급기업의 지휘감독을 받아 가동하고, 그 작업내용도 원도급기업의 종업원과 거의 같았다는 등 원판결의 사실관계하에 있어서는, 원도급기업은 신의칙상 위 노동자에 대하여 안전배려의무를 진다고 판시하였다.[33]

2. 안전배려의무론의 발전

(1) 안전배려의무의 법적 성질

안전배려의무에 관한 지금까지의 논쟁의 대상 가운데 중요한 것의 하나는 그 법적 성질에 관한 것이었다. 이것은 안전배려의무의 이론적 기초인 채무구조론상 안전배려의무의 위치가 어떠한가에 관한 문제였다. 종래의 대다수의 학설과 판례에서는, 안전배려의무는 부수적 의무 또는 보호의무로 이해하고 있었다. 그러나 안전배려의무가 항상 부수적 의무 또는 보호의무인 것은 아니며, 계약내용에 따라서는 급부의무로 이해해야 할 경우가 있다고 하는 것이

32) 最判 1980年 12月 18日 民集 第34卷 7號 888頁.
33) 最判 1991年 4月 11日 集民 第162號 295頁.

주장되고 있다.[34] 즉, "국가와 공무원, 사용자와 노동자 사이에 있어서 국가·사용자가 공무원·노동자에 대하여 지는 안전배려의무는, 공무원·노동자가 근무관계·고용관계상의 의무(직무에 전념할 의무, 노무를 제공하고 수행하는 의무)를 이행하기 위한 불가결의 전제가 되는 것이며, 국가·사용자는 급여·임금지급의무(급부의무) 외에 안전배려의무도 지는 것이다. 안전배려의무의 보호법익은 공무원·노동자의 생명·신체의 안전이며, 그 점에서는 보호의무와 공통성도 갖지만, 불완전이행에서 문제가 되는 보호의무는 채무자가 본래의 급부의무를 실현하는 과정에서 상대방(채권자)의 생명·신체·재산에 대한 침해를 회피해야 할 의무(일반적인 불가침의무와 동질)임에 대하여, 안전배려의무는 채권자(국가·사용자)가 채무자의 생명·신체의 안전을 배려해야 할 의무인 점에서 보호의무와는 성질을 달리하므로 급부의무라고 해도 좋다"라고 한다.[35]

위와 같이 안전배려의무의 법적 성질을 보호의무가 아니라 오히려 급부의무로 이해하는 견해에 대하여는 이를 긍정적으로 평가하는 견해가 있다. 즉, 미야모토 켄조(宮本健藏)는, 사용자가 안전배려의무를 이행하지 않은 경우에는 노동자는 노무급부거절권 및 이행청구권을 가진다. 따라서 사용자의 안전배려의무는 단지 손해배상에만 관계되는 것이 아니므로 이것을 보호의무와 동일시할 수 없으며, 이러한 권리가 인정되는 한도에서는 사용자의 안전배려의무는 부수적 의무가 아니라 종된 급부의무로 파악해야 한다고 주장한다. 그리하여 그는 사용자의 안전배려의무를 종된 급부의무로서의 안전배려의무(이를 「안전확보의무」라고 한다)와 보호의무로 이분화한다. 전자의 안전확보의무는, 노동자의 생명·건강에 대한 손해의 방지에 관한, 사용자의 지휘·명령 하에서 행해지는 노무를 위한 물적 환경 및 인적 환경의 정비를 내용으로 한다. 지금까지의 판례를 분석한다면, 안전배려의무의 대부분은 이와 같은 안전확보의무에 관련된 것이라고 할 수 있으며, 안전확보의무에 기하여 사용자가 구체적으로 지는 의무는 다음과 같다. 즉, 먼저 물적 환경의 정비와 관련하여, ①

34) 宮本健藏, "西ドイツにおける安全配慮義務と保護義務－規範適用を中心として－", 明治學院論叢 第377號 法學研究 33(1985. 3), 127頁 참조.

35) 奧田昌道, 前揭書, 166～167頁.

노무제공의 장소에 보안시설·안전시설을 설치할 의무, ② 노무제공의 도구·수단으로서 안전한 것을 선택할 의무, ③ 기계 등에 안전장치를 설치할 의무, ④ 노무제공자에게 보안상 필요한 장비를 갖추게 할 의무, 다음으로 인적 환경의 정비와 관련하여, ① 노무제공의 장소에 안전감시원 등의 인원을 배치할 의무, ② 안전교육을 철저히 할 의무, ③ 사고원인으로 될 수 있는 도구·수단에 대해 적정의 인원을 배치할 의무 등을 안전확보의무의 구체적인 내용으로 들 수 있다. 그러나 지금까지 학설과 판례에서 안전배려의무의 영역에서 취급되어 온 것 가운데 안전확보의무에 포함되지 않는, 즉 물적 환경 내지 인적 환경의 정비와 관계없는 많은 의무들이 인정되어 왔다. 이러한 의무는 미리 이행청구를 하여 의무내용을 실현한다고 하는 것은 문제로 되지 않는 것이며, 손해가 발생하여 비로소 사후적으로 문제로 되는 의무라고 할 수 있다. 이러한 의무는 보호의무의 영역에 속하는 것이라고 한다.[36)]

한편, 최근에는 안전배려의무의 법적 성질을 일원적으로 파악하는 것이 아니라, 계약과의 관계로부터 몇 가지의 유형으로 분류하여 각각의 안전배려의무의 법적 성질을 달리 파악하는 견해가 있다. 이 견해에 의하면 안전배려의무는 계약과의 관계로부터 다음의 세 가지의 유형으로 분류할 수 있다고 한다. 즉, ① 급부의무의 일부로서 인정되는 안전배려의무가 있다. 예를 들면, 여객운송계약이나 숙박계약에서는 여객이나 숙박객에 대한 안전확보는 계약의 중심부분을 이룬다. 이러한 계약에 있어서의 안전배려의무의 법적 성질은 종된 급부의무로서 그 위반은 채무불이행책임을 발생시키지만 이에 대하여 특별한 논의는 필요 없다. ② 부수적 의무로서 인정되는 안전배려의무, ③ (계약관계가 아닌) 어떤 법률관계에 기한 사회적 접촉관계를 근거로 인정되는 안전배려의무가 존재한다. 안전배려의무의 특수성은 이 유형의 안전배려의무에서 두드러지게 나타난다.[37)]

다른 한편으로 최근의 견해 가운데에는, 종래의 학설들과는 전혀 다른 시각에서 안전배려의무의 법적 성질을 파악하는 견해도 있다. 즉, 우치다 타카시(内田 貴)는, 안전배려의무를 계약책임의 확장으로 이해하는 것도 가능할 것

36) 宮本健藏, "雇傭·勞働契約における安全配慮義務－給付義務構成への一つの試み", 155~158頁.
37) 大村敦志, 前揭書, 101頁 참조.

같지만, 안전배려의무는 계약교섭의 부당파기의 사례나 그 밖의 계약상의 새로운 의무, 예를 들면 정보제공·조언의무, 재교섭의무, 계약관계계속의무, 손해경감의무와는 성격을 달리 하고 있다고 한다. 왜냐하면, 첫째, 안전배려의무에 있어서는 다른 계약상의 새로운 의무와는 달리, 항상 인신손해가 문제로 된다. 요컨대 노동재해든지 학교사고든지 모두 이른바 「인신사고」의 피해가 문제로 되고 있다. 둘째, 다른 새로운 의무는 행위규범으로서 기능하는 것이 기대되고 있음에 반하여, 안전배려의무는 노동재해사고나 학교사고와 같이, 현대사회에 있어서 대수적으로는 불가피한 사고로 인한 피해(인신손해)를 사회적 비용으로서 어떻게 분배할 것인가 하는 문제에 관계되어 있다. 이 점에서 자동차사고나 제조물책임과 공통의 성질을 가지고 있고, 그 때문에 보험과 관련되는 것으로 된다. 따라서 이와 같은 제도론적인 관점에 선다면, 안전배려의무의 법적 구성이 계약책임인가 불법행위책임인가 하는 것은 그다지 중요한 문제는 아니며(양자의 차이는 소멸시효 외에는 주변적인 것에 지나지 않는다), 오히려 넓은 의미에서 사고법의 일환으로서 이해해야 할 제도라고 말할 수 있다고 한다.[38]

이상의 내용을 정리한다면, 초기의 학설은 안전배려의무의 법적 성질을 대체로 부수적 의무 또는 보호의무라고 하여 일원적으로 파악하고 있었지만,[39] 최근에는 종래의 학설과 마찬가지로 안전배려의무를 보호의무로 이해하는 견해도 있으며, 종래의 학설과는 날리 새로운 시각에서 안전배려의무를 사고법의 일환으로서 이해해야 하는 제도라고 주장하는 견해도 있다. 그러나 현재의 지배적인 견해는, 안전배려의무를 계약과의 관계로부터 여러 가지의 유형으로 나누고, 각각에 대하여 그 법적 성질을 급부의무(주된 급부의무 또는 종된 급부의무), 부수적 의무, 또는 보호의무 등으로 다원적으로 파악하는 입장이라고 할 수 있다.

38) 内田 貴, 前掲書, 155~156頁 참조.
39) 시오미(潮見佳男)는, 안전배려의무는 보호의무에 지나지 않는다고 한다(潮見佳男, 新債權總論 I (信山社, 2017), 172頁; 大村敦志, 前掲書, 102頁 참조).

(2) 안전배려의무 위반의 법적 효과

안전배려의무 위반의 효과에 대하여는 종래의 통설적 견해와 판례는 손해배상청구권의 발생만을 인정하여 왔다. 그러나 근래에는 고용·노동계약을 중심으로 안전배려의무 위반의 효과로서 손해배상 외에 고용·노동계약의 특수성을 근거로 하여 이행청구권, 노무급부거절권, 계약의 해제권·해지권의 발생을 인정하는 견해(미야모토 켄조)가 주장되고 있다. 즉 이 견해는, 고용·노동계약에서의 사용자의 안전배려의무는 안전확보의무와 보호의무로 구분할 수 있으며, 안전배려의무 위반의 효과도 안전확보의무인가 아니면 보호의무인가에 따라서 크게 다르다고 한다.

먼저, 안전확보의무는 급부의무의 성질을 가지는 것이며, 따라서 이와 같은 안전확보의무 위반에 대한 법적 효과도 통상의 채무불이행과 마찬가지로 생각할 수 있다. 따라서 사용자가 안전확보의무를 이행하지 않을 때에는, 노동자는 이행청구, 노무급부의 거절, 손해배상 및 해약고지를 할 수 있다.[40)]

다음으로, 보호의무 위반의 효과로는 원칙적으로 손해배상청구권만 발생하며, 이행청구권이나 급부청구권은 인정되지 않는다. 보호의무는 계약상의 의무이지만, 계약목적이 아니라 보호이익에 향하고 있는 점에서 다른 계약상의 의무와는 다르며, 불법행위책임과 유사하다. 요컨대 보호의무는 계약책임과 불법행위책임의 중간영역에 속하는 것이라고 말할 수 있다. 보호의무를 이와 같은 것으로서 이해한다면, 보호의무에 계약법규범을 전면적으로 적용해야 할 필연성은 없다고 한다. 따라서 보호의무의 위반으로 인한 손해배상청구권에 대하여는 계약법규범을 전면적으로 적용할 것이 아니라, 그 중간적 성질에 적합한 규범이 발견(창설)되어야 한다고 한다.[41)]

---

40) 宮本健藏, “雇傭·勞働契約における安全配慮義務－給付義務構成への一つの試み”, 170頁.
41) 上揭論文, 177~178頁.

3. 노동·근로계약에 있어서의 안전배려의무론

(1) 노동계약법과 안전배려의무

앞에서 살펴본 바와 같이, 안전배려의무는 판례법리에 의하여 형성되고, 또한 그 후 계속적인 판례의 축적에 의해 그 내용이 구체화되어 왔다. 한편, 근래에 일본에서는 노동관계를 둘러싸고 개별노동관계분쟁이 점차 증가하고 있다. 그러나 이러한 분쟁을 해결하기 위한 노동계약에 관한 민사적인 원칙은 민법 및 기타 법률에서 부분적으로 규정되고 있을 뿐이며, 체계적인 성문법은 존재하고 있지 않았다. 따라서 개별노동관계분쟁이 발생한 경우에는, 각각의 사안의 판례가 축적되어 형성된 판례법리를 적용하여 판단하는 것이 일반적이었다. 그러나 판례법리에 의한 해결은 예측가능성이 높다고 할 수 없으며, 또한 판례법리는 대부분의 노동자 및 사용자에게는 충분하게 알려져 있지 않은 것이었다. 이러한 상황 하에서, 노동계약의 기본적인 이념 및 노동계약에 공통하는 원칙이나, 판례법리에 따른 노동계약에 관한 민사적인 원칙을 종합하여 노동계약법을 제정하였으며, 이 법은 2008년 3월 1일부터 시행되고 있다. 특히 이 법 제5조에서는 판례법리를 확인하여 “사용자는 노동계약에 수반하여 노동자가 그 생명, 신체 등의 안전을 확보하면서 노동할 수 있도록 필요한 배려를 하는 것으로 한다”라고 규정하여 사용자는 노동계약상의 안전배려의무를 진다는 것을 법문상 명시하였다.[42)]

이 규정의 취지는 다음과 같다. 즉, 통상의 경우 노동자는 사용자가 지정하는 장소에 배치되어, 사용자가 공급하는 설비, 기구 등을 사용하여 노동에 종사하는 것이다. 따라서 판례에서는 노동계약의 내용을 구체적으로 정하지 않음과 동시에, 사용자는 노동계약에 수반하여 신의칙상 당연히 노동자를 위험으로부터 보호하도록 배려해야 할 안전배려의무를 지고 있는 것으로 되어 있지만, 이것은 민법 등의 규정으로부터 분명하지는 않았다. 그리하여 노동계약법 제5조에서는, 사용자는 당연히 안전배려의무를 지는 것으로 규정한 것이다.

42) 厚生労働省, “労働契約法のあらまし”(http://www.mhlw.go.jp 검색), 1頁.

그리고 동조의 "노동계약에 수반하여"라고 하는 것은, 노동계약에 특단의 근거규정이 없어도, 노동계약상의 부수적 의무로서 당연히 사용자는 안전배려의무를 지는 것을 분명히 한 것이다. 또한 "생명, 신체 등의 안전"에는 심신의 건강도 포함되는 것이며, "필요한 배려"라는 것은, 일률적으로 정해지는 것은 아니며, 사용자에게 특정의 조치를 요구할 수 있는 것은 아니지만, 노동자의 직종, 노무의 내용, 노무제공의 장소 등의 구체적인 상황에 따라 필요한 배려를 하는 것이 요구되는 것이다.[43] 그리고 판례에 의하면, 안전배려의무의 구체적 내용을 특정하고, 또한 의무위반에 해당하는 사실을 주장·증명하는 책임은 증명책임의 원칙에 따라 손해배상을 청구하는 피해자인 노동자 측에 있는 것으로 되어 있다. 그러나 피해자인 노동자 측과 사용자 측에는 당해 사고원인에 관하여 압도적인 정보격차가 있는 것이 보통이며, 실제 판례에서는 사용자의 안전배려의무 위반을 추정하기도 하고, 귀책사유의 부존재의 증명을 사용자 측에게 요구하는 등 실질적인 증명책임의 전환을 꾀함으로써 피해자인 노동자 측의 증명의 곤란에 배려하고 있다.

(2) 노동안전위생법과 안전배려의무

한편, 사용자의 안전배려의무와 깊은 관계가 있는 노동안전위생법(1972년 법률 제57호)은 "노동기준법(1947년 법률 제49호)과 더불어, 노동재해의 방지를 위한 위해방지기준을 확립, 책임체계의 명확화 및 자주적 활동의 촉진 조치를 강구하는 등 그 방지에 관한 종합적, 계획적인 대책을 추진하는 것에 의해 직장에 있어서 노동자의 안전과 건강의 확보함과 동시에, 쾌적한 직장환경의 형성을 목적으로 한다"(동법 제1조). 또한 동법 제3조 제1항에서는 "사업자는 단지 이 법률에서 정하는 노동재해의 방지를 위한 최저기준을 지키는 것뿐만 아니라, 쾌적한 직장환경의 실현과 노동조건의 개선을 통하여 직장에 있어서 노동자의 안전과 건강을 확보할 수 있도록 하여야 한다. 또한 사업자는 국가가 실시하는 노동재해의 방지에 관한 시책에 협력하도록 하여야 한다"라고

43) 上揭資料, 8頁.

규정한다. 결국 노동안전위생법에서는 노동자의 안전과 함께 건강도 보호대상으로 함으로써 그 보호대상을 확대하고 있을 뿐만 아니라, 오늘날 노동현장에서 과로나 성추행 등에 기인한 질병, 사망 혹은 자살이 증가하고 있는 실태를 고려한다면, 노동자의 신체·정신면에서의 건강의 보호가 동법의 중요한 목적으로 되어 있다.[44]

또한 노동안전위생법에서는 노무제공 시의 위험방지와 구체적인 위험의 종류에 따라 일반적으로 예상되는 노동재해의 위험방지조치를 행하도록 사업자에 대하여 강제하고 있다. 이것은 사업자가 지켜야 할 최저한의 사항이며, 사업자가 지는 안전배려의무의 중요한 부분이다. 그러나 사업자가 노동안전위생법에 기하여 노동재해방지조치의무를 다하였다고 해도, 반드시 노동계약상의 안전배려의무를 다한 것으로는 되지 않을 수 있다. 왜냐하면 노동안전위생법상의 형사책임을 면하는 경우에도, 안전배려의무 위반으로 인한 민사상의 손해배상책임을 지는 경우가 있기 때문이다.

(3) 노동자의 건강에의 배려와 안전건강배려의무

종래의 안전배려의무는 노동자의 신체적인 안전을 보호대상으로 하고 있었지만, 최근에는 과로를 이유로 한 질환·사망·자살이 문제로 되는 것에 수반하여, 안전배려의무의 대상을 노동자의 신체적·정신적 건강으로 그 적용범위를 확대하여 왔다. 그리하여 안전배려의무와 밀접한 관계가 있는 노동안전위생법에서는 노동자의 안전과 함께 건강도 보호의 대상으로 한다는 점을 분명히 하고 있다(동법 제1조).

이와 같이 노동자의 건강에 대한 보호문제가 등장함에 따라 안전배려의무론에도 새로운 논의가 나타나게 되었다. 즉, 안전배려의무와 건강배려의무와의 관계에 관한 문제이다. 이와 관련하여, 안전배려의무와 건강배려의무를 구별하는 견해, 건강배려의무라고 하는 개념을 사용하면서, 이것을 안전배려의무의 한 측면을 표현하는 것으로 사용하는 견해 등이 있지만, 그 중에서도 특

44) 和田 肇, “安全(健康)配慮義務論の今日的な課題”, 日本勞働研究雜誌 No.601(2010. 8), 37~38頁.

히 안전배려의무와 건강배려의무의 구별은 의미가 없다고 하여 안전배려의무보다는 「안전건강배려의무」라고 하는 개념을 사용하는 것이 적당하다고 주장하는 견해가 있다. 이 견해에 의하면, 오늘날 고용의 현장에서 일어나고 있는 노동재해의 실태, 그리고 그것을 반영하고 있는 노동안전위생법상의 건강의 유지 또는 그 증진의 중요성에 비추어 본다면, 노동자의 건강에의 배려를 사용자의 의무로서 조정(措定)하는 것에는 찬성하지만, 그것은 안전배려의무와는 별개·독자의 의무로 파악할 필요는 없다고 한다. 안전배려의무와 불법행위법상의 주의의무의 구별은, 이행청구의 가부나 노동자의 이행거절이라고 하는 문제에서 의의가 있으며, 이 점에서 차이를 인정하지 않는다면, 안전배려의무와 건강배려의무의 구별은 그다지 의미가 없다고 한다. 또한 종래의 안전배려의무론에서는 노동자의 「건강에의 배려」의 측면이 충분히 파악될 수 없다면 모르겠지만, 그렇지 않다고 하면, 앞으로는 안전배려의무보다도 「안전건강배려의무」라고 하는 개념을 사용하는 것이 적당하다고 주장한다.[45]

Ⅳ. 앞으로의 과제

1. 일본민법의 개정과 안전배려의무[46]

(1) 안전배려의무와 채무자의 귀책사유

일본에서는 2017년 6월 2일 공포된 「민법의 일부를 개정하는 법률」이 2020년 4월 1일부터 시행되고 있다.[47] 개정민법은 제415조 제1항 본문에서, 채무

45) 上揭論文, 37~41頁.

46) 이하의 상세한 내용에 대하여는, 졸고, "개정 일본민법에서의 채무불이행법체계", 강원법학 제69권, 강원대학교 비교법학연구소(2022. 11), 216쪽 이하 참조.

47) 이하에서는 이를 '개정 일본민법' 또는 '개정민법'이라 하고, 개정 전의 민법은 '개정 전의 민법'이라 한다. 그리고 개정민법의 조문을 가리키는 경우에는 '개정법'의 문자를, 개정 전의 민법의 조문을 가리키는 경우에는 '구법'의 문자를 조문번호의 모두에 붙인다.

자가 채무의 본지에 따른 이행을 하지 않은 때 또는 채무의 이행이 불능한 때에 채권자는 손해배상을 청구할 수 있다고 규정하고, 단서에서 그 채무불이행이 채무자의 책임으로 돌릴 수 없는 사유(귀책사유)로 인한 것일 때에는 채무자는 손해배상책임이 없다고 규정하고 있다. 여기서 채무불이행책임의 면책사유인 귀책사유의 의의와 관련하여, 전통적 통설은 이것을 “채무자의 고의 또는 과실 기타 신의칙상 이와 동시(同視)할 사유”라고 해석하고 있었다. 그러나 개정민법에서는 귀책사유를 계약 기타 채무의 발생원인 및 거래상의 사회통념에 비추어 판단해야 한다고 하는, 종래의 재판실무를 명확하게 규정하였다. 즉, 개정민법은 제415조 제1항 단서에서, “채무자의 책임으로 돌릴 수 없는 사유”라는 문언 대신에, “채무의 불이행이 계약 그 밖의 채무의 발생원인 및 거래상의 사회통념에 비추어 채무자의 책임으로 돌릴 수 없는 사유에 의한 것인 때”라고 하여, “채무자의 책임으로 돌릴 수 없는 사유”의 유무를 “계약 그 밖의 채무의 발생원인 및 거래상의 사회통념에 의해서” 판단한다는 취지의 규정을 두게 된 것이다.

그리하여 판례에 의하면, 안전배려의무의 증명책임에 대하여, 채권자인 노동자 측은 손해에 대하여 특정된 구체적인 안전배려의무의 존재와, 사용자가 이 의무에 위반한 사실을 증명해야 한다. 이에 대하여 사용자는, 개정민법 하에서는 “계약 그 밖의 채무의 발생원인 및 거래상의 사회통념에 비추어 채무자의 책임으로 돌릴 수 있는 사유”의 부존재를 증명하여야 한다. 즉, 안전배려의무 위반에 있어서의 채무자인 사용자의 과실은, ① 채무의 발생원인과, ② 거래상의 사회통념에 따라 판단되게 되었다. 전자에 대하여는, 취업규칙, 노동계약서, 직무기술서, 사령(辭令) 등으로부터 안전배려의무의 내용이 평가되는 것으로 되고, 후자에 대하여는, 법령, 행정기관의 지침·통달, 판례, 업계의 동향 등으로부터 안전배려의무 위반이 평가되는 것으로 해석된다. 다만, 이번 민법개정이 안전배려의무 위반의 귀책사유의 판단에 있어서 구체적으로 어떻게 반영될 것인지에 대하여는 앞으로의 학설과 판례를 기다릴 수밖에 없는 것으로 생각된다.

(2) 안전배려의무와 계약의 해제

개정민법은 계약해제의 규정을 '최고에 의한 해제'(개정법 제541조. 이하 '최고해제'로 약칭한다)와 '최고에 의하지 않은 해제'(개정법 제542조. 이하 '무최고해제'로 약칭한다)로 나누어 규정하고 있다. 즉, 개정 전의 민법은 채무자의 불이행의 태양(이행지체, 정기행위, 이행불능)에 착안하여 법문을 구성하고 있었지만, 개정민법은 해제에 있어서 최고가 필요한지의 여부에 착안하여 최고해제와 무최고해제로 법문을 재구성한 것이다. 또한 개정민법은 해제를 채무자에 대한 제재가 아니라, 채권자를 계약상의 채무로부터 해방하는 것을 목적으로 하는 것이기 때문에 채무자의 귀책성은 관계가 없다고 하는 입장을 지지하여, 계약해제의 요건으로서 채무자의 귀책사유를 요하지 않는 것으로 하였다(개정법 제541조·제542조).

그리고 해제와 관련하여 이른바 「중대한 불이행」의 요건을 채용할 것인가의 여부에 대하여, 그동안의 개정작업에서 논의되었지만, 개정민법에서는 이를 채용하지 않았다.[48] 다만, 제541조의 최고해제의 경우에 단서규정을 신설하여, "다만, 그 기간을 경과한 때의 채무불이행이 그 계약 및 거래상의 사회통념에 비추어 경미한 때에는 그러하지 아니하다"라고 규정한다. 이것은 부수적 의무 위반 등의 경미한 의무위반이 해제원인으로 되지 않는다고 하는 종래의 학설과 판례에 입각하여, 일정한 사유가 있는 경우에는 해제를 할 수 없다고 하는 취지의 요건을 명확하게 규정한 것이다. 결국 개정민법은 해제의 요건과 관련하여 「중대한 불이행」의 요건을 정면으로 채용하고 있지는 않지만, 경미한 불이행을 해제권의 조각사유로 하고 있다.

위와 같은 해제에 관한 민법규정의 개정은 다음의 두 가지의 점에서 안전배려의무의 법리에 영향을 미치게 된다. 첫째, 계약의 해제의 요건에서 채무자의 귀책사유를 배제한 점이다. 즉, 개정민법은 손해배상청구권 발생의 전제가 되는 채무불이행과 해제권 발생의 전제가 되는 채무불이행을, 개정 전의 민법

48) '중대한 불이행'을 해제의 요건으로 채용하고 있는 입법례에는, 국제물품매매계약에 관한 UN협약(CISG 제49조 제1항 (a), (b)), 국제상사계약원칙(PICC 1994, 제7.3.1조), 유럽계약법원칙(제9:301조 제1항) 등이 있다.

에서와 같이 통일적으로 구성하지 않고, 계약해제의 전제가 되는 채무불이행의 경우에는 채무자의 귀책사유가 필요 없는 것으로 한다는 점이다.[49] 둘째, 최고해제의 경우에 채무불이행이 경미한 경우에는 해제권이 발생하지 않는 것으로 규정하고 있다는 점이다.[50] 특히 후자와 관련하여, 대다수의 학설은 채무구조론적인 입장에서, 안전배려의무 위반의 경우에 그 효과로서 손해배상청구는 인정하지만, 안전배려의무의 법적 성질은 부수적 의무 또는 보호의무이기 때문에 그 위반의 효과로서 계약해제권의 발생은 인정되지 않는다고 한다. 그러나 개정민법에 의하면, 해제의 요건으로서 어떤 의무에 대한 위반인가 하는 것이 문제가 아니라, 그 위반이 경미한 것인가 아닌가 하는 것이 문제가 되기 때문에 앞으로 이 점에 관한 검토가 필요한 것으로 생각된다.

(3) 생명·신체의 침해와 소멸시효

앞에서 본 바와 같이, 일본에서 안전배려의무의 범위가 확대되게 된 실제적인 이유는 채무불이행책임(계약책임)으로 구성하는 것이 불법행위책임으로 구성하는 것보다 특히 시효기간에 있어서 청구자에게 유리하다는 점에 있었다. 그런데 개정민법은 채권의 소멸시효기간을 채권자가 권리를 행사할 수 있는 것을 알았을 때로부터 5년, 권리를 행사할 수 있을 때로부터 10년으로 하면서(개정법 제166조제1항 1, 2호), 사람의 생명 또는 신체의 침해로 인한 손해배상청구권의 소멸시효는 그 권리를 행사할 수 있는 때로부터 20년으로 하고 있다(개정법 제167조). 그리고 불법행위로 인한 손해배상청구권의 소멸시

49) 이것은 개정 일본민법이 현행 독일민법과 유사한 입법태도를 취한 것이다. 즉, 독일민법은 의무위반으로 인한 손해배상청구권의 발생에 있어서는 채무자의 귀책사유가 필요한 것으로 규정하지만(제280조 제2항), 계약의 해제에 있어서는 채무자의 귀책사유를 요하지 아니하고 의무위반이 있으면 충분한 것으로 하고 있다(제323조 제1항)(졸고, "채무불이행법의 국제적 동향과 한국민법의 개정", 법학연구 통권 제50집, 전북대학교 법학연구소(2016. 11), 140쪽 참조).

50) 이것 역시 독일민법 규정과 유사하다. 즉, 구독일민법에서는 주된 채무의 불이행의 경우에만 계약의 해제를 인정하고, 부수적 의무 또는 보호의무 위반의 경우에는 계약을 해제할 수 없고, 손해배상만을 청구할 수 있는 것으로 이론이 확립되어 있었지만, 현행 독일민법은 보호의무 또는 배려의무(제241조 제2항)의 위반의 경우에도 계약해제권의 발생을 인정하고 있다. 다만, 이 경우에는 채권자에게 계약에의 구속을 더 이상 기대할 수 없는 때에만 채권자는 계약을 해제할 수 있다(제324조)(위의 논문, 141쪽).

효는 피해자 또는 그 법정대리인이 손해 및 가해자를 안 때로부터 3년, 불법행위를 한 날로부터 20년으로 하고 있으며(개정법 제724조), 사람의 생명 또는 신체를 해치는 불법행위에 의한 손해배상청구권의 소멸시효에 대하여는 피해자 또는 그 법정대리인이 손해 및 가해자를 안 때로부터 5년의 특칙을 두고 있다(개정법 제724조의2). 따라서 생명·신체의 침해로 인한 손해배상청구권을 안전배려의무 위반의 채무불이행으로 구성하는 것과 불법행위로 구성하는 것 사이에는 큰 차이가 없게 되었다.[51] 이 점도 앞으로의 안전배려의무의 법리에 영향을 미치게 될 것으로 생각한다.

2. 선박소유자의 안전배려의무

(1) 그렇다면 위와 같은 일본의 안전배려의무론에 대하여 어떻게 평가할 수 있을 것인가? 또한 이것이 우리나라의 안전배려의무의 법리에 어떠한 점을 시사하고 있는가에 대하여 검토할 필요가 있다. 이 점에 관한 상세한 검토는 후일을 기약할 수밖에 없겠지만, 우선 여기서는 최근에 발표된 선박소유자의 안전배려의무와 관련한 한 연구를 소개한 다음, 이것에 대하여 검토하기로 한다.

(2) 최근 발표된 “선내안전보건 증진을 위한 입법론적 연구”라는 제목의 법학박사논문에서 필자인 김기선(이하에서는 ‘필자’라고 한다)은, 선원근로계약상 선박소유자의 안전배려의무에 대하여 논하고 있는데 그 내용을 요약하면 다음과 같다.[52] 즉, ① 안전배려의무의 법적 성질에 관하여 우리나라의 통설과 판례는 안전배려의무를 계약상의 부수적 의무 또는 보호의무로 파악한다. 즉, 근로계약에서 계약당사자는 급부의무 뿐만 아니라 이에 부수하는 각종 의무도 부담하게 되는데, 안전배려의무는 근로관계에 수반되는 신의칙상의 부수적 의무 또는 보호의무로서 인정되는 것이라고 한다. 이에 대하여 필자는, 우리나라의 통설과 판례에서는 안전배려의무와 보호의무를 거의 동일한 것으로

51) 大村敦志, 前揭書, 103頁 참조.
52) 김기선, “선내안전보건 증진을 위한 입법론적 연구”, 법학박사 학위논문, 한국해양대학교 대학원(2022. 2), 80～90쪽.

인식하여 혼용하고 있는데, 이는 안전배려의무와 보호의무가 그 법적 근거를 모두 신의칙에 두고 있기 때문이라고 한다. 그러나 보호의무 위반으로 인한 손해배상은 급부의무 위반으로 인한 효과와 별도로 인정되는 것이므로 안전배려의무와 보호의무를 구별하여 사용해야 한다고 한다. ② 안전배려의무 위반의 효과와 관련하여, 안전배려의무 위반으로 손해가 발생한 경우에 손해배상청구권이 발생한다는 것에는 이견이 없다. 그러나 안전배려의무를 신의칙상의 부수적 의무 또는 보호의무로 본다면 근로계약의 해제권 또는 해지권의 발생을 인정하기 어렵겠지만, 부수적 의무의 계속적인 위반으로 계약관계의 유지가 불가능할 경우에는 채권자인 근로자는 계약을 해지할 수 있다고 해야 한다. 또한 안전배려의무 위반의 효과로서 이행청구권 및 노무급부거절권을 인정할 것인가의 문제와 관련하여, 우리 판례는 이를 부정하고 있지만, 학설상으로는 이를 긍정하는 견해가 있다. 긍정설은 안전배려의무를 부수적 의무로 인정하는 경우에도 이행청구권과 노무급부거절권의 발생을 인정하는데, 그 이유는, 고용계약은 근로자의 생명과 신체가 노무제공과 일체를 이루기 때문에 근로자는 사용자에 대하여 자신의 근로제공에 필요한 안전 및 보건상의 조치를 사용자에게 요구할 수 있는 청구권을 가지기 때문이라고 한다. 또한 고용계약에서 안전배려의무가 노무급부와의 대가적 견련관계에 있지 않으므로 동시이행의 항변권을 직접 적용하는 것은 곤란하겠지만, 공평의 관점에서 이를 좀 더 넓게 인정할 수 있다고 하여 노무급부거절권을 가진다고 한다. ③ 안전배려의무의 구체적인 내용은 선원근로계약 등 당사자의 약정이나 단체협약, 취업규칙 등에 의하여 결정되지만, 이러한 규정이 없는 경우 개별적 근로관계와 관련하여 사회통념상 타당한 범위에서 인정된다고 한다. 또한 판례도 선박소유자가 부담하는 안전배려의무의 구체적 내용은 선원의 직종, 노무내용, 노무제공장소 등 안전배려의무가 문제되는 당해 구체적 상황 등에 의하여 결정된다고 한다. ④ 안전배려의무 위반의 효과로서 손해배상청구권의 발생은 인정되지만, 계약해제권·해지권, 이행청구권 및 급부거절권의 인정여부는 명확하지 않다. 근로계약에서 근로자는 채무의 이행을 위해 자신의 신체를 이용하여 노무를 제공하게 되므로 근로자의 안전과 보건은 근로제공의 전제가 된다. 또한 근로계약은 계속적인 계약으로서 근로자의 안전과 보건에 문제가 발생하면 근로자는 노무제공을 일시적으로 중단할 수 있어야 한다. 따라서 안전배려의무는 독일의 사례와 같이 안전배려의무를 두 가지로 나누는 견해, 즉 안전배려의무의 법리를 일반적으로 적용하기보다는 그 계약의 성질에 따라 구분되어야 한다고 한다.[53] 이를 위해서는 선원법(제4장 선원근로계약)에 선박소유자의 안전배려의무를 명문으로 규정하고, 또한 안전배려의무 위반의 효과로서 계약의 해제권·해지권, 이행청구권 및 급부거절권이 인정되도록 해야 한다고 주장한다.

(3) 먼저 안전배려의무의 법적 성질과 관련하여, 우리나라의 통설과 판례는 안전배려의무를 계약상의 부수적 의무 또는 보호의무로 파악하며, 또한 안전배려의무와 보호의무를 거의 동일한 것으로 인식하여 혼용한다. 반면에 필자는 안전배려의무와 보호의무는 구별하여 사용해야 하며, 안전배려의무의 법리도 일반적으로 적용하기 보다는 계약의 성질에 따라 안전확보의무와 부수적 의무 또는 보호의무로 구분해야 한다고 주장한다. 이와 같은 필자의 견해는, 앞에서 소개한 미야모토(宮本健藏)의 견해, 즉 사용자의 안전배려의무는 종된 급부의무로서의 안전배려의무(=안전확보의무)와 보호의무의 두 가지로 구분되며, 사용자가 전자의 안전확보의무를 이행하지 않은 경우에는, 노동자는 이행청구권 및 노무급부거절권을 가지며, 후자의 보호의무에 위반한 경우에는 손해배상청구권만 인정된다고 하는 견해와 상당히 유사하다.

이와 같이 안전배려의무를 안전확보의무와 보호의무로 이분하는 견해에 대하여는 사견은 기본적으로는 동의한다. 그러나 안전배려의무가 구체적인 내용이 무엇인가 하는 문제는 안전배려의무의 발생원인이 계약인 경우에는 개개의 계약의 해석으로서(법률의 규정인 경우에는 그 해석으로서) 해결되어야 한다.

53) 필자는, 안전배려의무에 대해 부수적 의무와 보호의무라는 용어를 구별하지 않고 혼용하는 우리 판례와는 달리, 안전배려의무와 보호의무를 구별하여 사용하는 독일법의 입장을 받아들이고 있다. 즉, 독일에서는 안전배려의무의 근거를 독일민법 제618조의 안전배려의무(Pflicht zu Schutzmaßnahmen)에서 찾고 있지만, 보호의무는 독일민법 제242조의 신의칙에 근거하는 부수적 의무로 이해함으로써 안전배려의무와 보호의무를 구분한다. 또한 안전배려의무의 법적 성질에 관하여는, 계약의 유형에 따라 안전배려의무의 내용을 기준으로, 예를 들면 고용계약 또는 운송계약 등에 있어서의 안전확보의무와, 임대차계약 등에 있어서의 부수적 의무 또는 보호의무로 안전배려의무를 이원적으로 파악하는 견해를 취하고 있다(위의 논문, 83, 89쪽; 최창렬, “안전배려의무의 체계”, 성균관법학 제16권 제3호, 성균관대학교 법학연구원(2004), 154~155쪽.

즉, 먼저 어떤 내용의 안전배려의무가 당사자 사이에서 명시적 또는 묵시적으로 합의되었는가를 확정하여야 하며, 당사자의 의사가 분명하지 않은 경우에는 규범적인 판단을 하여 당해 계약에 의하여 의도된(법률의 규정에 의하여 발생하는 안전배려의무의 경우에는 법률의 목적에 따라서) 목적을 가장 잘 달성하는 의무가 승인되어야 한다.[54] 이렇게 하여 구체적인 의무의 내용이 확정되게 된다면, 당해 계약상의(또는 법률의 규정에 의한) 안전배려의무는, 채무구조론을 승인하는 입장에 따른다면, 급부의무(주된 급부의무 또는 종된 급부의무)일 수도 있고, 부수적 의무 또는 보호의무에 지나지 않을 수도 있게 된다. 결국 사견에 의한다면, 안전배려의무의 법적 성질은, 계약 또는 법률의 규정 해석 여하에 따라서는, 주된 급부의무, 종된 급부의무 그리고 부수적 의무 또는 보호의무가 될 수 있는 것으로 된다. 따라서 안전배려의무를 안전확보의무와 보호의무만으로 이분하는 필자의 견해에 전적으로 동의하는 것은 아니다. 다만 안전배려의무가 주된 급부의무(=본래적 급부의무 또는 계약의 유형을 결정하는 급부의무인)인 경우도 있지만, 이것에 대하여는 특별한 논의는 필요 없는 점을 고려한다면, 대부분의 안전배려의무는 종된 급부의무인 안전확보의무와 보호의무인 안전배려의무로 구분할 수 있게 된다.

(4) 다음으로 안전배려의무 위반의 효과와 관련하여, 필자는 안전배려의무 위반으로 손해가 발생한 경우에 손해배상청구권이 발생한다는 것에는 이견이 없지만, 안전배려의무를 신의칙상의 부수적 의무 또는 보호의무로 보는 입장에 의한다면, 근로계약의 해제권 또는 해지권의 발생을 인정하기는 어렵다고 한다. 다만 부수적 의무의 계속적인 위반으로 계약관계의 유지가 불가능할 경우에는 채권자인 근로자는 계약을 해지할 수 있다고 한다. 또한 필자는, 고용계약은 근로자의 생명과 신체가 노무제공과 일체를 이루기 때문에 근로자는 사용자에 대하여 자신의 근로제공에 필요한 안전상의 조치를 요구할 수 있는 권리를 가진다고 하여 이행청구권을 인정하며, 고용계약에서 안전배려의무가 노무제공의무와 대가적 견련관계에 있지 않으므로 동시이행의 항변권을 직접 적용하는 것은 곤란하겠지만, 공평의 관점에서 노무급부거절권은 가진다고 한다.

54) 平井宜雄, 前揭書, 43~45頁 참조.

먼저 안전배려의무 위반의 효과로서 계약의 해제권 또는 해지권을 인정할 것인가에 대하여 보기로 한다. 채무구조론을 승인하는 입장에 따른다면(필자도 같은 입장인 것으로 보인다), 주된 급부의무의 불이행에 대하여는 손해배상뿐만 아니라 해제권이 주어지는 것이 특색이며, 이에 반하여 종된 급부의무의 불이행에 대하여는 이행청구권의 관철 및 손해배상의 구제는 주어지지만 원칙적으로 계약해제의 구제는 주어지지 않는다고 한다. 그리고 부수적 의무나 보호의무의 경우에는 손해배상청구권은 발생하지만 계약의 해제권 또는 해지권은 발생하지 않는다고 한다. 따라서 필자는 안전배려의무 위반의 효과로서 원칙적으로 근로계약의 해제권 또는 해지권의 발생을 인정하기는 어렵지만, 부수적 의무의 계속적인 위반으로 계약관계의 유지가 불가능할 경우에는 채권자인 근로자는 계약을 해지할 수 있다고 한다.

생각건대 계약의 해제와 관련한 최근의 국제적인 입법의 동향을 고려한다면, 급부의무 위반의 경우에만 계약의 해제권 또는 해지권의 발생을 인정하고, 부수적 의무 또는 보호의무 위반의 경우에는 해제권 또는 해지권의 발생을 인정하지 않는 견해는 더 이상 그대로 유지하기는 어려울 것으로 보인다. 왜냐하면 독일민법은 「의무위반」을 해제권의 발생요건으로 하고 있지만(다만 불완전이행의 경우에 그 의무위반이 경미한 때에는 채권자는 해제권을 인정하지 않는다(독민 제323조 제5항 2문)), 부수적인 채무의 위반에 대해서도 일정한 요건 하에 계약해제권의 발생을 인정하고 있기 때문이다.[55] 또한 최근 개정된 일본민법 제541조 단서규정[56]이나 우리 민법의 경우에도 2013년 민법개정시안 제544조 제1항 단서[57]에 의하면 「경미한 채무불이행」, 즉 일방의 채무불이행이 경미하여 계약의 목적달성에 지장이 없는 경우에는 계약해제권의

55) 독일민법 제324조 (제241조 제2항의 의무의 위반으로 인한 해제) 쌍무계약에서 채무자가 제241조 제2항에서 정한 의무에 위반한 경우에 채권자에게 계약에의 구속을 더 이상 기대할 수 없는 때에는 채권자는 계약을 해제할 수 있다.

56) 개정 일본민법 제541조 (최고에 의한 해제) 당사자 일방이 그 채무를 이행하지 아니한 때에는 상대방은 상당한 기간을 정하여 그 이행을 최고하고 만약 그 기간 내에 이행이 없는 때에는 계약의 해제를 할 수 있는 것으로 한다. 다만, 그 기간을 경과한 때의 채무불이행이 그 계약 및 거래상의 사회통념에 비추어 경미한 때는 그러하지 아니하다.

57) 민법개정시안 제544조 (채무불이행과 해제) ① 당사자 일방이 채무의 내용에 좇은 이행을 하지 아니한 때에는 상대방은 계약을 해제할 수 있다. 그러나 일방의 채무불이행이 경미하여 계약의 목적달성에 지장이 없는 경우에는 그러하지 아니하다.

발생을 인정하지 않음으로써 독일민법 등과 유사한 입장을 취한다. 결국 최근의 외국의 입법 등을 참고한다면, 계약해제권의 발생여부는 채무자가 불이행한(위반한) 의무가 주된 급부의무인가, 아니면 부수적 의무 또는 보호의무인가 하는 채무구조론에 의해 결정되는 것이 아니라, 그 의무위반이 중대한가 또는 경미한가에 따라 결정된다. 또한 독일민법의 경우에는 부수적 의무 위반의 경우에도 채권자에게 계약에의 구속을 더 이상 기대할 수 없는 때에는 계약의 해제권을 인정하고 있으며, 안전배려의무 위반에 대해서도 위와 같은 원칙이 당연히 적용되는 것으로 된다.

다음으로 이행청구권에 대하여 보기로 한다. 안전배려의무의 불이행에 대하여 근로자에게 이행청구권을 인정할 것인가의 문제는 안전배려의무의 성질에 관계없이 일률적으로 결정할 문제는 아니다. 즉, 안전확보의무로서의 성질을 가지는 안전배려의무는 종된 급부의무, 즉 급부의무이므로 채무자인 사용자가 이행하지 않는 경우에는 채권자인 근로자는 이행청구권을 가지며, 그 의무의 강제이행도 가능하다. 그러나 보호의무로서의 성질을 가지는 안전배려의무는 급부의무가 아니며 또한 그 내용이 구체적으로 확정된 것은 아니므로 그 의무 자체의 강제이행은 인정되지 않고, 오히려 그 전에 소구할 수도 없다.

마지막으로 노무급부거절권에 대하여 보기로 한다. 이와 관련하여 필자는, 고용계약에서 안전배려의무가 노무급부와의 대가적 견련관계에 있는 것은 아니므로 사용자의 안전배려의무의 불이행의 경우에 근로자의 동시이행의 항변권을 인정하는 것은 곤란하겠지만, 공평의 관점에서 노무급부거절권은 가진다고 한다. 그러나 생각건대 노무자, 근로자의 노무 또는 근로제공의무에 대응하는 사용자의 의무는 안전배려의무가 아니라 보수지급의무이다. 따라서 근로제공의무와 안전배려의무가 동시이행관계에 있는 것으로 이해하여 안전배려의무 위반이 있는 경우, 근로자의 노무급부거절권이 발생한다고 하는 것은 입법론으로서는 모르겠지만, 이에 관한 명문의 규정이 없는 현행법의 해석으로는 무리한 것이라고 생각한다. 그리고 근로자의 노무제공을 위하여 안전확보가 필수적이라는 것을 인정하더라도, 안전확보가 되지 않은 경우에 근로자가 노무를 제공하지 않더라도 그것이 위법하지 않기 때문에 채무불이행이 되지 않는다고 할 수 있다. 또한 근로자의 근로제공의무에 있어서와 같이 먼저 사용자의 협력, 즉 안전확보가 필요한 경우에는 확정기한이 도래한 것만으로는 지체가 되지 않으며, 사용자가 근로자의 지체책임을 묻기 위해서는 먼저 자신의 안전확보의무의 이행 또는 그 제공이 필요하게 된다.[58] 이와 같은 점들을 고려한다면, 동시이행의 항변권의 성질을 가지는 노무급부거절권을 적극적으로 인정하지 않는다고 해도 큰 문제는 없을 것으로 생각한다.

V. 맺음말

이상에서는 일본에서의 안전배려의무론에 대하여 검토하였다. 구체적으로는 안전배려의무론의 이론적 기초인 독일의 채무구조론과 이를 이어받은 일본민법학에서의 채무구조론을 개관한 다음, 일본에서 안전배려의무의 법리가 형성·발전되어 가는 과정을 살펴보았다. 아울러 안전배려의무와 관련한 앞으로의 과제로서 일본민법의 개정과 안전배려의무, 그리고 선원근로계약상의 선박소유자의 안전배려의무에 대하여도 간단히 기술하였다. 이하에서는 이와 같은 연구결과를 요약·정리하고 이것을 본고의 결론으로 하고자 한다..

일본에서 안전배려의무라고 하는 개념은 독일의 고용계약에 있어서의 안전배려의무 또는 보호의무(독일민법 제618조)에서 시사를 받아 오래 전부터 제창되어 왔다. 특히 안전배려의무론의 형성·발전에 있어서 중요한 계기가 된 것은 1975년 2월 25일의 일본 최고재판소의 판결이었다. 이 판결을 계기로 하여 안전배려의무에 관한 판례가 계속적으로 축적되어 갔으며, 이를 통하여 판례법리는 그 내용이 점점 더 구체화되게 되었다. 또한 학설상으로도 안전배려의무를 둘러싸고 많은 논쟁이 있었는데, 초기의 논쟁의 대상 가운데 중요한 것은 그 법적 성질에 관한 것이었다. 이것은 안전배려의무의 이론적 기초인 채무구조론상 안전배려의무의 위치가 어떠한가에 관한 문제였다. 종래의 대다수의 학설과 판례에서는, 안전배려의무는 부수적 의무 또는 보호의무로 이해

58) 곽윤직, 채권총론(제6판)(서울: 박영사, 2012), 80쪽; 송덕수, 채권법총론(제6판)(서울: 박영사, 2021), 119쪽 참조.

하고 있었지만, 일부의 학설은 안전배려의무가 항상 부수적 의무 또는 보호의무인 것은 아니며, 계약내용에 따라서는 급부의무로 이해해야 할 경우가 있다고 주장하고 있었다. 또한 안전배려의무의 법적 성질 외에도, 안전배려의무 위반의 법적 효과, 안전배려의무의 적용범위 등과 관련한 많은 논의가 있었다.

한편, 근래에는 고용·노동계약을 중심으로 안전배려의무 위반의 효과로서 손해배상 외에 고용·노동계약의 특수성을 근거로 하여 이행청구권, 노무급부 거절권, 계약의 해제권·해지권의 발생을 인정하는 견해가 주장되고 있다. 또한 안전배려의무의 적용범위도 점점 더 다양해지고 확대되어 갔다. 초기에는 안전배려의무가 국가와 자위대원 사이에서 주로 문제가 되었지만, 그 후 노동재해, 공무재해 관련 사건이 가장 많았으며, 이어서 학교나 시설(개호시설 등)에서의 사고 사례가 많았다. 최근에는 이 두 가지의 유형으로 확고해지고 있다.[59] 그 중에서도 특히 안전배려의무에 관한 많은 재판례가 있는 것은 노동재해 관련 사건이다. 그리하여 일본에서는 개별노동관계분쟁의 해결을 위하여, 판례에 의한 법형성을 허용하면서, 노동계약에 공통하는 원칙이나 판례법리에 따른 노동계약에 관한 민사적인 원칙을 종합하여 노동계약법을 제정하였으며, 이 법은 2008년 3월 1일부터 시행되고 있다.

오늘날 계약관계에 있는 당사자 사이에서 중심적인 채무인 급부의무 이외에 신의칙상의 각종 의무가 광범위하게 발생하는 것을 인정하고 있으며, 이를 통하여 계약책임은 점점 확대되고 있다. 이것은 현대계약법의 중요한 특질 가운데 하나라고 할 수 있으며, 본고에서 검토한 안전배려의무도 그 전형적인 예에 속한다. 이와 같이 안전배려의무와 관련된 사안에 있어서 손해배상청구권을 불법행위책임이 아니라, 안전배려의무 위반으로 인한 계약책임으로 구성하는 이유는 계약책임으로 구성하는 것이 소멸시효기간이나 증명책임의 두 가지의 점에 있어서 청구자에게 유리하기 때문이었다. 그러나 증명책임에 관하여는 오늘날 그다지 차이가 없다고 하는 것이 분명해졌으며, 시효기간과 관련해서도 최근의 민법개정으로 생명·신체의 침해로 인한 손해배상청구권을 안전배려의무 위반의 계약책임으로 구성하는 것과 불법행위책임으로 구성하

59) 內田 貴, 前揭書, 155頁.

는 것 사이에는 큰 차이가 없게 되었다. 이 점은 앞으로의 안전배려의무의 법리에 영향을 미치게 될 것으로 생각한다.

참고문헌

곽윤직, 채권총론(제6판), 서울: 박영사, 2012.

송덕수, 채권법총론(제6판), 서울: 박영사, 2021.

양창수(역), 2018년판 독일민법전, 서울: 박영사, 2018.

김기선·전영우, "선박소유자의 안전배려의무와 선내 안전·보건 및 사고예방 제도개선 연구", 해사법연구 제30권 제2호, 한국해사법학회, 2018. 7.

김기선, "선내안전보건 증진을 위한 입법론적 연구", 법학박사 학위논문, 한국해양대학교 대학원, 2022. 2.

김덕중, "민법상 안전배려의무의 법리에 관한 고찰－판례를 중심으로－", 원광법학 제24권 제3호, 원광대학교 법학연구소, 2008.

김용호, "산업재해에 있어서의 안전배려의무", 법학논총 제35권 제1호, 단국대학교 법학연구소, 2011.

김철수, "채무불이행법의 국제적 동향과 한국민법의 개정", 법학연구 통권 제50집, 전북대학교 법학연구소, 2016. 11.

———, "개정 일본민법에서의 채무불이행법체계", 강원법학 제69권, 강원대학교 비교법학연구소, 2022. 11.

성대규, "보호의무(Schutzpflichten)에 관한 고찰－본질과 시사점－", 민사법학 제87호, 한국민사법학회, 2019. 6.

원종욱, "보호의무에 관한 소고", 법학논총 제35집, 숭실대학교 법학연구소, 2016. 1.

윤용석, "안전배려의무", 재산법연구 제19권 제1호, 한국재산법학회, 2002.

이충훈, "판례가 인정하는 보호의무에 대한 비판적 고찰", 민사법학 제90호, 한국민사법학회, 2020. 3.

전형배, "안전배려의무의 내용과 과제", 노동법학 제55호, 한국노동법학회, 2015. 9.

최창렬, "안전배려의무의 체계", 성균관법학 제16권 제3호, 성균관대학교 법학연구원, 2004.

內田 貴, 民法Ⅱ 債權各論(第3版), 東京: 東京大學出版會, 2016.

———, 民法Ⅲ 債權總論·擔保物權(第4版), 東京: 東京大學出版會, 2020.

大村敦志, 新基本民法4 債權編(第2版), 東京: 有斐閣, 2019.

———, 新基本民法5 契約編(第2版), 東京: 有斐閣, 2020.

北川善太郎, 契約責任の研究, 東京: 有斐閣, 1963.

奧田昌道, 債權總論(上), 東京: 有斐閣, 1982.

潮見佳男, 契約規範の構造と展開, 東京: 有斐閣, 1991.

平井宜雄, 債權總論, 東京: 弘文堂, 1987.

宮本健藏, "西ドイツにおける安全配慮義務と保護義務－規範適用を中心として－", 明治學院論叢 第377號 法學硏究 33, 1985. 3.

———, "雇傭·勞働契約における安全配慮義務－給付義務構成への一つの試み", 明治學院論叢 第393號 法學硏究 36, 1986. 3.

北川善太郎, "債務不履行の構造とシステム", 法學論叢 第116卷 1－6號, 1985.

平野裕之, "利益保障の二つの體系と契約責任論", 法學論叢 第60卷 1호, 2·3合併號, 1987.

和田 肇, "安全(健康)配慮義務論の今日的な課題", 日本勞働硏究雜誌 No.601, 2010. 8.

厚生勞働省, "勞働契約法のあらまし"(http://www.mhlw.go.jp 검색).

Karl Larenz, Lehrbuch des Schuldrechts, Bd. 1, Aufl.13, München: C.H.Beck, 1982.

C. W. Canaris, "Ansprüche wegen positive Vertragsverletzung und Schutzwirkung für Dritte bei nichtigen Verträgen", Juristen Zeitung, 1965.

D. Medicus, "Verschulden bei Vertragsverhandlungen", Gutachten und Vorschläge zur Überarbeitung des Schuldrechts Bd.1, 1981.

H. Lehmann, "Die positiven Vertragsverletzungen", AcP. Bd.96, 1905.

J. Himmelschein, "Erfüllungsszwang und Lehre von den positiven Vertragsverletzungen", AcP. Bd.135, 1932.

Ulrich Huber, "Leistungsstörungen", Gutachten und Vorschlage zur Überarbeitung des Schuldrechts, Bd.1, Köln: Bundesanzeige, 1981.

제 2 장

해상법의 법적 쟁점

≫ 영국 ELIN MARITIME LTD 사건 분석을 통한 갑판적 자유재량권 조항에 관한 연구 _ 지상규

영국 ELIN MARITIME LTD 사건 분석을 통한 갑판적 자유재량권 조항에 관한 연구*

지 상 규

Ⅰ. 머리말

해상운송계약의 주요 목적은 화물을 안전하게 목적지에 도달시키고, 인도하는 것이다. 이를 위해 국제협약 및 상법은 해상운송인에게 규정에 차이는 있으나 기본적으로 화물의 수령부터 인도까지 화물에 대한 상당한 주의의무 즉 상사적 주의의무를 규정하고 있다. 또한 화주의 입장에서는 화물이 안전하게 운송되고 인도되기를 바라기에 해상위험이 높은 갑판적 운송을 선호하지 않는다. 그러나 이러한 화물의 갑판적 운송과 관련하여 운송인의 입장은 화주와는 다르다. 즉 운송인은 해상운임 수입 및 선박의 효율성 확대를 위하여 화물의 갑판적 운송을 필요로 하고 있다. 하지만 화물이 갑판적으로 운송되는 경우에는 화물이 선창에 적부되어 운송되는 경우보다 화물의 멸실, 훼손에 대한 위험이 높아지게 되는 것은 어쩔 수 없는 사실이다. 따라서 운송인의 입장에서는 이러한 위험의 증가에 대비하기 위해 선하증권 이면약관에 갑판적 자유재량권 조항을 두어 화물의 멸실 또는 훼손으로 손해 발생 시 자신의 책임을 면책하고자 한다. 특히 화물의 갑판적 운송과 관련하여 문제가 되는 다툼은 화물이 갑판적으로 운송됨에도 불구하고, 운송인이 무하자 선하증권 즉 클린 선하증권(Clean B/L)을 발행하는 경우이다. 일반적으로 무하자 선하증권이 발행되었다면 이는 화물이 갑판적이 아닌 선창적으로 운송됨을 의미한다고 보

* 본 논문은 '선하증권 이면약관상 갑판적 자유재량권 조항의 법적분쟁에 관한 연구'(국제법무, 제주대학교 법과정책연구원 제14집 제2호, 2022)의 내용을 바탕으로 추가·수정 보완하여 작성한 것임.

아야 한다. 따라서 운송인이 화물을 갑판적으로 운송하고자 하는 경우에는 이를 선하증권에 표시할 것이 요구된다. 하지만 운송인의 입장에서 화물을 갑판적으로 운송하고자 할 때마다 이를 화주에게 동의를 구하고, 선하증권에 기재하는 것은 상당히 번거로운 일이다. 이에 운송인은 주로 선하증권 이면약관에 갑판적 자유재량권 조항을 두어 만약 갑판적 화물에 손해가 발생하는 경우, 운송인을 면책하고자 하고 있다. 따라서 화물이 갑판적으로 인해 손해가 발생하는 경우, 선하증권 이면약관상 갑판적 자유재량권 조항의 해석이 재판상 쟁점이 되고 있다. 이러한 갑판적 운송과 관련된 분쟁에 대해 영국법원은 계약의 기본원리 위반(fundamental breach of the contract)의 법리로 문제를 다루며, 미국법원은 이로(deviation) 또는 준이로(guasi-deviation)원칙에 따라 법리의 적용 여부를 다루고 있다.

이에 본 논문은 이러한 화물의 갑판적 운송과 관련한 선하증권 이면약관상 갑판적 자유재량권 조항의 해석을 다룬 영국 ELIN MARITIME LTD 사건을 통해 국제협약상의 갑판적 화물의 화물성 인정 여부, 운송인의 면책 및 선하증권 이면약관상 갑판적 자유재량권 조항의 문헌증권성과 해석을 통해 영국 사건을 분석하고자 한다.

Ⅱ. 사건의 개요

1. 사실관계

이 사건의 선박은 "ELIN"호 이며, 피고 ELIN Maritime Limited of the Marshall Islands(이하 선박소유자라 함)이 소유한 선박이다. 이 사건과 관련한 선하증권 EL1601LCBDJD01는 2016년 6월 10일 태국 방콕에서 발행되었으며, 본 증권은 비유통성 선하증권이었다. 이 사건 선박은 총 201개 포장물(무게 838,821kgs, 부피 3,937.69)을 태국 람차방(Leam Chabang) 항구에서 선적하고, 알제리 젠젠(Djen-Djen) 항구으로 출항하였다. 선박 ELIN호가 목적지로 항해 하던 중 2016

년 7월 2일과 6일 사이 황천과 조우하였고, 이로 인해 화물의 일부분이 멸실·훼손되는 손해가 발생하였다. 그러나 상기 손해가 발생한 화물은 갑판적으로 운송된 화물에서 발생하였고, 이러한 화물의 손해 발생과 관련한 주요 쟁점은 화물의 적부가 선창이었는지 아니면 갑판적이었는지 이다. 화물의 갑판적 적부와 관련하여 화물 이해당사자들은 화물의 갑판적 적부는 불법행위이며 계약위반이라고 주장하였다. 그러나 선박소유자는 화물의 갑판적 적부는 선하증권 이면약관상의 갑판적 자유재량권 조항에 따라 화물에 손해가 발생하였다 하더라도 운송인인 선박소유자는 면책된다고 주장하였고, 이에 소송에 이르게 되었다.

2. 원고 및 피고의 주장

(1) 원고측의 주장 쟁점들

7명의 공동 원고들인 화물 이해당사자들은 불감항 및 책임면책과 관련하여 아래와 같이 주장하였다. 먼저 해상운송인인 선박소유자의 불감항 책임에 대한 면책주장과 관련하여, ① 운송인의 감항능력주의의무는 운송인을 면책하겠다는 규정이 명확하게 명문화 되어 있지 않는 한, 이는 운송인의 묵시적 주의의무에 해당하며, 운송인의 근본적 의무에 해당한다. ② 일반적인 운송인의 면책조항은 항해와 관련하여 적용되지 것이지, 운송인의 감항능력주의의무에 영향을 미치는 것은 아니다. ③ 선하증권상의 이면약관을 통해 화물의 선적, 적부, 고박 및 고정에 대한 책임은 운송인인 선박소유자에게 있다. ④ 선하증권상의 면책조항은 불감항 또는 과실 책임의 면책에 대해 명확하게 규정되어 있지 않다. ⑤ 운송인의 불감항 및 과실 책임을 면책하기 위해서 면책 규정은 명확하게 책임을 규정하고 있어야 하며, 비록 면책규정에 화물의 선적, 적부, 고박 및 고정[1]과 항해과실이 적시되어 있다 하더라고, 운송인의 상당한 주의

---

1) 헤이그-비스비 규칙 제3조 제2항 "제4조의 규정에 달리 정하지 아니하는 한, 운송인은 운송되는 물건의 선적, 취급, 적부, 운송, 보관, 관리 및 양륙을 적절하고 주의 깊게 행하여야 한다."

의무를 면하는 것은 아니다. 이러한 화물 이해당사자들의 주장을 세 가지로 함축하면 다음과 같다. 갑판적된 화물의 멸실, 훼손에 대한 선박소유자의 책임은 첫째 선박소유자의 불감항에 의한 것이며, 둘째 화물의 손해는 상사적 주의의무 위반에 따른 것이며, 마지막으로 항해 개시 전 또는 항해 개시 시 감항능력주의의무[2](선박 자체의 감항성 확보 의무뿐만 아니라 선박의 안정성을 고려한 적절한 화물의 선적, 선창의 유지 등의 의무까지 포함[3]) 이행할 선박소유자가 이를 이행하지 못한 것으로 함축할 수 있다.

(2) 피고인 선박소유자의 주장 쟁점들

피고인 선박소유자는 해상운송인의 책임제한 및 면책과 관련된 규정은 계약을 근거로 해석되어야 한다고 주장하였다. 다시 말하면 운송인의 책임제한 및 면책 규정에 대한 해석을 과도하게 축소하여 해석할 필요가 없다는 것이다.[4] 또한 선하증권 이면약관상 책임면책 조항"운송인은 갑판적 화물과 관련하여 발생하는 어떠한 멸실 또는 훼손에 대해 책임을 지지 아니한다(The Carrier shall in no case be responsible for loss of or damage to the cargo, howsoever arising … in respect of deck cargo)"이 규정되어 있으며, 아울러 선하증권상에 기재된 70개의 포장물은 "화주 그리고/또는 수하인 그리고/또는 수취인의 위험으로 갑판적 한다. 그리고 운송인 그리고/또는 선박소유자 그리고/또는 선박은 어떠한 멸실 또는 훼손에 대해 책임이 없다"라고 규정되어 있으므로, 이러한 두 개의 규정에 따라 운송인은 갑판적 화물의 손해에 대해 책임이 없다고 주장하였다.[5] 피고인 선박소유자의 주장을 함축하면 갑판적 화물과 관련된 위험은 화물 이해당사자에게 있다는 것이다.

---

2) 헤이그-비스비 규칙 제3조 제1항 제(a)호 "운송인은 발항 전과 발항 당시에, 선박의 감항능력 확보에 상당한 주의를 다하여야 한다."
3) 감항능력의 구성요소 및 범위에 대하여 화물의 상태 유지를 위한 적절한 적부, 청결한 선창 상태의 유지 및 항해에 필요한 장비의 구비 등 보다 넓은 의미로 해석된다.
4) Impact Funding Solutions Ltd v. Barrington Support Services Ltd [2016] UKSC 571 [2017] AC 73 and Persimmon Homes Ltd v. Ove Arup & Patners Ltd [2017] EWCA Civ 373.
5) The Danah [1993] 1 Lloyd's Rep 351 and The Imvros [1999] 1 Lloyd's Rep 848.

3. 법원의 판단

이 사건 선하증권 이면약관에 기재된 특별 규정 즉 "(of which 70 packages as per attached list loaded on deck at shipper's and/or consignee's and/or receiver's risk; the carrier and/or Owners and/or Vessel being not responsible for loss or damage howsoever arising)"[6] 은 그 해석과 관련하여 이를 계약 당사자 즉 원고인 화주와 피고인 운송인 사이의 특약으로 해석할 것인지 아니면 선하증권 이면약관상의 일반적 규정으로 해석할지가 주요한 쟁점이다. 즉 본 이면약관을 당사자 사이의 특약사항으로 해석될 경우 갑판적 화물은 헤이그－비스비 규칙상 화물[7]에 해당되며, 피고인 선박소유자는 헤이그－비스비 규칙에 따른 면책 등의 항변권[8]을 주장할 수 있다. 그러나 위 이면약관을 계약당사자 사이의 특약사항으로 해석하지 않을 경우에는 그 반대로 갑판적 화물은 헤이그－비스비 규칙 상 화물에 해당하지 않을 것이며, 아울러 동 규칙에 따른 운송인의 책임제한 및 면책을 주장할 수 없을 것이다.

이에 대해 법원은 선하증권 이면약관상 기재된 위 문구 중 "howsoever arising"[9]의 해석에 대해, 지난 100년 동안 이러한 문구는 운송인에게 있어 과실과 불감항성[10]의 책임을 면책시키는 전형적인 문구로 사용되어온 점에 비추어, 해당 선하증권의 이면약관은 원고와 피고 사이의 합의를 기초로 기재된 특약사항으로 봄이 타당하다고 판시하여 피고의 책임 없음을 인정하였다.

---

6) 70개 포장물은 송화인 그리고/또는 수탁인 그리고/또는 수하인의 부담으로 갑판에 선적되며, 운송인 그리고/또는 선박소유자 그리고/또는 선박은 이유를 불문하고 위 화물에 대한 손상과 손실에 대하여 책임지지 않는다.
7) 헤이그 규칙 제1조 제(c)호.
8) 헤이그비스비 규칙 제4조 제5항 제(e)호.
9) 어떻게 발생했든지 간에.
10) 감항능력의 구성요소 및 범위에 대하여 화물의 상태 유지를 위한 적절한 적부, 청결한 선창 상태의 유지 및 항해에 필요한 장비의 구비 등 보다 넓은 의미로 해석되고 이를 준수하지 못한 경우를 말한다.

Ⅲ. 법적 쟁점의 검토

1. 화물의 갑판적 운송과 선하증권상의 표시

(1) 화물의 갑판적 운송

화물의 갑판적 운송에 대한 개념을 명확하게 규정한 법률은 존재하지 아니한다. 그러나 화물의 갑판적 운송은 상관습에 의해 오랫동안 이용되어 왔으며, 특히 원목이나 광석 등의 화물이 주로 갑판적으로 운송되고 있다. 따라서 이러한 화물이 갑판적으로 운송되어 손해가 발생하였다 하여 손해배상 법률적 분쟁이 문제가 되지는 않는다. 그러나 문제가 되는 화물의 갑판적 운송은 관습에 의해 인정되어 왔던 화물이 아닌 갑판적 운송에 의해 손해가 발생할 가능성이 높은 일반화물과 관련된다. 일반화물의 경우는 파도, 해수, 바람, 빗물, 직사광선 및 온도의 변화에 의해 갑판적 운송 시 멸실, 훼손 및 변질될 가능성이 화물이 선창적으로 적부되어 운송될 경우보다 상당히 높기 때문이다. 또한 해상위험이 발생하면 갑판적 운송되는 화물이 선창적으로 운송되는 화물보다 투하(jettison)의 대상이 될 가능성이 높다.[11] 따라서 갑판적 운송은 원칙적으로 금지되며, 다수의 국가는 법률로서 화물의 갑판적 운송을 금지하고 있다.[12] 그 주된 근거로서 첫째 화물의 갑판적은 선박의 안전성을 해칠 우려가 있다는 관점과, 둘째 화물의 안전 이라는 관점으로 대변할 수 있다.[13] 그러나 일괄적으로 화물의 갑판적을 금지하게 되면 선박을 효율적으로 운영할 수 없다는 문제가 발생하며, 그로 인해 운임이 올라갈 가능성이 높다. 따라서 화주가 화물의 갑판적 운송에 동의하고 이로부터 발생하는 위험을 인수하겠다고

11) 류중원, "국제해상운송에서 갑판적과 책임제한의 배제", 법조 9(Vol. 636), 2009, 226쪽.

12) 갑판적 금지의 원칙은 이미 중세의 해상관습으로 유명한 Consolato del Mare에 도입되고 있으며, 특히 송하인의 동의가 있는 경우 이외에는 운송물의 갑판적을 금지하고 있었다고 말해지고 있다(Righetti, G., *Trattato di diritto matittimo,* p.3ª, Dott. A. Giuffrè Editore, 1994. pp.176~177).

13) 한낙현. "갑판적 화물에 있어서 면책특약의 효력에 관한 사례분석", 지역산업연구 vol.28 no.1, 경남대학교 산업경영연구소, 2005.

합의하는 경우에는 화물의 갑판적 운송을 금지할 필요가 없다. 이러한 화주의 갑판적 운송 합의가 있는 경우 화물의 손해가 발생할 시 운송인은 해상운송계약상의 의무를 위반한 것이 아니므로 그 책임에 있어 합의에 따라 면책 또는 책임제한을 주장할 수 있을 것이다.

(2) 선하증권상 표시

화물의 갑판적 운송과 관련된 당사자 사이의 법률 분쟁을 회피하기 위한 가장 좋은 방법은 당사자 사이에 화물의 갑판적 운송에 대한 합의가 존재하고, 이러한 합의를 선하증권 표면에 이를 표시하는 것이다.

보통 선하증권 표면에 화물의 갑판적 운송 합의 내용을 표시하는 방법으로는 선하증권의 표면에 스탬프(stamp), 타자(typing), 필기체 등을 통해 이를 표시할 수 있으며, 주로 사용되는 문구는 '화주의 위험 하에 화물을 갑판적한다(on deck at shipper's risk)'라고 표시한다. 그러나 이렇게 선하증권 표면에 화물의 갑판적 운송을 표시하더라도 운송인의 책임이 명확하게 면책된다고 할 수는 없다. 왜냐하면 아래에서 설명하겠지만 헤이그, 헤이그-비스비 규칙에 의하면 갑판적된 화물은 규칙상 화물에 해당하지 않으며, 따라서 규칙상의 운송인 책임제한 및 면책 규정을 적용할 수 없기 때문이다. 따라서 운송인의 책임과 관련하여 헤이그, 또는 헤이그-비스비 규칙을 적용하고자 하는 경우에는 특약을 통해 이를 선하증권에 삽입하여야 한다. 또한 운송인은 화물의 갑판적 운송과 관련된 책임문제에서 회피하기 위해 선하증권 이면약관에 갑판적 자유재량권 조항을 두어 화주의 합의와 관련 없이 언제든 화물을 갑판적할 수 있는 권리와 손해 발생 시 그 책임을 면하고자 한다. 그러나 이러한 이면약관에 대해 미국법원은 하터법에 따라 운송인의 과실 또는 부적절한 선적 등으로 일어난 운송인의 책임을 경감하는 선하증권의 특약 또는 약관은 공공정책의 법리(public policy)에 위반하는 것으로서 무효라고 하고 있다.[14] 이는 화주에게 위험을 전가하는 형태의 특약은 공공정책의 법리에 반하는 것으로

---

14) R. Glenn Bauer, *Deck Cargo: Pitfalls to Avoid Under American Law in Clausing Your Bill of Lading,* Journal of Maritime Law and Commerce, Vol.22, No.2. 1991, p.289.

보고 있는 것이며, 따라서 화물의 멸실·훼손에 대한 책임으로부터 운송인이 보호받지 못할 가능성이 있다.[15)]

선하증권 이면약관상의 갑판적 자유재량권 조항의 법률적 효력에 대한 설명은 아래에서 상세히 살펴보도록 하겠다.

2. 국제협약상 화물의 대상 및 관련 갑판적 규정

(1) 헤이그 및 헤이그-비스비 규칙(Hague Rule)상의 규정

헤이그 규칙 제1조 c항에 따르면 규칙을 적용할 수 있는 화물의 대상에 대해 다음과 같이 규정하고 있다. "화물이란 재산, 매물, 상품 기타 각종의 물건을 포함한다. 그러나 생·동물과 운송계약에 의하여 갑판에 적부되어 운송된다고 표시되고 또 실제로 갑판에 적부되어 운송된 화물은 제외한다(Goods includes goods, wares merchandise, and articles of every kind whatsoever except live animals and cargo which by the contract of carriage is stated as being carried on deck and is so carried)."이러한 규정에 따르면 생·동물과 운송계약에 의하여 갑판에 적부되어 운송된다고 표시된 화물 및 갑판에 적부되어 운송된 화물은 화물에 해당하지 않으며, 헤이그 규칙상의 관련 규정이 적용되지 아니한다(1968년 제정된 헤이그-비스비 규칙도 동일한 규정을 갖고 있으므로, 이에 준하여 해석을 같이한다). 이는 헤이그 규칙에 의해 해상운송인에게 인정되는 책임제한 및 면책의 이익이 생·동물, 갑판적 운송이 표시된 화물 및 갑판적 운송 화물에 대해 적용되지 않음을 의미하며, 운송인은 화물이 멸실·훼손되더라도 헤이그 규칙상의 책임제한 및 면책 규정을 근거로 항변을 주장할 수 없음을 의미한다. 또한 헤이그 규칙상의 화물의 대상과 관련하여 선하증권 및 용선계약도 고려되어야 한다. 예를 들어 선하증권이 발행되고, 또한 용선계약이 체결된 경우, 선하증권상 화주가 용선자인 동시에 화물의 수령인인 수하인인 이고 선하증권이 제3자에게 양도되지 아니하고 용선자

15) William Tetly, op.cit., pp.654~655.

인 화주가 이를 소지하고 있었다면, 이러한 선하증권은 단지 화물을 수령하기 위한 권리증권인 수령증에 지나지 않는다.[16] 그렇다면 화물이 해상운송계약 및 용선계약에 따라 갑판적 운송된 경우, 헤이그 규칙에 따라 갑판적 화물은 화물의 규정의 대상이 아니므로, 규칙은 적용되지 아니한다. 그러나 선하증권이 선의의 제3자에게 양도된 경우에는 헤이그 규칙이 적용될 수 있으며, 운송인은 갑판적으로 인한 화물의 멸실·훼손 등에 대한 책임 부담 문제가 있다.[17]

William Tetly 교수는 화물의 갑판적 운송이 관습으로 인해 인정되는 경우에도 선하증권 표면에 화물의 갑판적 운송 여부를 표시를 해야 한다고 주장하고 있다.[18] 이는 화물의 갑판적 여부가 선하증권에 표시되지 아니하였다면, 화물을 갑판적이 아닌 선창적으로 운송하여야 하며, 이러한 갑판적 화물은 헤이그 규칙상의 화물에 해당하지 아니므로 헤이그 규칙이 적용되지 않음을 의미한다.

헤이그 규칙과 관련된 갑판적 화물의 쟁점을 정리하면 다음과 같다.

(i) 갑판적에 대한 합의나 관습이 존재하고, 이러한 사항이 선하증권에 표시되었다 하더라도, 이러한 화물은 규칙상 화물의 대상에 해당하지 않으므로 헤이그 규칙이 적용되지 않는다.

(ii) 화물의 갑판적 운송에 대한 화주와 운송인 사이의 합의가 있고, 이러한 합의가 용선계약상에도 규정된 경우에 화주인 용선자가 무하자 선하증권을 제3자에게 양도하지 아니하고 소지하고 있었다면 갑판적 화물에 손해가 발생하더라도 운송인은 헤이그 규칙상의 책임제한 및 면책등의 항변을 주장할 수 없다. 그러나 화주가 선의의 제3자에게 무하자 선하증권을 양도한 경우라면 헤이그 규칙이 적용된다.

(iii) 갑판적 운송에 대한 합의를 하고 선하증권상에도 갑판적 운송의 표시가 있었으나 실제로는 선창적부로 화물을 운송하였다면 헤이그 규칙이 적용된다.[19] 다만 갑판적으로 운송되고 선하증권상 갑판적 운송이 표시된 경우에

16) Scrutton, *Charterparties and Bills of Lading* 19th Ed, 1984, p.62.
17) Scrutton, op.cit., p.63.
18) William Tetly, *Marine Cargo Claims* 2nd Ed, 1978, p.320.
19) 유록상, "Hague Rule상의 갑판적 화물의 한국해법학회지 Vol.10, 1988, 127~128쪽.

는 헤이그 규칙이 적용되지 않으나, 선하증권의 지상약관에 책임과 관련하여 헤이그 규칙이 적용된다고 규정되어 있다면 헤이그 규칙이 적용된다고 본다.[20] 왜냐하면 지상약관에 따라 해상운송계약상 발생하는 당사자의 책임을 헤이그 규칙에 따라 정하기로 약정하였다면 이는 당사자 합의 및 자유결정에 따라 헤이그 규칙이 적용되어야 한다고 보아야 한다.

(2) 함부르크 규칙(Hamburg Rule)상의 규정

함부르크 규칙은 화물의 정의 및 대상과 관련하여 앞에서 설명한 헤이그, 헤이그비스비 규칙의 규정과는 다르게 제1조 제5항에서 화물에 대해 다음과 같이 정의하고 있다. "화물은 생·동물을 포함한다. 화물이 컨테이너, 팔레트 또는 이와 유사한 운송용구에 혼재되어 있을 때, 또는 화물이 포장되어 있을 때에는 그러한 운송용구 및 포장이 화주에 의하여 공급된 경우에 한하여 화물은 그러한 운송용구 또는 포장을 포함한다("Goods"includes live animals; where the goods are consolidated in a container, pallet or similar article of transport or where they are packed, "goods"includes such article of transport or packaging if supplied by the shipper). 이러한 함부르크 규칙을 통해 알 수 있는 것은 동 규칙은 헤이그, 헤이그비스비 규칙상 화물의 대상에서 제외되었던 생·동물과 화물이 컨테이너 등 운송용구에 의해 포장되어 있다면 화물이 갑판적 되었다 하더라도 화물(goods)의 범주에 포함된다. 또한 동 규칙은 제9조 갑판적 화물(deck cargo) 규정을 통해 앞의 헤이그, 헤이그비스비 규칙과는 달리 갑판적 화물의 운송과 관련된 책임 관계를 규정하고 있다. 동 규칙 제9조의 내용을 살펴보면, 제1항에서 "운송인의 갑판적 운송이 화주와의 합의, 특정한 거래의 관습, 법령 또는 규칙이 있는 경우에 한하여, 화물을 갑판적으로 운송 할 권리가 있다"고 규정하고 있다. 그리고 당사자 사이의 합의를 명확하게 하게 위해 제2항에서 "운송인과 화주가 화물을 갑판적으로 운송하여야 한다는 것 또는 운송할 수 있다는 것을 합의하였을 때 운송인은 선하증권 또는

20) William Tetly, 앞의 책, p.320.

해상운송계약을 증명하는 기타의 증권에 이러한 합의의 취지를 기재하여 한다. 만약 선하증권이나 기타 증권에 이러한 기재가 없을 때는 운송인은 갑판적 운송에 대하여 합의가 성립되어 있다는 것을 스스로 입증하여야 할 책임있다"고 규정하고 있다. 또한 "이러한 화물의 갑판적 운송과 관련하여 비록 운송인과 화주사이에 합의가 있다 하더라도 운송인은 선하증권을 선의로 취득한 수하인을 포함한 제3자에 대하여 그러한 합의를 근거로 대항할 수 없다"고 규정되어 있다. 아울러 제3항에서는 운송인의 책임 범위와 관련하여 "화주와의 합의 없이, 특정한 거래의 관습 및 법령이나 규칙에 따르지 않고 갑판적 운송을 한 경우, 또는 갑판적 운송에 대한 합의를 원용할 수 없을 때, 운송인은 갑판적 운송으로 발생하는 화물의 멸실, 손상 및 인도 지연에 대하여 책임을 진다"고 규정되어 있다.[21)]

함부르크 규칙상의 화물 갑판적부와 관련한 내용을 정리하면 다음과 같다. 첫째, 동 규칙은 제1조 제5항에 화물 정의 규정을 통해 컨테이너 등의 운송용구를 사용하여 화물을 운송하는 경우, 화물의 선창적 운송에 관한 당사자 사이의 명확한 합의가 존재하지 않더라도 화물을 갑판적 운송할 수 있다는 것을 명시하고 있다. 특히 2000년도 이후 지속적으로 증가하고 있는 컨테이너 전용선의 증가와 선박의 대형화 등으로 컨테이너에 적재된 화물의 갑판적 운송이 당연시 되고 있는 시대적 상황을 반영하면 동 규칙상 컨테이너 등의 운송용구

21) 함부르크 규칙 제9조 "Deck Cargo"

1. The carrier is entitled to carry the goods on deck only if such carriage is in accordance with an agreement with the shipper or with the usage of the particular trade or is required by statutory rules or regulations.
2. If the carrier and the shipper have agreed that the goods shall or may be carried on deck, the carrier must insert in the bill of lading or other document evidencing the contract of carriage by sea a statement to that effect. In the absence of such a statement the carrier has the burden of proving that an agreement for carriage on deck has been entered into; however, the carrier is not entitled to invoke such an agreement against a third party, including a consignee, who has acquired the bill of lading in good faith.
3. Where the goods have been carried on deck contrary to the provisions of paragraph 1 of this article or where the carrier may not under paragraph 2 of this article invoke an agreement for carriage on deck, the carrier, notwithstanding the provisions of paragraph 1 of article 5, is liable for loss of or damage to the goods, as well as for delay in delivery, resulting solely from the carriage on deck, and the extent of his liability is to be determined in accordance with the provisions of article 6 or article 8 of this Convention, as the case may be.

를 통해 운송되는 화물이 갑판적 되었다 하더라도 헤이그, 헤이그-비스비 규칙과는 달리 이를 화물에 포함하고 있다. 둘째, 동 규칙은 갑판적 화물(Deck Cargo) 규정을 신설하여, 화물의 갑판적 운송으로 인해 발생할 수 있는 당사자 사이의 분쟁을 해결하고자 노력하였다는 것이다. 즉 운송인과 화주 사이에 갑판적 운송에 대한 합의가 있거나, 또는 법령 및 기타 규칙 등에 의하여 인정되는 경우에 한하여 갑판적 운송이 허용되며, 일반화물이라고 하더라도 갑판적 운송에 대한 당사자 사이의 합의가 선하증권 또는 유사한 운송증권에 이를 기재하였다면 운송인은 책임제한 및 면책을 주장할 수 있다. 단 동 규정에 따르지 아니한 경우에는 그러하지 아니하다.[22] 그러나 이러한 함부르크 규칙의 갑판적 운송과 관련된 규정의 제정과 관련하여 갑판적 운송의 명확한 정의 규정 누락과 당사자 사이의 합의 범위가 어디까지 인지 명확하지 않다는 비판도 제기된다. 이러한 비판에 대해 당사자 사이의 합의는 동 규칙 제15조 제1항 제m호를 통해 선하증권 이면약관사의 갑판적 자유재량권 조항도 이에 포함된다는 견해도 있다.[23]

결론적으로 함부르크 규칙은 컨테이너 등의 운송용구를 통한 갑판적 화물도 화물의 대상이 되며, 당사자 사이에 화물의 갑판적 운송에 대한 합의가 있거나 관습 및 법령이 있다면 화물의 갑판적 운송은 허용된다. 아울러 당사자 사이의 합의에 선하증권 이면약관상의 갑판적 자유재량권 조항은 이를 반영한 것으로 보아야 한다고 생각한다.

(3) 로테르담 규칙(Rotterdam Rule)상의 갑판적 규정

앞에서 살펴보았듯 함부르크 규칙은 헤이그, 헤이그-비스비 규칙과는 달리 갑판적 운송된 화물의 범위 및 갑판적 화물과 관련된 직접적 규정을 제정하였다. 아울러 로테르담 규칙도 독립적인 형태의 갑판적 운송 화물과 관련한 규

22) Rosenbrush Corp. v. American Export Isbrantsen Lines(1976) 사건에서 법원은 컨테이너전용선에 있어 컨테이너의 갑판적은 선하증권상 갑판적의 허용조항 또는 자유재량권조항이 있느냐의 여부와 관계없이 정당한 이로로 간주되어야 하며 또한 운송계약 상 특히 갑판적을 금지하고 있지 않은 한 운송인은 갑판적에 대해 면책된다고 판결하였다.

23) James B. Wooder, op.cit., p.143.

정을 두고 있다. 동 규칙은 갑판적 운송과 관련하여 이를 허용하는 경우와 허용되지 않는 경우를 나뉘어져 있다. 관련된 규정을 살펴보면 제25조 제1항에서 허용되는 갑판적 운송을 다음과 같이 정의하고 있다. 갑판적으로 운송되는 화물이란 (a) 갑판적이 법률에 의하여 요구된 경우, (b) 화물이 갑판적에 적합한 컨테이너 또는 용기에 운송되고, 또한 갑판이 그러한 컨테이너 또는 용기의 운송에 특별히 적합한 경우, 마지막으로 갑판적 운송계약 또는 해당거래에서의 관습, 관례나 관행에 따른 경우로 제한하고 있다.[24)]

아울러, 동조 제2항에서는 운송인의 책임에 대해 다음과 같이 규정하고 있다. 운송인이 제1항의 규정에 따른 갑판적 운송으로 인하여 화물의 멸실·훼손 또는 인도 지연되어 손해가 발생하더라도 갑판적 운송에 대해 책임이 없다. 또한 본 조항에서 언급되고 있는 특수한 위험(special risks)은 파도에 의한 갑판유실(washing overboard)과 같이 화물이 선창적 되었으면 발생하지 않았을 위험을 포함한다.[25)] 마지막으로 동조 제3항에는 운송인이 화물의 갑판적 운송이 허용되지 않음에도 불구하고 갑판적 운송이 된 경우 화물의 멸실·훼손 또는 인도지연에 대하여 책임을 부담하며 동 규칙 제17조에 규정하고 있는 면책의 항변을 주장할 수 없다고 규정하고 있다.[26)] 또한 동조 제5항은 운송인이 화물의 선창적 적부를 화주와 명시적으로 합의한 경우, 운송인은 화물이 멸실·훼손 또는 인도 지연의 손해에 대해 책임제한의 이익을 향유할 수 없음을 규정하고 있다.[27)]

---

24) 로테르담 규칙 제25조 제1항. Goods may be carried on the deck of a ship only if: (a) Such carriage is required by law; (b) They are carried in or on containers or vehicles that are fit for deck carriage, and the decks are specially fitted to carry such containers or vehicles; or (c) The carriage on deck is in accordance with the contract of carriage, or the customs, usages or practices of the trade in question).

25) 로테르담 규칙 제25조 제2항. The provisions of this Convention relating to the liability of the carrier apply to the loss of, damage to or delay in the delivery of goods carried on deck pursuant to paragraph 1 of this article, but the carrier is not liable for loss of or damage to such goods, or delay in their delivery, caused by the special risks involved in their carriage on deck when the goods are carried in accordance with subparagraphs 1 (a) or (c) of this article.

26) 로테르담 규칙 제25조 제3항. If the goods have been carried on deck in cases other than those permitted pursuant to paragraph 1 of this article, the carrier is liable for loss of or damage to the goods or delay in their delivery that is exclusively caused by their carriage on deck, and is not entitled to the defences provided for in article 17.

27) 로테르담 규칙 제25조 제5항. If the carrier and shipper expressly agreed that the goods would be carried under deck, the carrier is not entitled to the benefit of the limitation of liability for any loss of, damage to or delay in the delivery of the goods to the extent that such loss,

로테르담 규칙상의 갑판적 운송과 관련된 규정을 정리하면 다음과 같다. 법령에 의한 경우, 컨테이너 화물의 경우 그리고 당사자 사이의 합의 즉 약정에 의한 경우 갑판적 운송이 허용되며, 법령에 의한 경우와 컨테이너 화물의 갑판적 운송의 경우에는 화물의 손상이나 인도 지연에 따른 손해의 경우에도 운송인은 책임이 면책된다. 아울러 갑판적 운송이 허용되는 경우가 아님에도 불구하고 갑판적 운송으로 인하여 손해가 발생한 경우 운송인은 무과실책임을 부담하며, 동 규칙 제17조에서 허용되는 면책을 주장할 수 없다. 따라서 로테르담 규칙상 만약 당사자 사이에 명확하게 화물의 갑판적 운송이 아닌 선창적을 합의 한 것이 아닌 한 운송인은 컨테이너 또는 용기의 운송에 특별히 적합한 경우, 마지막으로 갑판적 운송계약 또는 해당거래에서의 관습, 관례나 관행에 따른 경우 갑판적 운송이 가능하다. 특히 당사자 사이의 합의, 즉 선하증권상 갑판적 자유재량권이 규정되어 있는 경우 이를 당사자 사이의 합의로 해석 할 수 있을 것으로 본다. 따라서 운송인이 선하증권 이면약관상의 갑판적 자유재량권에 따라 화물을 갑판적 운송하고 이로 인해 화물이 멸실·훼손 또는 인도지연 되어 손해가 발생하더라도 운송인은 책임제한 및 면책을 주장할 수 있다고 해석된다.

(4) 상법상의 갑판적 관련 규정

현행 상법에서는 운송인의 갑판적 운송의 정의 및 직접적으로 관련되는 규정을 두고 있지 아니하다. 따라서 갑판적 운송과 관련된 규정들을 근거로 갑판적 운송에 대한 해석을 시도할 수 있을 것이다.

관련 규정으로서 상법 제799조 제2항은 산 동물 및 갑판적 운송에 대해 규정하고 있다. 본 규정에 따르면 운송인이 산동물의 운송 및 선하증권이나 그 밖에 운송계약을 증명하는 문서의 표면에 갑판적으로 운송할 취지를 기재하지 않고 갑판적 운송을 하였다면 운송인의 책임제한을 주장할 수 없다는 취지의 규정을 두고 있는 것이다. 또한 상법 제854조는 선하증권 기재의 효력에

damage, or delay resulted from their carriage on deck.

대해 규정하고 있는데, 제1항에 따르면 선하증권이 발행된 경우, 운송인과 화주 사이에 선하증권에 기재된 대로 운송계약이 체결되고 운송물을 수령 또는 선적한 것으로 추정하므로 운송인이 갑판적 운송을 하기 위해서는 갑판적 운송에 대한 화주의 합의 내용을 선하증권상에 기재하여야 책임제한 및 면책을 주장할 수 있다고 해석할 수 있다.

이는 앞에서 설명한 헤이그 규칙의 내용과 동일하다 할 것이다. 따라서 상법의 취지는 헤이그 규칙과 같이 관습에 의해 갑판적 운송이 허용되는 것을 제외하고 원칙적으로 금지하고 있다고 보아야 할 것이다. 이는 함부르크 규칙이 컨테이너 화물의 운송형태를 반영하여 독자적인 갑판적 화물운송 규정을 제정하고 있는 것과는 달리 상법은 발달된 선박의 건조기술과 운송도구의 발전을 전혀 반영하지 못하고 헤이그규칙 및 헤이그-비스비 규칙을 답습하고 있다는 비판을 면하지 못할 것이다. 아울러 뒤에서 설명하겠지만 국내 법원의 태도 역시 운송인의 갑판적 운송에 대하여 상당히 엄격한 태도를 취하고 있는데 이는 상법의 태도와 궤를 같이 하는 것으로 보인다. 이는 자칫 상법이 국제규칙의 불일치로 인하여 법률적 충돌로 가는 것은 아닌가 하는 우려가 된다.[28]

3. 대상 판결의 헤이그, 헤이그 비스비 규칙의 적용

위에서 국제조약인 헤이그 및 헤이그-비스비에 따른 화물의 적용 범위와 관련하여 살펴보았고, 그에 따르면 산·동물 및 갑판적으로 운송되는 화물은 헤이그 및 헤이그-비스비 규칙이 적용되는 화물에 해당하지 않는다. 따라서 화물이 갑판적으로 운송되어 멸실, 훼손 및 인도지연에 의해 손해가 발생하더라도 이에 대해 운송인은 헤이그, 헤이그-비스비 규칙에 운송인에게 인정되는 책임제한 및 면책권이 인정되지 않는다. 이는 갑판적으로 운송된 화물에 대해 헤이그, 헤이그-비스비 규칙이 적용되지 않으므로, 만약 운송계약상 준거법이 헤이그, 헤이그-비스비 규칙이라면 운송인은 보호받지 못하는 결과에

28) 송채헌·박종은, “갑판적 운송화물에 대한 국제물류운송인의 손해배상책임에 관한 연구”, 물류학회지 제19권, 2009, 261~262쪽.

이른다. 다만, 헤이그, 헤이그-비스비 규칙의 책임적용 약정은 임의규정에 해당하므로, 당사자 사이의 합의로 갑판적 운송화물에 대해 동 규칙들이 적용된다는 특약은 가능하다고 생각한다. 따라서 선하증권 이면약관상의 갑판적 자유재량권 조항이 있는 경우, 이를 당사자 사이의 특약으로 보아야 할 것인지, 그렇다면 준거법이 헤이그, 헤이그-비스비 규칙이라 하더라도 운송인은 책임제한 및 면책을 주장할 수 있을 것이다. 선하증권 이면약관의 법적효력에 대해서는 아래에서 살펴보도록 하겠다.

4. 선하증권 이면약관상 갑판적 자유재량권 규정의 효력

(1) 선하증권의 문헌증권성

선하증권은 상법 제852조에 따라 운송인이 화주인 송하인의 요청에 따라 발행되며, 해상운송계약이 있음을 의미하는 증거서류를 의미한다. 따라서 선하증권에 기재된 내용에 따라 법률관계가 정하여지는데 이를 선하증권의 문헌증권성이라 한다. 그렇다면 화물의 갑판적 운송이 있었다면, 선하증권 문언증권성과 관련하여 이를 선하증권에 표시하는지와 관련하여 살펴볼 필요가 있다. 앞에서 언급하였지만 해상운송계약이 체결되었다면 계약상 화물은 선박의 선창적재가 원칙이다. 따라서 선하증권상에 화물의 갑판적 운송이 표시되었다면 선하증권의 문헌증권성으로 볼 때 그에 따른 법률적 효력이 발생하며 이러한 문헌증권성으로부터 제3자가 선하증권을 소지하였다면 이러한 효력은 소지인인 제3자에게도 미치기 때문이다. 그렇다면 선하증권의 문헌증권성과 관련하여 문제가 되는 것은 운송인이 선하증권상에 화물의 갑판적 운송에 관한 사항이 기재되어 있지 않음에도 불구하고 화물을 갑판적하여 운송하는 경우이다. 즉 운송인과 화주가 갑판적 운송에 대한 합의가 없는 상태에서 갑판적 운송이 이루어진 경우를 말한다. 이에 대해 미국은 이로 또는 준이로의 법리로서 해당 문제를 다루고 있다.[29] 그리고 운송인의 책임제한 및 면책권 원용

---

29) 갑판적 운송으로 인해 화물이 멸실·훼손 또는 변질된 경우 운송인은 헤이그 규칙상의 책임을

과 관련하여서 다툼이 있다. 이와 관련하여 선하증권 이면약관에 화주의 동의와 관계없이 운송인은 필요한 경우 언제든 화물을 갑판적 할 수 있으며, 갑판적으로 인해 멸실, 훼손 또는 인도지연의 손해가 발생하더라도 책임을 지지 않는다는 약정이 규정되어 있다면 이를 문헌증권성으로 파악하여 운송인의 책임면책을 인정할 수 있는가 하는 것이 선하증권 문헌증권성을 파악함에 있어 중요한 문제가 될 것이다. 즉 선하증권 이면약관상의 갑판적 자유재량권 조항에 대해 문헌증권성을 인정할 수 있는지에 대한 문제이다.

(2) 갑판적 자유재량권 조항의 법적 효력

선하증권은 해상운송계약의 증거서류로서 화주의 요청에 따라 발행됨은 이미 설명하였다. 또한 선하증권의 문헌증권성과 관련하여 선하증권의 이면약관에 기재된 사항을 선하증권 표면에 기재된 사항과 동일하게 법률적 효력을 부과할 수 있는가 하는 문제이다.

선하증권의 앞면에는 법률적으로 반드시 기재되어야 하는 사항들이 프린트되어 있다. 이와 관련하여 상법 제853조에 12개의 필수적 기재사항을 규정하고 있다. 이와는 달리 선하증권 뒷면에는 필수적 기재사항이 아닌 화주와 운송인 사이의 임의적 사항이 프리트 방식으로 기재되어 있다.[30] 그러나 선하증권의 뒷면에 기재되어 있는 이면약관은 운송계약과 관련한 중요한 내용들이 기재되어 있으며, 부합계약 성질을 갖고 있다. 또한 선하증권 이면약관은 주로 운송인이 작성하며, 화주 개입은 상당히 제한되어 있다. 그럼에도 불구하고 이렇게 작성되어 있는 이면약관은 추정적 효력을 갖는다.[31] 즉 화주의 자신이 선하증권의 이면약관에 대하여 명확하게 거부하였다는 사실을 입증하지 못하는 한 이면약관의 효력을 부정하기 힘들다는 것을 의미한다. 그렇다면 선하증권의 앞면과 뒷면 중 기재된 내용의 상호 우열관계를 정할 수 있는가 이

부담하게 되며, 이러한 책임의 근거로서 미국 법원은 부당한 이로의 원칙(doctrine of deviation) 또는 준이로 원칙(guasi-deviation)을 적용하여 헤이그 규칙상 인정되는 운송인의 책임제한 및 면책권 원용을 인정하지 않는다(William Tetly, Marine Cargo Claims 2nd Ed, 1978, p.320).

30) 최종현, 앞의 책, 426쪽.

31) 상법 제854조 제1항.

다. 그러나 이러한 우열을 정하는 것은 쉽지 않다.[32] 특히 당사자 사이에 화물의 갑판적 운송에 대한 합의가 없음에도 불구하고, 선하증권 이면약관에 운송인의 독립적 결정에 따라 화물의 갑판적 운송을 결정할 수 있다는 갑판적 자유재량권 조항의 효력을 인정 할 수 있는지 여부이다. 주로 갑판적 운송과 관련하여 문제가 되는 것은 선하증권 이면약관상 갑판적 자유재량권 조항의 인정여부와 결부되어 있다. 이와 관련한 사례를 살펴보면, 영국의 1921. Armour V. Walford 사건에서 선하증권 이면약관에 갑판적 자유재량권 조항이 명시되어 있는 경우, 법원은 갑판적 재량권을 당사자 사이의 특약이라고 해석하여 운송인의 갑판적 자유재량권을 인정하였고, 이러한 기조를 계속 유지해오고 있다. 그러나 미국 법원은 1923. Schooner V. St. John 사건[33]에서 선하증권 이면약관상 갑판적 자유재량권 조항이 기재되어 있다 하더라도 이를 당사자 사이의 합의에 따른 특약으로 볼 수 없으며, 선하증권 이면약관은 부동인쇄문자(printed)에 불과하므로, 헤이그-비스비 규칙 제4조 제4항[34]의 규정에 따라 부당한 이로(unreasonable deviation)에 해당한다.[35] 따라서 선하증권 이면약관상 갑판적 자유재량권 조항은 헤이그비스비 규칙 제3조 제8항[36]에 의하여 그 효력이 없다고 판시하였다. 이러한 미국법원의 판단은 지속적으로 선하증권 이면약관 갑판적 자유재량권 조항의 효력을 원칙적으로 인정하지 않는 입장을 취하고 있다. 그러나 이러한 미국법원의 판단은 컨테이너 전용선을 사용함으로 인한 화물의 갑판적 사건에서 달리하고 있다. The Mormacvega 사건[37]에서 컨테이너 전용선은 컨테이너 화물만을 운송하도록 건조되었으며, 비록 컨

---

32) 김인현, 앞의 책, 17쪽.

33) Johns N.F. Shipping Corp. v. S.A. Companhia Geral Comm. 263 U.S.119, 1923 A.M.C.1131.

34) "해상에서의 인명 혹은 재산의 구조 또는 구조의 기도를 위한 이로 또는 상당한 이유가 있는 이로는 이 협약 또는 운송계약에 대한 위반으로 보지 않으며, 운송인은 그 결과로 생기는 멸실·훼손에 대하여 책임을 지지 않는다."

35) 영국법상의 이로(deviation)의 개념은 항로의 변경, 정박항의 변경 및 기항순서의 변경 등 지리적 이탈만을 의미하지만, 미국법상 이로의 개념은 지리적 개념 이외의 계약의 이행에 관한 중대한 위반행위인 이로(deviation)를 포함 함.

36) "운송계약의 모든 조항, 약관 또는 합의로서 운송인 또는 선박에 대해서 부주의, 과실 또는 이 조에서 규정한 책임과 의무의 불이행에 의해서 물건의 멸실·훼손에 대한 책임을 면제하거나 또는 그 책임을 이 조의 규정에 반하여 경감하는 것은 무효로 된다."

37) Du pont de nemours International v. S.S. Monrmacvega, 493 F. 2d, 〔1974〕 1 Lloyd's Rep. 296(2nd Cir. 1974).

테이너 화물이 컨테이너선에 갑판적되고 무하자 선하증권이 발행되었다 하더라도 이러한 컨테이너 전용선의 화물 갑판적 운송은 관행에 속하므로, 헤이그 및 헤이그-비스비 규칙상 부당한 이로에 해당하지 않는다고 판시하였다. 이는 컨테이너 전용선의 컨테이너 화물의 갑판적을 인정하고 있음을 의미한다.[38]

(3) 기존 대법원의 입장

우리 대법원[39]의 판결을 살펴보면 2004다27082 사건에서 피고 1, 2의 선하증권 표면에는 화물을 갑판적 운송한다는 유보문구가 기재돼 있지 않았고, 피고 2가 발행한 마스터 선하증권 이면약관에 갑판적 자유재량권 조항을 존재하였는데 제15조에" 갑판적: (1) 운송인은 컨테이너 화물을 선창 이외에 갑판 위에 선적할 권리가 있다. (2) 화물이 갑판적 운송될 때, 운송인은 선하증권 표면에 이를 기록할 필요가 없다."명시되어 있었다. 이와 관련하여 피고들은 포장당 책임제한이 원용되어야 함을 항변하였으나, 법원은 해당 화물이 로봇으로 정밀하고 예민하여, 만약 해당 화물을 갑판적하여 운송할 경우 바람, 파도, 비, 해풍이나 극심한 온도변화에 의해 해당 화물의 성능이나 품질에 영향을 미칠 위험이 크며, 갑판적 화물이 손상된 경우 이를 공동해손액에 산입되지 않는 점을 고려하면 당사자 사이의 갑판적 약정이 없거나, 이러한 내용이 선하증권 표면에 기재됨이 없이 화물을 갑판적 운송한 것은 무모한 행위에 해당하므로 피고의 포장당 책임제한 주장을 배척하였다. 이러한 법원의 판결을 정리하면, 첫째 당사자 사이에 화물의 갑판적 운송에 합의가 있다면 이를 선하증권 표면에 기재하여야 하며, 둘째 선하증권의 앞면 사본에 갑판적 운송에 대한 기재가 없는 한 운송인과 화주 사이에 갑판적 합의가 있었다고 볼 수 없다. 마지막으로 상법 제797조 제1항 단서 규정에 따라 다만 운송인이 자신의 고의 또는 무모한 작위 또는 부작위에 의해 손해가 발생하였다면 책임제한을 원용할 수 없는데, 당사자 사이의 갑판적 합의나 선하증권상의 표시 없이 화

38) 조종주, "갑판적 화물운송에 대한 운송인의 책임과 보험담보", 국제상학 제19권 제1호, 2004, 210쪽.

39) 대법원 2006. 10. 26. 선고 2004다27082 판결.

물을 갑판적 운송하였다면 책임제한을 인정할 수 없다고 판시하였다. 그러나 2017년 화물의 갑판적 운송과 관련된 최근 판결[40]에서는 앞선 판결과 달리 선하증권 이면약관 상 갑판적 자유재량권 조항이 있고, 화물의 특성상 반드시 갑판이 아닌 선창 내에 적재되어야 할 필요성이 없는 경우, 그리고 화주측이 피고인 운송인에게 화물을 선창 내에 적재할 것을 특별히 지시하였다는 사정이 없다는 점 등을 고려하여 운송인의 과실을 인정할 수 없다고 판시 하였다. 이러한 대법원의 최근 판결은 선하증권 이면약관상의 갑판적 자유재량권 조항의 유무, 화물의 성질 및 화주의 관여 등 여러 사정을 감안하여 기존 법원의 견해를 수정한 것으로 보인다. 따라서 갑판적 이면약관에도 불구하고, 화물을 선창적 할 특별한 이유가 있는 경우 및 화주가 특별히 선창적을 지시한 경우 등은 예외로 보았다. 단, 이러한 경우 화주는 위 특별한 사정의 입증책임을 부담한다.

5. 대상판결의 검토

대상판결의 주요 쟁점이 되는 것은 선하증권 이면약관상의 갑판적 자유재량권을 기재한 조항의 해석과 관련하여 이를 당사자 사이의 특약, 즉 합의로 볼 것인가 아닌가에 있다. 이를 당사자 사이의 합의된 특약으로 볼 경우, 운송인은 헤이그-비스비 규칙상의 책임제한 및 면책의 항변권을 원용할 수 있을 것이다. 이러한 선하증권 이면약관상의 갑판적 자유재량권 조항에 대한 영국 법원의 판례 경향을 살펴보면 도움이 될 것이다. 첫 번째 1993년 The Danah 사건[41]이다. 동 사건은 네덜란드 해안에 정기용선에 의해 항해 중이던 선박에서 갑판적 되어 있던 수개의 컨테이너가 유실되었고, 이에 따라 용선자는 중재를 통해 선박소유자에게 손해배상을 청구하였다. 용선계약서에는 갑판적 자유재량권 조항(Deck Clause)이 기재되어 있었고, 이에 따르면 "갑판적된 화물은 화주의 위험과 책임에 의한다."라고 규정되어 있었다. 본 사건에 대해 재판

40) 대법원 2017. 10. 26. 선고 2016다227663판결.
41) The Danah 〔1993〕 1 Lloyd's Rep. 351.

부는 갑판적 자유재량권 조항에 따라 갑판적된 화물에 발생한 멸실 또는 훼손에 대한 책임은 운송인이 아닌 화주 즉 용선자에게 있다고 판시하여 운송인인 선박소유자의 면책을 인정하였다. 두 번째 사건은 1999년 The Imvros 사건[42]이다. 정기 용선계약서 제91조에 갑판적 자유재량권 조항이 규정되어 있었으며, 그 내용은 "용선자는 선박의 갑판에 화물의 적부를 허용하며, 선박은 갑판적된 화물이 그것이 무엇이든 또는 어떠한 원인에 의해 발생할 멸실 또는 훼손이든 면책된다."라고 명시되어 있었다. 당시 선박 Imvros는 화물의 일부가 갑판적 되었고, 나머지는 선창적되어 브라질에서 남아프리카 공화국 더반(Durban), 태국방콕 코시창(Kohsichang), 그리고 필리핀 마닐라(Manila)까지 운송하기로 계약되었다. 그리고 화물의 선적과 적부는 용선자의 책임하에 이행되었으며, 화물의 고박은 선원에 의해 실시되었다. 더반으로 항해 중 갑판적되어 있던 화물 일부가 유실되고 선박도 손상을 입었다. 이에 따라 중재재판이 제기되었고, 중재 재판관은 화물의 손실은 부적절한 고박에 의해 발생한 것이므로 이에 대한 책임은 용선자에게 있다고 판시하였다. 이에 대해 화주는 갑판적 자유재량권에 명시된 선박소유자 즉 운송인의 면책규정이 불명확하다는 이유로 항소하였으나 법원은 갑판적 자유재량권 조항을 근거로 선박소유자는 책임이 없다고 판결하였다. 또한 영국의 대법원은 Photo Production 사건[43]에서 "계약의 위반이 있는 경우에 그 계약의 위반이 근본적인 것이든 아니든 불문하고 계약당사자들의 지위를 고려하여 계약상의 면책조항을 박탈하는 법원칙은 존재하지 않으며, 계약의 내용은 고려하지도 않고 면책조항의 효력을 박탈하는 법원칙도 존재하지 않는다. 왜냐하면 계약당사자들은 그 선택에 따라 책임을 제외시키거나 조정할 자유가 있으며, 계약의 근본적인 위반이 있거나 기타의 위반이 있을 때 면책조항을 적용할 것인지 여부는 면책조항을 포함한 계약전체의 구조상의 문제이다."라는 요지로 판결함으로써, 선하증권 이면약관상 갑판적 자유재량권 조항의 법적 효력을 인정하고 있다. 이러한 일련의 영국 판례의 경향을 정리하면, 선하증권 이면약관상의 규정이든 용선계약서상의 규정이든 운송인 또는 선박소유자의 책임을 면책한다는 규정이 존

42) The Imvros 〔1999〕 1 Lloyd's Rep. 848.
43) Photo Production Ltd. v. Securicor Transport (1980) A. C. 827; Lloyd's L. Rep. 〔1980〕 1, 545.

재한다면 이는 당사자 사이의 특약으로서의 효력을 갖는다고 판시하고 있다. 따라서 대상판결에 대한 법원의 판단은 기존 갑판적 화물에 대한 분쟁 판결의 사례를 따르고 있다 할 것이다. 아울러 해상운송의 선박의 대형화 및 운송 화물 수량의 대량화를 감안한다면, 당사자 사이의 화물의 갑판적에 대한 합의가 명시적으로 있어야 하고, 또한 이를 선하증권 표면에 기재하여야 화물의 갑판적 운송이 허용된다는 취지의 견해 및 기존 판결은 현재 시점의 시대적 상황을 반영하기에는 부족하다 할 것이다. 따라서 본 사건에 대한 법원의 판단은 타당한 결론이라고 생각한다.

Ⅳ. 맺음말

화물의 안전한 운송은 해상운송계약에 있어 가장 중요한 목적 중 하나이다. 이를 위해 화주의 입장에서는 화물이 갑판적이 아닌 선창적으로 운송되길 바란다. 왜냐하면 화물이 갑판적으로 운송될 경우 화물의 파손, 분실 및 도난, 그리고 눈·비·해수침입 등으로 화물이 선창적되어 운송될 경우보다 위험성이 높아지기 때문이다. 그러나 운송인의 입장에서 볼 때 선박의 안전 운항 및 운송의 효율성을 위해서 화물의 갑판적 운송을 선호하고 있다. 또한 컨테이너 전용선의 등장 및 선박이 대형화·고속화됨에 따라 화물의 갑판적 운송이 더욱 요구되고 있으며, 당연한 것으로 받아들여지고 있는 실정이다. 그러나 현재까지 대부분의 국가는 화물의 갑판적 운송을 허용하는 법률을 규정하고 있지 않으며, 국제협약인 헤이그, 헤이그-비스비 규칙에 따르더라도 갑판적 운송되는 화물은 규칙상 화물의 대상에서 제외시키고 있다. 그로인해 운송인은 헤이그, 헤이그-비스비 규칙상 책임제한 및 면책을 원용할 수 없다. 이러한 실무상·법리상의 문제를 회피하기 위해 운송인은 선하증권 이면약관상에 갑판적 자유재량권 조항을 두어 이를 근거로 갑판적 화물이 멸실 또는 훼손되어 손해가 발생하더라도 자신의 책임을 면책하고자 한다. 따라서 선하증권 이면약관에 기재된 약관은 부합계약 성질을 갖고 있으며, 또한 추정적 효력을 갖는다고 볼 것이다. 그러나 선하증권 이면약관의 법적 효력과 관련하여 이를 당사자의 합의로 볼 수 있는가에 대하여는 다툼이 있다. 특히 미국은 이로 또는 준이로의 법리에 따라 선하증권 표면에 화물의 갑판적 운송이 기재되지 않은 경우에는 선하증권 이면약관상의 갑판적 자유재량권 조항을 근거로 한 운송인의 면책을 허용하지 않는다. 마찬가지로 대상판결 역시 선하증권 이면약관상(용선계약상의 관련 조항 포함)의 갑판적 자유재량권 조항에 따라 화물의 갑판적 운송으로 인해 발생한 손해에 대해 운송인은 면책될 수 있는가에 대한 다툼이다. 이에 대해 법원은 이 사건 선하증권 이면약관에 기재된 특별 규정 즉 갑판적 자유 재량권 조항"(of which 70 packages as per attached list loaded on deck at shipper's and/or consignee's and/or receiver's risk; the carrier and/or Owners and/or Vessel being not responsible for loss or damage howsoever arising)"은 당사자 사이의 특약으로서 운송인은 화물 손해에 대해 책임이 없음을 판시하였다. 이러한 법원의 결정은 영국 법원이 선하증권 이면약관상 갑판적 자유재량권과 관련된 분쟁에서 지속적으로 지쳐왔던 견해를 유지한 것으로 보인다. 즉 1993년 The Danah 사건, 1999년 The Imvros 사건 및 1980년 Photo Production 사건에서 갑판적 자유재량권 조항을 당사자 사이의 특약으로 해석하여 운송인의 책임을 면책하였다. 이러한 영국법원의 견해는 선하증권의 문헌증권성, 함부르크 규칙 및 로테르담 규칙의 갑판적 규정 그리고 컨테이너 전용선의 등장을 감안할 때 타당한 결론이라고 생각한다.

참고문헌

1. 김동훈, “개정 해상법상 선주책임제한채권의 상실사유”, 한국해법학회지 제29권 제2호.
2. 김인현, 「해상법 제6판」, 서울 : 법문사, 2020.
3. 김의석, “입증책임의 관점에서 본 선하증권 약관의 선하증권 소지인에 대한 효력과 제한방법”, 한국해법학회지 제43 제1호, 2021.
4. 류중원, “국제해상운송에서 갑판적과 책임제한의 배제”, 법조 9(Vol. 636), 2009.
5. 박세민, 「보험법 제5판」, 박영사, 2019.
6. 송상현, 「해상법원론」, 박영사, 2005.
7. 송채헌 · 박종은, “갑판적 운송화물에 대한 국제물류운송인의 손해배상책임에 관한 연구”, 물류학회지 제19권, 2009.
8. 심재두, “선하증권의 기능(1) – 영수증으로서의 선하증권”, 해양한국 제244호, 1994.
9. 유록상, “Hague Rule상의 갑판적 화물의 지위”, 한국해법학회지 Vol.10, 1988.
10. 윤배경, “상법 제726조 본문단서상의 선박소유자 등의 주관적 책임제한 조각사유의 해석에 관한 소고”, 한국해법학회지 제18권 제2호, 1996.
11. 이상협, “선하증권 이면약관에 관한 연구”, 고려대학교 박사학위논문, 2021.
12. 장경완, “Flat－Rack 컨테이너 화물에 대한 화물배상책임보험약관상의 갑판적 면책조항의 적용여부”, 보험법연구 제3권 제2호, 2009.
13. 정영석, “미국법에서 갑판적 화물의 손상에 대한 책임 법리와 갑판적 허용 조항의 효력에 관한 연구”, 한국해사법학회 법학연구 제4호, 1992.
14. 정완용, 「상법강의 하」, 박문사, 1996.
15. 조종주, “갑판적 화물운송에 대한 운송인의 책임과 보험담보”, 국제상학 제19권 제1호, 2004.
16. 최두수, “선하증권의 문언증권성에 관한 연구”, 인제논집 제26권 제1호, 2011.
17. 최종현, 「해상법상론 제2판」, 서울 : 박영사, 2014.
18. 한낙현, “해상보험계약에 있어서 화물갑판적재의 효과에 관한 고찰”, 해상 · 보험연구 제4호, 해상 · 보험연구회, 2004.
19. James B. Wooder, Deck Cargo: Old and New Law, Journal of Maritime Law and Commerce, Vol. 22, 1991.

20. R. Glenn Bauer, Deck Cargo: Pitfalls to Avoid Under American Law in Clausing Your Bill of Lading, Journal of Maritime Law and Commerce, Vol.22, No.2. 1991.

21. Scrutton, Charterparties and Bills of Lading 19th Ed, 1984.

22. William Tetly, Marine Cargo Claims 2nd Ed, 1978.

23. Willson, D. J. & Cooke, J. H. S., Lowndes and Rudolf－The Law of General Average and the York－Antwerp Rules, 12th ed., Sweet & Maxwell, 1997.

제 3 장

해사전문법원제도의 법적 쟁점

해사전문법원의 설립 및 관할권에 관한 연구*

김 인 유

Ⅰ. 서 론

3면이 바다로 둘러싸인 자연 지리적 여건으로 교역이 발달한 우리나라는 컨테이너 물동량 세계 4위, 보유 선박수 세계 5위 등 세계 10위권의 해양강국이다. 이러한 해양강국으로서 자리매김한 국제적 위상과는 달리 해사분쟁기구로서 전문법원 하나가 없다는 사실은 해양강국으로서의 지위를 초라하게 만들고 만다. 따라서 대부분의 해사분쟁은 관행적으로 영국법을 준거법으로 하거나 영국법원을 국제재판관할권으로 하고 있었다. 심지어는 이해당사자가 내국인간의 법률분쟁임에도 영국법을 준거법으로 하는 경우도 있다. 해사분쟁에 대한 전문기구 및 전문인력의 미비로 대부분의 해사관련 분쟁은 외국의 중재제도나 외국의 재판제도에 의존해 왔던 것임은 누구도 부인하기 어려운 현실이다. 이러한 현실을 감안하여 해사관련 분쟁에 대하여 해양강국에 걸맞는 위상을 가져오자는 것이 이 연구의 출발점이고, 그 해결점이 바로 해사전문법원을 설치하는 것이다.

해사전문법원을 설치하여 해사에 대한 전문성을 갖춘 법관들이 국내에서 신속하고 적정·공평하게 나아가 소송경제에도 기여함으로써 소송법제의 이념을 구현할 수 있다. 해사전문법원의 국내 설치는 막대한 소송비용의 국외유출을 방지하고 해사소송 전문인력을 배치함으로써 전문성을 강화하고 신속하고 공정한 재판을 가능하게 해 준다. 소송비용의 역외유출 방지 및 해외 해사사건의 국내유치를 위해 다양한 해사분쟁을 관할하는 해사전문법원의 설치 필요성이 꾸준히 제기되어 왔고, 학계 및 실무계의 논의뿐만이 아니라 최근에

* 이 논문은 「법학연구」 제22권 제2호(2022.6. 통권 제86호)에 게재된 내용을 수정·보완하여 작성한 것임.

는 국회에서도 해사전문법원 설치를 위한 의원입법안이 수차례 발의되었다.[1)]

해사소송은 다른 나라와의 관련성, 즉 섭외성을 띠고 있고, 특수한 영역으로서 분쟁의 태양도 다양하고 고도의 전문성을 요구한다. 이러한 해사사건의 특수성에 터잡은 수요에 부응하기 위해서는 독립된 전문법원으로서의 해사법원의 설치만이 유일한 대안이다. 외국과의 관련성이 있는 특수하고 다양한 해사사건은 전문성을 바탕으로 신속하고 공평한 재판을 수행하는 것이야말로 해사소송의 효율성도 담보하는 길이다.

또한 대외적 여건, 즉 중국, 홍콩, 싱가포르 등은 해사법원 또는 해사전문판사 제도를 두어 해사 관련 분쟁을 신속하고 효율적으로 처리함으로써, 새로운 해사 관련 분쟁해결의 중심지로 부상하고 있는 측면도 고려하여야 한다.

이하에서는 해사전문법원 설립이라는 목적을 달성하기 위하여 우선 현재 서울고등법원·서울중앙지방법원 및 부산고등법원·부산지방법원에 해사전문재판부가 설치되어 있으므로 이 해사전문재판부와의 장단점을 비교함으로써 해사전문법원 설치 타당성을 검토한다. 이를 토대로 해사전문법원을 설치하는 경우에 그 심급을 어떻게 할 것인지, 토지관할을 어떻게 할 것인지를 검토한다. 마지막으로 해사전문법원의 구체적 설립안을 제시하는 순으로 논의를 전개한다.

1) 해사전문법원설치와 관련하여 그 간의 논의로는 김인현, "한국 해사법정 및 한국 준거법 활용현황과 그 활성화 방안", 한국해법학회지 제34권 제1호, 2012.4. ; 김인현, "한국해사법정·중재제도 도입에 관한 연구", 한국해법학회지 제37권 제2호, 2015.11. ; 김동훈·최석윤, "해사법원의 설립과 형사관할권", 해사법연구 제30권 제2호, 2018.7. ; 박문학, "해사법원과 부산지방변호사회 해사법원설치추진특별위원회 활동", 부산법조 제34집, 부산지방변호사회, 2017.1.31. ; 박문학, "해양지식산업 선도를 위한 해사법원 부산 설립 방안", 국회의원회관 제9간담회실, 2019.12.5. ; 이정원, "해사법원 설치의 전제조건에 관한 고찰", 판례연구 제29집, 부산판례연구회, 2018.2. ; 송순애, "한국 해사법원 설립에 관한 법적 연구 – 중국 해사법원의 운영을 통해서 본 한국 해사법원 설립시 전속관할권을 중심으로 –", 동아대 박사학위논문, 2018.6. ; 부산지방변호사회, "우리나라 해사법원 설립방안 연구용역 보고서", 부산지방변호사회(한국해양대학교 산학협력단 용역 수행), 2011.12. ; 부산발전연구원, 「해사전문법원 설립 및 유치방안」, 2017.5.11. ; 사법정책연구원, 「해사법원 설치에 관한 연구」, 2021.10. ; 국회의원 이병석(주최), "해사법원 설치를 위한 공청회", 국회의원회관 제1소회의실, 2015.11.30. ; 국회의원 유기준·김해영·윤상직(주최), "해사법원 부산설립을 위한 학술세미나", 국회의원회관 제9간담회실, 2017.11.22. 등이 있다. 한편 의원입법안으로서는 제20대 국회에 4건, 제21대 국회에도 이미 4건이 제출되었다.

II. 해사전문법원 설립 타당성 및 해사전문법원의 모델

1. 서 설

해사관련 분쟁이라 함은 해상운송계약, 선박충돌 및 유류오염으로 인한 손해배상, 해상보험, 선박에 대한 강제집행, 해난구조, 공동해손 등 선박과 해사·해상에 관련된 분쟁을 말한다. 다만 그 범위를 해양관련 형사·행정영역으로 더 확대할 수도 있고, 민사영역에 한정할 수도 있다. 해사관련 분쟁의 특수성과 전문성에도 불구하고 기존에 해사관련 전문법관에 의한 전문법원에서의 재판이 아니라 일반 지방법원 등에서 전문적인 해사관련 지식 및 경험이 부족한 재판부가 담당해 왔다. 이러한 판결은 해사소송 당사자들의 신뢰를 저해하고 법원의 불신으로 이어졌다. 그 결과 종래 해사관련 사건은 영국 등 해외로 법정지를 정했고, 막대한 소송비용의 국외유출을 초래하게 되었던 것이다.

따라서 국내에서도 해사전문법원의 설치의 필요성에 대해서는 학계는 물론이고 국회차원에서도 의원입법안이 수차례 제출되는 등 논의가 활발하였다.

해사전문법원의 설치를 통한 해사법률 서비스의 제공은 해양금융, 해운거래·중개, 선박관리 등 해양 지식서비스 산업의 발전을 선도하고, 해양산업 경쟁력 확보를 통한 국가경제에 기여한다. 나아가 해사법원의 설립과 운영을 통한 해사분쟁에 대한 공정성·신속성·전문성을 확보함으로써 고도의 사법서비스 제공 및 국민의 사법에 대한 신뢰도를 향상시키고, 전문화된 법관·법원에 의한 신속·정확한 판결은 해사관련 판례 축적 및 해양강국으로서 입지를 강화하고 세계 해사법률서비스 시장에 영향력을 높여감과 동시에 해외유출 해사사건을 국내로 유턴하게 함으로써 국부유출 방지에도 기여함은 자명하고, 심지어는 한국의 해사전문법원의 신뢰도 구축으로 제3국간의 사건도 한국의 해사전문법원에서 처리되어 소송비용의 유입도 기대된다.

이러한 해사전문법원의 설치의 필요성 및 여러 장점들이 있음에도 불구하고, 해사전문법원의 설치에 따른 인적·물적비용이 많이 소요된다는 이유로 해사전문법원의 설치는 번번이 외면당해 왔다. 그 대안으로서 해사전문법원 설치 외에 특성화법원 도입 및 전문재판부의 구성·운영을 강화하는 등의 전문성 확보방안에 대해 논의되기도 했다. 그렇다면 과연 해사전문법원의 설치가 대안인지, 아니면 특성화법원이나 전문재판부의 운영으로도 가능한 것인지를 검토해 볼 필요가 있다. 따라서 이하에서는 제19대 국회에 발의되었던 특성화 법원의 장단점 및 전문재판부의 운영에 따른 장단점을 비교 검토한다.

2. 특성화 법원

(1) 특성화 법원

특성화 법원은 전문법원과 전문재판부의 중간 단계로서, 특정 전문분야 사건의 관할을 특정 법원에 집중(선택적 중복관할 인정)시켜 전문성 축적을 통한 법원과 법관의 고도의 전문화를 촉진하자는 취지에서 인정하는 법원을 말한다.[2)]

19대 국회에서 특성화 법원의 근거를 두기 위해 민사소송법 일부개정법률안이 국회에 제출되었던 것이다. 사회가 급속하게 변화함에 따라 난이도가 높고 쟁점이 많은 사건이 늘어나고 있어 전문적인 지식과 경험을 갖춘 전문가들의 사법 참여 방안을 마련할 필요성이 커지고 있기에, 소송당사자에게 보다 신속하고 공정하며 전문적인 분쟁해결을 보장하여 권리 구제의 실효성 제고를 위하여 '특성화 법원'을 운영할 수 있도록 하게 함으로써 재판의 전문성과 신뢰성을 향상시키고 국민의 재판받을 권리를 더욱 충실히 보장하려는 것임을 그 제안이유로 들고 있었다.[3)]

그 주요 내용은 지식재산권과 국제거래 뿐만 아니라 언론·증권·해사에 관한

2) 특성화 법원은 대법원 사실심 충실화 사법제도개선위원회 제6차 회의(2015.6.18.)에서 특성화 법원 제도 도입 건의를 의결하였고, 우윤근 새정치민주연합 의원 등 13인이 2015년 11월 17일 특성화법원의 도입을 위한 민사소송법 일부 개정법률안을 발의하여 법제사법위원회에 회부되었던 내용이다. 전문분야별 특성화법원은 국제거래(서울중앙지방법원), 증권(서울남부지방법원), 언론(서울서부지방법원), 해사(부산지방법원) 등이다.

3) 법제사법위원회, 민사소송법 일부개정법률안 검토보고, 2015.12, 1쪽(출처 : 의안정보시스템(https://likms.assembly.go.kr/bill/main.do) 의안검색에서 19대(2012–2016) 국회로 검색함).

소도 관할을 집중시켜 특성화법원을 운영할 수 있도록 하는 내용(안 제24조의 2 신설)과 언론·증권·해사에 관한 사건의 효율적·전문적 처리를 위해 특성화법원으로 이송할 수 있는 규정(안 제36조제1항)을 마련하는 것이었지만, 제19대 국회 회기 만료에 따라 자동 폐기되었다.

[표 1] 민사소송법 일부개정법률안 신구 대비표

현행	개정안
<신 설>	제24조의2(언론, 증권, 해사에 관한 특별재판적) 언론, 증권 및 해사에 관한 소를 제기하는 경우에는 대법원규칙으로 정하는 바에 따라 제2조부터 제23조까지의 규정에 따른 관할법원 소재지를 관할하는 고등법원이 있는 곳의 지방법원에 제기할 수 있다.
제36조(지식재산권 등에 관한 소송의 이송) ①법원은 특허권등을 제외한 지식재산권과 국제거래에 관한 소가 제기된 경우 직권 또는 당사자의 신청에 따른 결정으로 그 소송의 전부 또는 일부를 제24조제1항의 규정에 따른 관할법원에 이송할 수 있다. 다만, 이로 인하여 소송절차를 현저하게 지연시키는 경우에는 그러하지 아니하다.	제36조(지식재산권 등에 관한 소송의 이송) ① ---특허권등을 제외한 지식재산권, 국제거래, 언론, 증권 및 해사---- -------------------- -------------------- ---------------제24조제1항 및 제24조의2 ------------ -------------------- -------------------- -------------------- --------------------

(2) 특성화 법원에 대한 검토

개정안은 언론, 증권 및 해사 등 전문분야에 관한 사건에 대해서는 관할법원 소재지를 관할하는 고등법원이 있는 곳의 지방법원 중 대법원 규칙으로 정하는 법원에 중복관할을 인정하려는 것이고, 또한 사건의 효율적·전문적 처리를 위해 중복관할 법원에 사건을 이송할 수 있도록 함으로써 관할을 집중시키고 특성화법원을 운영할 수 있는 근거를 마련하고 있다. 이에 따라 법원행정처에서는 대법원규칙으로 언론 분야는 '서울서부지법', 증권 분야는 '서울남부지법', 해사 분야는 '부산지법'을 특성화법원으로 지정·운영할 계획을 가지

고 있었다고 한다.[4)]

특성화법원으로 운영되고 있는 지식재산권과 국제거래에 관한 소와 마찬가지로 전문분야인 언론·증권·해사에 관한 소의 관할을 집중시킴으로써 소송당사자는 더욱 신속하고 공정하게 전문적인 분쟁해결을 보장받을 수 있다는 점에서 그 입법취지는 인정되지만, 다음과 같은 점에서 논의가 필요하다는 검토의견을 법제사법위원회에서 제시하였다.[5)]

첫째, 개정안은 '언론, 증권, 해사'에 관한 소의 관할이 집중되는 법원을 정하는데 있어 대법원규칙에 위임하고 있는데, 국민의 재판청구권의 행사에 직결되는 관할에 관한 사항을 법률에서 직접 규정하지 않고 대법원규칙에서 정하도록 하는 것은 법치국가의 원리에 반하고, 헌법 제75조 등의 포괄위임입법금지의 원칙에도 위배될 소지가 있다. 이러한 이유로 현재 법률에서 대법원규칙으로 관할을 정하도록 위임하고 있는 경우는 없다는 점에서 법률에서 관할법원을 특정할 필요가 있다.

둘째, 개정안에서는 법원이 재량으로 관할을 특성화법원으로 이송할 수 있도록 하고 있다. 그 결과 전문분야 관련 소송은 특성화법원으로 집중될 것으로 예상되어 특성화법원 소재 외에 거주하는 주민의 사법접근권이 제약되어 불편이 야기될 수 있다.

셋째, 전문역량 강화를 통한 신속하고 효율적인 권리구제 필요성은 민사사건뿐만 아니라 형사사건에도 공통으로 인정된다는 점에서 조세·금융, 정보통신 등 형사사건에서의 관할 집중도 함께 논의하는 방안도 고려할 수 있다는 점 등에서 검토의 필요성이 법제사법위원회에서 언급되었다.

해사 등 전문분야에 대한 전문적인 지식과 경험을 갖춘 법관에 의한 재판은 소송당사자에게 보다 신속하고 공정한 분쟁해결을 보장하여 권리 구제의 실효성을 제고하고 재판의 전문성과 신뢰성을 확보하여 효율적인 사법서비스의 제공이라는 취지에서는 이해가 가지만, 해사사건에 관해서는 독립된 전문법원의 설치에 대한 요구가 끊임없이 제기되고 있는 상황에서 전문법원 설치에 관한 논의는 접어두고, 법률개정을 통한 특성화 법원 도입 추진은 시의적절하지

---

4) 법제사법위원회, 앞의 검토보고, 4쪽.
5) 법제사법위원회, 앞의 검토보고, 5~6쪽에서 재인용함.

않았을 뿐만 아니라 국민의 재판청구권의 침해 및 포괄위임입법금지의 원칙에도 위배하는 등 졸속입법의 소지가 다분하였다.

또한 도입하자는 특성화 법원도 각 고등법원이 있는 곳의 지방법원 중 대법원 규칙으로 정(예컨대 해사사건은 부산지방법원)하는 법원에 중복관할을 인정하자는 것이었다. 이는 전문법원의 설치와 같이 전속관할을 인정하는 것이 아니라 해사사건은 부산지방법원에 중복관할을 인정하고, 다른 지역의 지방법원에 제기된 사건을 특성화 법원으로 이송하는 절차를 거쳐야 하므로 소송절차의 지연이라는 문제점도 내포하고 있었다.

3. 전문재판부의 운영 및 장단점

(1) 전문재판부의 운영

현재 우리나라의 지방법원, 고등법원 등 하급심에는 신청부(민사집행부)·파산부·건설부·교통사고부·산재부·노동부·의료부·지식재산권부·국제거래 및 상사부·소액단독부 등 전문재판부를 두고 있다.[6)]

특히 해사 관련 전문재판부의 운영현황을 살펴보면 다음과 같다. 즉 서울고등법원에서 국제거래 및 해사사건 전문재판부(19−1, 19−2, 19−3민사부), 서울중앙지방법원에서 국제거래 및 해사사건 전문재판부(민사합의부는 제20민사부와 제46민사부가, 민사단독은 제203민사단독)를 각각 운영하고 있고, 지방에서는 부산고등법원에서 해상·국제거래 전문재판부(제6민사부), 부산지방법원 민사합의사건은 언론·의료·기업·환경 사건, 국제거래·해상 전문재판부(제8민사부), 단독사건은 민사4단독에서 각각 운영하고 있다.[7)] 그렇다면 전문재판부의 운영은 제대로 운영되고 있는지, 나아가 전문재판부의 운영이 전문법원을 대체할 수 있는 정도로 역량이 충분한지를 검토한다.

---

6) 이시윤, 제15판 「신민사소송법」, 박영사, 2021, 71쪽.
7) 서울과 부산의 전문재판부에서만 해사·해상사건을 취급하는 것은 아니며, 인천과 기타 지방법원을 통하여도 사건이 접수되고 있다.

(2) 해사전문재판부에 대한 검토

해사사건의 경우 서울과 부산 고등법원 및 지방법원에서 전문재판부 운영하고 있지만, 서울의 경우 국제거래와 해사사건을 묶어서 처리하고 있고, 부산의 경우도 국제거래사건과 묶어서 전문재판부 운영하고 있다. 서울의 경우 국제거래사건을 포함하고 있는데, 국제거래사건과 해상사건을 구분하는 것이 어려울 뿐 아니라 사건 수의 측면을 고려하면 그러한 운영은 수긍이 가지만, 부산의 경우 특히 부산지방법원의 경우에는 언론·의료·기업·환경 등을 함께 처리하고 있기에 해사사건만을 취급하는 해사전문재판부라고 부르기에는 한계가 있다. 또한 현재의 전문재판부는 실질적인 해사사건 배당의 문제와 담당법관의 순환보직근무제 및 해사사건만을 전담하는 것도 아니라는 점 등에서 전문성과 효율성이 떨어진다는 문제점이 있다.

4. 전문법원의 유형 및 해사전문법원의 모델

(1) 전문법원의 유형

법원조직법상 법원은 대법원, 고등법원, 특허법원, 지방법원, 가정법원, 행정법원, 회생법원으로 7종류를 규정하고 있고(제3조), 이 중에서 전문법원은 특허법원, 가정법원, 행정법원, 회생법원 4종류를 말한다. 전문법원의 설치 근거는 법원조직법 및 각급 법원의 설치와 관할구역에 관한 법률에 근거한다.

1) 특허법원

특허법원은 특허소송을 전담하는 고등법원급의 전문법원으로 대전광역시 서구 둔산동에 위치하고 있으며, 특허법원의 토지관할은 전국이다. 따라서 특허심판원의 심결 또는 결정에 대한 불복의 소와 특허권 등의 침해사건 1심 판결에 대한 불복의 소는 당사자의 주소가 어느 곳이든 묻지 않고 특허법원에 제기하여야 한다.

특허심판원의 심결 또는 결정에 대한 불복의 소를 전속적으로 관할하며, 특허법원의 판결에 대하여 불복이 있는 경우에는 대법원에 상고하여 2심제로 운영하고 있다. 다만 2016. 1. 1.부터는 특허권 등 침해사건의 항소심 사건도 특허법원이 관할하게 됨에 따라 특허권 등 침해사건은 지방법원 합의부(서울중앙, 부산, 대구, 광주, 대전지방법원) → 특허법원(항소심) → 대법원으로 이어지는 3심제로 운영하고 있다.

2) 가정법원

가정법원은 소년 재판·이혼 재판 등을 담당하는 가사·소년사건 전문법원이다. 설립취지는 소년보호를 실효성 있게 하기 위해서는 우선 가정환경부터 조정할 필요가 있고, 가사에 관한 사건과 소년에 관한 사건을 전문적으로 취급하는 기관의 설립이 바람직하다는 데 있으며, 소년범죄자·소년우범자에 대하여는 성인과는 달리 선도적 조처가 필요하며, 친족·혼인·가족관계 등에서 발생하는 여러 가지 사건은 일반 소송절차와는 달리 비공개원칙·조정심판원칙 등 특별절차로써 처리하는 것이 보다 바람직하다는 점에 있다.

가정법원은 지방법원과 동급의 법원으로서 토지관할 및 심급관할은 지방법원의 경우와 크게 다르지 않다.

3) 행정법원

행정법원은 행정소송법에서 정한 행정사건과 다른 법률에 따라 행정법원의 권한에 속하는 사건을 제1심으로 심판하기 위하여 서울에 행정법원을 설치하였다. 종래 2심제를 3심제로(행정법원, 고등법원, 대법원)하면서 서울행정법원을 설치하여 행정사건의 1심 사건을 맡도록 하였으며, 서울행정법원의 관할은 서울특별시이다. 다만 행정법원이 설치되지 아니한 지역에서는 행정법원이 설치될 때 까지 지방법원의 본원이 행정법원의 권한에 속하는 사건을 관할한다.

4) 회생법원

회생법원은 회생 및 파산 등 도산사건의 처리에 있어 전문성을 제고하기 위하여 2017. 3.1.부터 서울회생법원이 설치·운영되어 회생사건의 1심을 맡게 되었다. 서울회생법원은 서울특별시 전역을 관할하게 되지만, 서울특별시 이외의 다른 지역의 경우 회생법원이 설치될 때까지 관할 지방법원(본원)이 회생법원으로 간주되어 회생법원의 역할을 하게 된다.

[표 2] 전문법원의 비교

	특허법원 (1981.3.1)	가정법원 (1963.7.31)	행정법원 (1998.3.1)	회생법원 (2017.3.1)
설치지역	대전광역시	전국	서울특별시	서울특별시
전속관할	2심	지방법원과 동	1심	1심
심급	2심 (고등법원급)	지방법원과 동	1심	1심

(2) 해사전문법원의 모델

전문법원 4가지 중에서 해사전문법원은 어느 전문법원 형태를 취할 것인지와 관련하여, 먼저 가정법원은 일반 지방법원과 유사하지만 사건 수를 고려한다면 모든 지방법원에 해사전문법원을 설치하는 것은 어려운 측면이 있다. 특허법원은 고등법원급이며 2심이 전속관할이다. 행정법원과 회생법원은 1심이 전속관할이고, 한 곳에 전문법원을 설치하고 있다. 이러한 각각의 전문법원은 제각기 특색에 맞게 설치 운영되고 있다.

해사사건은 섭외성, 다양성, 특수성, 전문성 등의 특색이 있다. 특히 해사 전문법원의 설치는 해사관련 사건 수가 쟁점인 만큼 해사관련 사건 수의 고려가 매우 중요하다. 해사사건의 수를 감안한다면 전문법원으로서 가정법원의 형태보다는 행정법원이나 회생법원 형태의 전문법원 모델이 고려 대상으로 여겨지고, 다만 2심의 해사전문법원 설치의 경우라면 특허법원의 모델도 고려될 수 있다. 해사사건의 수를 고려한다면 2심의 전문법원 설치는 비용편익차원에서 어려움이 있을 것으로 보인다. 따라서 해사전문법원은 행정법원이나 회생법원의 형태가 타당해 보인다.

Ⅲ. 해사전문법원과 관할권

1. 관할 일반론

(1) 관할의 의의

관할이라 함은 재판권을 행사하는 여러 법원 사이에서 어떤 법원이 어떤 사건을 담당 처리하느냐의 재판권의 분담관계를 정해 놓은 것을 말한다. 결국 관할은 법원에 소를 제기하려는 경우에 어느 법원에 제기하여야 하는가의 문제로서, 각 법원이 행사할 수 있는 재판권의 범위를 의미하는 경우에는 관할권이라고 한다.[8] 여기서의 관할은 국내의 재판관할권을 말하는 것이며, 섭외사건에 대해 어느 국가의 법원이 재판할 수 있는지의 국제재판관할권과는 구별된다.[9]

(2) 전속관할과 임의관할

전속관할은 법정관할(법률에 의하여 직접 정해진 관할) 중에서 고도의 공익적 견지에서 정해진 것으로 오로지 특정법원에만 배타적으로 인정되는 관할을 말한다.[10] 이에 비해 임의관할은 전속관할에 속하지 아니하는 관할을 말하며, 당사자의 합의나 응소에 의해 관할법원을 정할 수 있고 법원도 편의상 다른 법원에 이송할 수 있다.

(3) 사물관할

사물관할은 제1심 소송사건을 다루는 지방법원 단독판사와 지방법원 합의

8) 전병서, 제3판 「민사소송법」, 박영사, 2021, 194쪽.
9) 김연 · 박정기 · 김인유, 제3판 보정판 「국제사법」, 법문사, 2014, 66쪽.
10) 호문혁, 제14판 「민사소송법」, 법문사, 2020, 174쪽 ; 김홍엽, 제10판 「민사소송법」, 박영사, 2021, 69쪽.

부 사이에서 사건의 경중을 표준으로 재판권의 분담관계를 정해 놓은 것을 말한다. 제1심 사건 중 어떤 종류의 사건을 지방법원 단독판사나 시군법원이 담당하고, 나머지를 합의부가 담당하느냐의 문제이다.

단독사건이라 함은 소송목적의 값이 2억원 이하인 사건, 일부손해배상·어음수표·수표 청구사건, 지방법원 합의사건임을 법률로 명시하지 않은 사건(법원조직법 제7조 제4항)을 말하고, 합의사건이라 함은 소송목적의 값이 2억원을 초과한 사건[11], 법률의 규정에 의하여 지방법원 합의부의 권한에 속하는 사건(제32조 제1항)을 말한다.

법원조직법은 제1심소송사건에 대하여 법률에 특별히 규정된 사건(제32조)을 제외하고는 원칙적으로 지방법원 단독판사의 관할이라고 규정하고 있다(제7조 제4항). 그러나 실제로는 제1심 법원으로서 지방법원 합의부를 더 중시하여 지방법원 합의부는 단독판사의 관할에 속하는 경우라도 상당하다고 인정하면 스스로 심판할 수 있고, 판독판사도 그 관할에 속하는 소송에 대하여 상당하다고 인정하는 때에는 지방법원 합의부로 이송할 수 있게 하였다.[12]

(4) 토지관할

토지관할이란 소재지를 달리하는 같은 종류의 법원 사이에 재판권(특히 제1심사건)의 분담관계를 말한다. 즉 제1심 사건을 어느 곳을 관할구역으로 하는 지방법원이 담당처리하느냐는 토지관할에 의해 정해진다.

'각급 법원의 설치와 관할구역에 관한 법률' 제4조에서는 각 법원에 그 직무집행의 지역적 테두리로서 그 관할구역을 정해 놓고 있다.

11) 민사 및 가사소송의 사물관할에 관한 규칙 제2조(지방법원 및 그 지원 합의부의 심판범위) 지방법원 및 지방법원지원의 합의부는 소송목적의 값이 2억원을 초과하는 민사사건 및 민사소송등인지법 제2조 제4항의 규정에 해당하는 민사사건을 제1심으로 심판한다.

12) 이시윤, 앞의 책, 97쪽.

2. 심급관할

(1) 의의

심급관할이란 같은 사건을 심급을 달리하는 법원에서 반복하여 심리·재판받을 수 있도록 함으로써 재판의 적정을 기하고 법령해석의 통일을 꾀하기 위함이다. 따라서 심급제도는 상소제도에 의하여 인정된 것으로서, 하급법원의 재판에 대하여 불복·상소가 있는 경우에 이를 심판할 상급법원을 정하는 관할을 말하며,[13] 현행법은 원칙적으로 3심 제도를 택하고 있다. 즉 1심의 관할법원은 지방법원 단독판사나 지방법원 합의부이며, 지방법원 또는 지방법원지원의 단독판사가 선고한 1심 사건은 그 항소심(2심)이 지방법원 합의부 관할이고, 상고심은 대법원 관할이다. 지방법원 합의부가 선고한 1심 사건은 그 항소심이 고등법원 관할이며, 상고심은 대법원이다. 법원 상호간에 계층적 질서인 심급관할은 상소절차에 있어서의 재판권의 분배에 관한 것이고, 제1심 법원간의 재판권의 분배에 관한 사물관할과는 구별된다.

[표 3] 심급제도

제1심	제2심-항소	제3심-상고
단독사건 : 지법·지원 단독판사	지법·지원 항소부	대법원
합의사건 : 지법·지원 합의부	고법·고법 지부	

(2) 우리나라 심급제도의 특색

지방법원 단독판사가 제1심으로 재판한 사건은 지방법원 항소부가 제2심 법원이 되는데, 이는 동일 법원 내에서 2심급이 행해진다는 것을 의미한다.[14]

13) 호문혁, 앞의 책, 191쪽 ; 전병서, 앞의 책, 196쪽.

14) 중국의 경우, 해사사건의 심급은 3급 2심 종심제(중급인민법원과 같은 심급인 해사법원에서 1심→ 고급인민법원에서 2심으로 종심, 고급인민법원에서 1심→ 최고인민법원에서 2심으로 종심이 되는 구조)로서 각 해사법원과 해사법원 소재지의 고급인민법원 및 최고인민법원이다. 해

심급제도로서 외국에 유례가 드문 이색적인 제도인데, 상소제도의 본질에 합치하는지 의문이 있다. 현지에서 항소할 수 있는 편의는 있으나, 오히려 동일법원의 동일창구를 이용하게 하는 것이어서 상소권 남용의 요인이 될 수도 있다.[15)]

3. 해사전문법원 설치관련 국회제출 의원입법안 검토

(1) 20대 국회(2016.5.30.－ 2020.5.29.) 발의된 법률안

1) 4개의 법원조직법 일부개정법률안

김영춘 의원안(김영춘 등 17인, 2017.2.27.), 유기준 의원안(유기준 등 16인, 2017.3.22.), 정유섭 의원안(정유섭 등 15인, 2017.3.27.), 안상수 의원안(안상수 등 10인, 2017.4.19.) 등 4개의 법률안이 발의되었다.

[표 4] 20대 국회 발의된 법률안 요약

	김영춘 의원안	유기준 의원안	정유섭 의원안	안상수 의원안
설치지역 및 관할구역	부산광역시 전국관할	부산광역시 전국관할	인천광역시 전국관할	대법원 소재지 부산지원, 광주지원
전속관할	1심 선택 2심 전속관할	전속관할	전속관할	전속관할
심급	1심, 2심	1심, 2심	1심, 2심	1심, 2심
심판범위	해사민사 해사형사 타법에서 정한 사건	해사민사 타법에서 정한 사건	해사민사 해사행정 타법에서 정한 사건	해사민사 해사행정 타법에서 정한 사건

사사건의 성격, 목적 및 사회영향력 등의 차이에 따라 해사법원 소재지의 고급인민법원 또는 최고인민법원은 1심 해사사건을 수리할 수 있다. 해사법원은 내부에 설치되어 있는 해사정, 해상정과 각 지역별 지원에서 1심 해사사건을 수리하도록 되어 있다. 이론상 고급인민법원과 최고인민법원에서도 1심 해사사건을 수리할 수 있으나, 실제로는 절대다수의 해사사건의 1심은 해사법원에서 담당하고 있다고 한다(송순애, "韓國 海事法院 設立에 관한 法的 硏究 － 중국 해사법원의 운영을 통해서 본 한국 해사법원 설립시 전속관할권을 중심으로 －", 동아대 박사학위논문, 2018.6, 19쪽에서 재인용).

15) 이시윤, 앞의 책, 68쪽.

2) 20대 국회 발의된 법률안에 대한 검토

① 해사법원 설치 필요성에 대한 검토(재판수요 분석 및 특성화 법원·전문재판부 구성 및 운영 검토)

현행 전문법원은 가정법원, 특허법원, 행정법원, 회생법원 등 4종으로, 전문법원의 설치는 일정한 규모 이상의 재판수요가 지속적으로 발생할 경우 그 도입 필요성이 인정된다고 할 것이고, 따라서 현재 전문법원이 설치된 다른 분야에 상응할 만큼 해사 분야에 재판 수요가 있는지에 대한 검토가 선행될 필요가 있다.

2015년을 기준으로, 가사사건은 총 159,620건(전체 사건의 0.8%), 행정사건은 총 42,521건(전체 사건의 0,2%), 특허사건은 총 1,487건(전체 사건의 0.02%)이 각각 접수되었다.[16] 그런데 해사사건의 경우 2016년 2월부터 서울고등법원, 서울중앙지방법원, 부산지방법원 및 부산지방법원 동부지원에 해사사건 전문재판부를 설치하여 관련 사건을 처리하고 있는데, 2016년 부산지방법원의 해사사건[17] 접수건수는 52건, 부산지방법원 동부지원의 접수건수는 3건이다. 이와 같은 해사사건에 비추어 전문법원 설치뿐만 아니라 특성화 법원 도입, 전문재판부 구성 및 운영 강화 방안 등도 함께 고려될 수 있으므로, 각 방안의 장단점을 면밀히 검토할 필요가 있다.[18]

② 해사법원의 심판권에 대한 검토(심급구조의 부조화에 대한 검토)

해사법원의 심판권과 관련하여, 첫째, 고등법원의 심판권 관련 유기준 의원안과 정유섭 의원안은 해사법원의 권한에 속하는 사건에 대해서는 고등법원의 심판권에서 제외하고 있다. 그런데 현행 법원조직법상 법원의 종류는 대법원 외 고등법원급 법원(각 고등법원, 특허법원)과 지방법원급 법원(각 지방법원, 행정법원, 회생법원)으로 구분하고 있는데, 3건의 개정안은 해사법원을 특허법원과 같이 고등법원급 법원으로 취급하고 있는 것으로 보인다. 이 경우 유기준 의원안 및 정유섭 의원안과 같이 해사법원의 권한에 속하는 사건에 대

16) 법제사법위원회, 법원조직법 일부개정법률안 검토보고, 2017.8, 6쪽에서 재인용.
17) 전문재판부 예규에 따라 해상운송, 해손, 선박충돌, 해난구조, 선박채권 등 사건만을 해사사건으로 분류함.
18) 법제사법위원회, 법원조직법 일부개정법률안에 대한 검토 보고, 2017.9, 10~11쪽.

해서는 고등법원의 심판권에서 제외하는 것이 타당한 것으로 보이지만, 안 제28조의7(안상수 의원안 제28조의8)에서는 해사법원이 해사사건의 1심뿐만 아니라 항소심까지 담당하도록 규정하고 있어[19] 해사법원 1심 합의부에서 담당한 사건의 항소심까지 해사법원에서 담당하여야 하므로 심급구조와 맞지 아니하는 측면이 있어 이에 대한 검토가 필요하다.[20]

③ 해사법원 설치지역에 관한 검토

개정안은 「각급 법원의 설치와 관할구역에 관한 법률 일부개정안」과 연계하여 전국을 관할하는 해사법원을 부산에 설치하도록 예정하고 있는바, 전국을 관할하도록 할 경우 해사 사건과 관련한 국민의 사법서비스 접근성도 함께 고려하여야 할 것이다.

이 외에도 관계기관의 의견으로서, 법원행정처는 국내에 해사법원을 설치할 충분한 여건이 충족되어 있는지 여부에 대한 검증이 필요한데, 해사사건 수의 총량이 많다고 할 수는 없는 수준이고, 해양 유류오염 사건 등은 꾸준한 수요가 아니라 한시적인 수요를 창출할 뿐이어서, 한정된 사법자원의 효율적 배치 측면에서 독립법원으로 설치할 필요성은 크지 아니하다고 볼 수 있으므로 이에 대한 추가적인 검토가 필요하다는 입장이고, 법무부는 해사전문법원의 설치를 위해서는 전문성을 통해 국민이 얻는 효용이 별도 독립법원 체계 구축에 소요되는 제반 비용을 상회할 때만 입법적 결단으로 설치를 고려할 수 있다고 하면서, 전문법원을 설치할 만한 재판 수요에 대한 면밀한 검토와 함께 현재 해사사건 전담부서를 확충하거나 전담법관을 지정하여 관련 사건에 대한 전문성을 확보하는 방안을 우선적으로 추진하는 것이 타당하다는 의견이 제시되었다.[21]

19) 유기준 의원안 및 정유섭 의원안에 따르면 고등법원의 심판권(제28조)에서 해사법원의 권한에 속하는 사건은 제외한다고 규정하고 있다.

20) 법제사법위원회, 앞의 법원조직법 일부개정법률안에 대한 검토 보고(2017.9), 15~16쪽.

21) 이상의 검토의견은 법원조직법 일부개정법률안 검토보고(법제사법위원회, 2017.8) 내용을 요약 발췌하였음.

(2) 21대 국회(2020.5.30. – 2024.5.29.) 발의된 법률안

1) 4개의 법원조직법 일부개정법률안

윤상현 의원안(윤상현 등 13인, 2020.6.3.), 안병길 의원안(안병길 등 12인, 2020.6.15.), 배준영 의원안(배준영 등 11인, 2020.12.9.), 이수진 의원안(이수진 등 47인, 2021.2.16) 등 4개의 법률안이 발의되었다.

[표 5] 21대 국회 발의된 법률안 요약

	윤상현 의원안	안병길 의원안	배준영 의원안	이수진 의원안
설치지역 및 관할구역	인천광역시 – 전국 관할	부산광역시 전국 관할	인천광역시 부산지원, 광주 지원	해사국제상사 법원(대법원소 재지)
전속관할	전국관할	전국관할	전국관할/ 지원관할	본원 – 전국관할 지원 – 각 지역관할
심급	1심 및 2심	1심 및 2심	1심 본원 전국 관할, 지원이 타 지역 관할 2심 본원 전속	
심판범위	해사민사사건 해사행정사건 해사민사사건 및 해사행정 사건 항소 및 항고사건 타법에서 정한 사건	해사민사사건 해사행정사건 해사민사사건 및 해사행정 사건 항소 및 항고사건 타법에서 정한 사건	해사민사사건 해사행정사건 해사민사사건 및 해사행정 사건 항소 및 항고사건 타법에서 정한 사건	해사사건 국제상사사건

2) 21대 국회에 발의된 법률안 비교검토

가) 법률안의 비교

윤상현 의원안과 안병길 의원안은 해사법원 설치 지역을 인천광역시로 할 것인지, 부산광역시로 할 것인지의 차이이고, 전문법원의 종류 추가, 사무국 설치,

해사법원장 신설, 해사심판권 등 기본적인 내용은 동일하게 구성되어 있다.

배준영 의원안과 이수진 의원안은 본원과 지원을 둔다는 점에서 앞의 두 의원안과 구별된다. 특히 배준영 의원안은 인천광역시에 본원, 부산과 광주에 지원을 두고, 부산지원은 부산광역시, 대구광역시, 울산광역시, 경상북도, 경상남도를 관할지역으로 하고, 광주지원은 광주광역시, 전라북도, 전라남도, 제주특별자치도를 관할지역으로 하자는 제안이다.

반면 이수진 의원안은 해사전문법원에서 더 나아가 해사국제상사법원 설치를 제안하면서 대법원 소재지지에 본원을 두고, 인천, 부산, 광주에 지원을 두어 본원은 전국을, 인천지원(인천광역시, 대전광역시, 경기도, 충청북도, 충청남도), 부산지원(부산광역시, 대구광역시, 울산광역시, 경상북도, 경상남도), 광주지원(광주광역시, 전라북도, 전라남도, 제주특별자치도)은 각각의 지역을 관할하는 것을 주된 내용으로 한다.

나) 검토사항[22]

① 법원 운영의 효율성 측면

전문법원의 설치는 일정 규모 이상의 재판 수요가 지속적으로 발생할 경우에 그 도입 필요성이 인정된다고 할 것이므로, 현재 전문법원이 설치된 다른 분야(가사·행정·특허·파산 및 회생)에 상응할 만큼 해사 분야에 재판 수요가 있는지에 대한 검토가 선행될 필요가 있다.[23]

② 전문재판부의 장단점 비교검토

해사사건의 경우 서울고등법원, 부산고등법원, 서울중앙지방법원(해사사건과 국제거래 사건을 함께 담당), 부산지방법원 및 부산지방법원 동부지원(해사사건과 국제거래, 지적재산 사건 등을 함께 담당)에 해사사건 전문재판부를 설치하여 관련 사건을 처리하고 있다. 현재 설치된 해사사건 전문재판부의 본안 사건 중 사무분담명에서 '해사' 또는 '해상'을 포함하여 산출된 사건 수는 매년 약 100여 건 정도로 추산된다.

22) 법제사법위원회, 법원조직법 일부개정법률안 검토보고, 2020.7, 6~8쪽에서 재인용함.
23) 2018년을 기준으로, 가사사건은 총 47,994건(전체 사건의 0.27%), 행정사건은 총 21,442건(전체 사건의 0.12%), 특허사건은 총 1,128건(전체 사건의 0.006%)이 각각 접수 중에 있음(2019 사법연감).

[표 6] 법원별 해사사건 전문재판부 본안 사건 수[24)]

(단위 : 건)

구 분	2015		2016		2017		2018		2019	
	접수	처리	접수	처리	접수	처리	접수	처리	접수	처리
서울 고등법원			13	5	7	9	21	7	19	22
부산 고등법원	3	6	4	6	4	5		1	3	4
서울중앙 지방법원			16	2	54	18	22	27	18	31
부산 지방법원	58	64	52	58	53	53	52	51	64	56
부산 지방법원 동부지원	1	1	3		2	2	1	3	1	2
합 계	62	71	88	71	120	87	96	89	105	115

매년 법원에 접수되는 해사사건 수를 고려할 때, 개정안과 같이 해사사건을 별도로 담당하는 전문법원인 해사법원을 독자적인 법원으로 설치·운영하는 방안과, 현재 운영 중인 해사사건에 대한 전문재판부의 기능을 강화하는 방안의 효과와 장단점을 종합적으로 비교형량 할 필요가 있다.

③ 사법서비스 접근성

2건의 개정안은 각각 「각급 법원의 설치와 관할구역에 관한 법률 일부개정법률안」과 연계하여 전국을 관할하는 해사법원을 특정 지역[인천광역시(윤상현의원안) / 부산광역시(안병길의원안)]에 설치하도록 예정하고 있으므로, 전국을 관할하도록 할 경우 해사사건과 관련한 국민의 사법서비스 접근성도 함께 고려하여야 할 것이다.

24) 법제사법위원회, 앞의 검토보고(2020.7), 7쪽에서 재인용.

(3) 소결

해사전문법원의 설치와 관련된 20대 및 21대 의원 입법안에 대한 검토의견은 해사전문법원 설치 필요성, 심급구조의 부조화, 설치지역, 사법서비스의 접근성 등으로 요약할 수 있다. 전문법원을 설치할 정도로 해사사건의 수가 충족되는지 검토되어야 하고(이 연구에서는 논의의 범위에 불포함), 현재의 해사사건 수를 고려하여 해사전문법원 설치하는 방안과 전문재판부의 기능 강화하는 방안도 비교 검토되어야 한다. 현재의 사건처리에 만족할 것이 아니라 장기적으로 해사사건의 확장가능성을 본다면 전문법원의 설치가 대안임을 알 수 있다. 심급과 관련하여, 20대 국회 의원입법안은 고등법원급의 해사전문법원 설치가 제안되었으므로 심급구조를 위반한 것이 아니냐는 논란이 있을 수 있었지만, 지방법원급 해사전문법원이라면 제1심, 제2심(단독사건에 대한 항소심)을 다루더라도 심급위반은 아니다.

다만 해사전문법원 설치지역에 관한 문제는 해사사건의 특성 및 선박집행의 측면, 지역균형발전, 나아가 해사 사법서비스의 접근성 등을 고려하여 해안도시에 설치하는 것이 적절하다.

Ⅳ. 해사전문법원의 설립안

1. 해사전문법원 구체적 설립안

(1) 1안 : 1곳의 1심 해사법원을 설립하는 안

1곳의 해사법원이 1심을 전속관할하고, 나머지는 기존처럼 항소심은 고등법원, 상고심은 대법원이 관할한다.

(2) 2안 : 다수의 1심 해사법원을 설립하는 안

다수의 해사법원이 1심을 관할하고 항소심은 고등법원, 상고심은 대법원이 관할한다. 다만 이 경우 1심 해사법원의 수만큼 관할 배분이 이루어져야 한다.

(3) 3안 : 1곳의 1심 해사법원과 1곳의 2심 해사법원을 설립하는 안

모든 해사사건을 1곳의 1심 해사법원이 전속관할하고, 항소심은 고등법원급인 해사법원이 전속관할하고 최종심은 대법원이 관할한다.

(4) 4안 : 다수의 1심 해사법원과 1곳의 2심 해사법원을 설립하는 안

다수의 해사법원이 1심 해사사건을 관할하고, 항소심은 고등법원급인 해사법원이, 최종심은 대법원이 관할한다.

(5) 5안 : 고등법원급 2심 해사법원을 1곳 설립하는 안

지방법원에서 1심 해사사건을, 항소심은 고등법원급인 해사법원이 전속관할하고, 최종심은 대법원에서 관할한다.

(6) 6안 : 고등법원급 1심 해사법원을 설립하는 경우

고등법원급 해사법원에서 1심 해사사건을 관할하고, 상고심은 대법원이 관할하여 2심제로 운영한다.

2. 설립안에 대한 검토

(1) 각각의 장단점

해사사건의 전문성을 고려한다면 지방법원급 1심 해사법원과 고등법원급 2심 해사법원을 동시에 설치하는 경우(제3안과 제4안)가 이상적이라 할 수 있다. 이 중에서는 해사사건의 수를 감안한다면 3안이 적당하다고 판단된다. 다만 전문법원인 행정법원, 가정법원, 회생법원은 모두 1심 법원임을 고려하면 비현실적이라는 지적 있을 수 있다.

지방법원급 1심 해사법원만을 설치하는 경우(제1안과 제2안)에 대해서는 해사사건의 수를 고려하여 다수의 1심 해사전문법원을 설치하는 것 보다는 1곳의 해사전문법원을 설치하는 것이 보다 타당해 보인다. 아직까지는 해사사건

의 수가 절대적으로 부족하기 때문에 다수의 1심 해사전문법원 설치는 결국 해사사건 이외의 사건도 함께 처리하게 되어 전문성을 해하는 결과를 초래할 것이다.

고등법원급의 2심 해사전문법원만을 설치하는 경우(제5안)는 전문성의 측면에서는 장점이 있을 수 있으나 해사사건 수를 고려한다면(서울·부산고등법원 접수기준 2016(17건), 2017(11건), 2018(21건), 2019(22건) 문제가 있을 수 있다. 그리고 고등법원급 1심 해사법원을 설치하는 경우(제6안)는 2심제로 운영되기 때문에 3심제로 운영되는 다른 사건과의 형평성 문제가 야기될 수 있다.

(2) 현실적인 선택 가능한 안

① 해사사건의 전문성을 고려한다면, 1곳의 1심 해사법원과 1곳의 2심 해사법원을 설치하여 전속관할로 하는 안이 가장 이상적이라 할 수 있다.

② 법원 접근성의 측면을 고려한다면 해사사건의 1심은 지방법원이 관할하고 2심은 고등법원급 해사법원의 전속관할로 추진하는 방안도 고려해 볼 수 있다.

③ 해사사건의 수를 고려한다면 1곳의 1심 해사법원(지방법원급)을 설립하는 안(행정법원, 회생법원 모델)을 추진하는 방안이 현실적 대안이 될 수 있다.

3. 소결

20대 국회 제출된 법안에 대한 법사위(상임위)의 검토 의견 중에는 해사전문법원의 심급과 1심 및 2심(항소심) 관할체계 정립이 필요하다는 지적이 있었다. 즉 발의 법안들은 해사법원을 특허법원과 같은 고등법원급 법원으로 취급하고 있으나, 1심과 2심을 모두 담당할 수 있도록 규정하고 있어 심급구조와 맞지 않는 측면이 있다는 것이다. 재판의 전문성·신속성이라는 취지에서 1심·2심 모두 관할하는 것이 타당하다는 견해도 있을 수 있다.

해사법원의 심급제도와 관련해서, 해사법원에서 제1심, 제2심(고등법원에 속하는)을 전속관할로 하는 안은 심급제도에 어긋난다. 현행 법원조직법상 4가지 전문법원의 경우도 이런 경우는 없다.[25] 다만 가정법원의 경우[26]와 같이 가정법원 단독판사 1심에 대한 항소·항고는 가정법원 합의부가 제2심을 관할하고, 가정법원 합의부(1심)에 대한 항소는 고등법원이 제2심을 관할하면 문제가 없듯이 해사전문법원(지방법원급)의 경우에도 가정법원처럼 제1심 내지 제2심을 관할하더라도 심급체계에 어긋나는 것은 아니다.

(1심 : 해사법원 단독판사 → 2심 : 해사법원 합의부)

(1심 : 해사법원 합의부 → 2심 : 고등법원, 다만 이 경우에도 해사사건의 전문성을 확보하기 위해서는 전문재판부를 구성하고 있는 고등법원 관할로 할 것을 제안한다).

사물관할의 경우 가정법원에서 1심과 2심을 담당할 수 있는 것처럼 지방법원급의 1심 해사법원의 설치를 상정하는 경우라면, 해사법원에서 단독사건 1심과 합의부에서 2심을 관할할 수 있는 것이다. 따라서 해사법원에서 1심과 2심을 사물관할하는 것[27]이 심급관할위반은 아니다.

25) 전문법원의 심급구조

	심급관할
특허법원	심결취소소송(2심제) : 특허소송은 특허법원→대법원 특허 항소심(3심제) : 지방법원 합의부→특허법원(항소심)→대법원
가정법원	가정법원 : 1심 내지 2심 항소·항고사건은 고등법원(2심) 상고·재항고사건은 대법원
행정법원	행정법원에 속하는 사건 항소·항고사건은 고등법원(2심) 상고·재항고사건은 대법원
회생법원	회생법원 : 1심 내지 2심 항소·항고사건은 고등법원

26) 가정법원의 경우, 가정법원 및 가정법원 지원의 합의부는 가사소송과 마류 가사비송사건 등을 제1심으로 하고, 가정법원 본원 합의부는 가정법원단독판사의 판결·심판·결정·명령에 대한 항소 또는 항고사건 중 제28조제2호에 해당하지 아니하는 사건을 제2심으로 심판한다(법원조직법 제40조, 제1항 및 제2항)고 규정하고 있다.

27) 하나의 법원에서 1심과 2심을 관할하는 우리나라 심급제도의 특이한 제도로서, 단기적으로 지방법원급에서 1심과 2심이 분리되어 운영되고 있으나 바람직하지는 않으므로 장기적으로는 1심은 지방법원, 2심은 모두 고등법원에서 관할하는 것으로 바뀌어야 할 것이다.

V. 결론

우리나라는 조선·해운은 세계 10권의 해양강국임에도 불구하고 선박금융, 선박중개 등 법률서비스측면에서는 해사전문법원 하나 없는 실정이고 그로 인해 해사소송 비용의 막대한 국외 지출을 불러왔다. 해사전문법원의 국내 설치는 수많은 소송비용의 국외유출을 방지하고 해사전문법관의 소송참여를 통해 전문성·효율성을 구현하여 사법신뢰 및 대국민 사법서비스에 기여한다는 측면에서 해사전문법원의 설치의 필요성은 꾸준히 긍정되어 왔다.

다양화, 특수화, 전문화된 현대사회에서 종래처럼 법관이 모든 사안을 처리하는 만능의 시대는 아니다. 해사소송은 타국과 관련성을 내포하고 있고, 다양하고 특수한 분야이기에 고도의 전문성을 요구한다. 따라서 해사소송의 경우 전문법원으로서 해사법원의 설치는 이 시대의 당위이다.

해사전문법원의 설치는 많은 비용이 수반되기에 현재 운용되고 있는 해사전문재판부의 장단점 및 추진된 적이 있었던 특성화 법원과의 장단점이 검토되어야 하는 바, 현재의 사건처리에만 국한한다면 해사전문재판부의 운영으로도 가능하겠지만, 우리 기업의 해사소송 사건 비용 역외 유출이나 장기적으로는 해외 사건 국내 유입이라는 확장가능성의 측면에서는 전문법원의 설치가 필요하다는 것이다.

그렇다면 해사전문법원을 설치하는 경우, 현행 전문법원 4가지 중에서 어느 형태를 취할 것인지, 토지관할 및 심급관할을 어떻게 결정해야 할 것인지, 그리고 어느 지역에 해사전문법원을 설치할 것인지는 매우 중요한 문제이다.

해사사건은 특수한 면이 있지만, 상대적으로 사건 수가 그리 많은 것은 아니기에 해사사건의 수를 고려하여 행정법원이나 회생법원 형태의 해사전문법원의 설립(지방법원급)이 타당할 것이고, 토지관할은 전국으로 하고, 제1심 내지 제2심(단독사건에 대한 항소심)을 해사전문법원의 전속관할로 할 것을 제안한다.

설치지역과 관련해서는 내륙에 있는 도시가 아닌 외국의 경우처럼 특정지역, 예컨대 해안도시 등에 설치하는 것이 바람직 해 보인다. 특히 해상사건의

한 축을 형성하는 선박집행, 선박가압류 등을 고래해 본다면 더욱 그러하다. 선박이 입출항하는 항구에서 선박집행이 이루어지고 하역장비 등의 발달로 짧은 시간에 출항하는 경우가 많기에 신속을 요하는 선박집행의 특성상 중국처럼 해안도시에 설치하는 것이 기대에 부응하는 길이다.

참고문헌

[단행본]

김연 · 박정기 · 김인유, 제3판 보정판「국제사법」, 법문사, 2014.

김홍엽, 제10판「민사소송법」, 박영사, 2021.

이시윤, 제15판「신민사소송법」, 박영사, 2021.

전병서, 제3판「민사소송법」, 박영사, 2021.

호문혁, 제14판「민사소송법」, 법문사, 2020.

[논문]

김동훈 · 최석윤, "해사법원의 설립과 형사관할권", 해사법연구 제30권 제2호, 2018.7.

김인현, "한국 해사법정 및 한국 준거법 활용현황과 그 활성화 방안", 한국해법학회지 제34권 제1호, 2012.4.

김인현, "한국해사법정 · 중재제도 도입에 관한 연구", 한국해법학회지 제37권 제2호, 2015.11.

박문학, "해사법원과 부산지방변호사회 해사법원설치추진특별위원회 활동", 부산법조 제34집, 부산지방변호사회, 2017.1.31.

박문학, "해양지식산업 선도를 위한 해사법원 부산 설립 방안", 국회의원회관 제9간담회실, 2019.12.5.

송순애, "한국 해사법원 설립에 관한 법적 연구 – 중국 해사법원의 운영을 통해서 본 한국 해사법원 설립시 전속관할권을 중심으로 –", 동아대 박사학위논문, 2018.6.

이정원, "해사법원 설치의 전제조건에 관한 고찰", 판례연구 제29집, 부산판례연구회, 2018.2.

[보고서 등]

국회의원 이병석(주최), "해사법원 설치를 위한 공청회", 국회의원회관 제1소회의실, 2015.11.30.

국회의원 유기준 · 김해영 · 윤상직(주최), "해사법원 부산설립을 위한 학술세미나", 국회의원회관 제9간담회실, 2017.11.22.

부산지방변호사회, “우리나라 해사법원 설립방안 연구용역 보고서”, 부산지방변호사회(한국해양대학교 산학협력단 용역 수행), 2011.12.

부산발전연구원, 「해사전문법원 설립 및 유치방안」, 2017.5.11.

사법정책연구원, 「해사법원 설치에 관한 연구」, 2021.10.

법제사법위원회, 민사소송법 일부개정법률안 검토보고, 2015.12.

법제사법위원회, 법원조직법 일부개정법률안 검토보고, 2017.8.

법제사법위원회, 법원조직법 일부개정법률안에 대한 검토 보고, 2017.9.

법제사법위원회, 법원조직법 일부개정법률안 검토보고, 2020.7.

의안정보시스템(https://likms.assembly.go.kr/bill/main.do).

영미법상의 해사사건처리제도에 관한 입법정책적 고찰*

정 대

Ⅰ. 머리말

영미에서 해상법(admiralty 또는 maritime law)[1]은 해상(maritime commerce)[2] 및 그 밖의 해상활동의 과정에서 발생하는 직장에서의 상해, 불법행위 및 계약을 규율하는 법의 총체라고 할 수 있다. 이러한 해상법은 지중해 주변 지역에서 기원한 세계에서 가장 오래된 법적 주제라고 할 수 있다.[3] 고대 시대[4]에 해상물건운송의 중요성으로 인해 해안도시를 중심으로 특별법원이 설립되었다. 그 이유는 해상운송에 기인한 분쟁 해결의 필요성 때문이었다. 이와 함께, 해상분쟁을 규율하기 위한 특별한 실체법이 형성되기에 이르렀다. 시간이 흐르면서 특별법원에서 형성된 법원칙이 법전으로 만들어졌다. 예를 들면, 아말피해법(Tablets of Amalfi)[5], 올레론해법(Rules of Oleron)[6] 등을 들 수 있다.

---

* 본 논문은 2022년 한국법학회 「법학연구」 제22권 제2호에 게재한 것을 수정 및 보완한 것임.

1) Admiralty는 주로 법원(Court)과 재판관할권 및 소송절차를 지칭하고, Maritime은 법원에서 적용되는 실체법(substantive law)을 의미한다는 점에서 구별된다는 견해도 있지만, 오늘날은 Admiralty와 Maritime을 동의어로 본다. David W. Robertson, Steven F. Friedell & Michael F. Sturley, *Admiralty and Maritime Law in the United States*, Second ed., Carolina Academic Press, 2008, at 4.

2) 해상(海商)(maritime commerce)이란 종래 무역업과 해운업이 분화되지 않았던 시대에 자영선(自營船)에 의한 항해를 수단으로 상품을 운송·매매하는 것을 말하였는데, 오늘날에는 무역업과 해운업이 분리되어 있다. 송상현·김현, 제5판 「해상법원론」, 박영사, 2015, 1~2면.

3) Frank L. Maraist, Thomas C. Galligan, Jr. & Catherine M. Maraist, *Maritime Law*, THOMSON WEST, 2003, at 1.

4) 기원전 900년경 로오드섬(Rhodes)에서 공포된 로오드해법(Rhodian Sea Code)이 존재하였다고 한다. 로오드해법에 대한 상세한 설명은 정영석, 「해상법원론」, 텍스트북스, 2008, 18~19면; 송상현·김현, 전게서, 7~8면.

5) 11세기경 이탈리아의 해항도시 아말피를 중심으로 성립한 해법을 말한다. 정영석, 상게서, 20면.

그리고 이러한 법전들이 국제적인 해상법의 발전의 기초가 되었다.[7] 해상기업은 바다를 무대로 선박을 이용하여 운영되는 기업이기 때문에 일반기업과는 구별되는 특수성이 있다. 예를 들면, 선박이 항행하는 바다에서 태풍 등과 같은 바다 고유의 위험에 직면할 수 있을 뿐만 아니라 선박의 운항에 관한 기술적 문제에 직면할 수 있다. 이러한 측면에서 해상법은 일반사법과는 구별되는 특수성이 있다.[8] 또한, 해상기업은 선박을 항행의 수단으로 활용하여 국가 간의 화물의 운송을 수행한다는 점에서 국제적 성격을 갖고 있다. 이러한 측면에서 해상법은 국제성이 강하게 반영되어 있다고 할 수 있다. 이로 인해 해상법은 국제적으로 통일성이 강하게 요구되는 경향이 있다고 할 수 있다.[9]

최근 유엔무역개발회의(United Nations Conference on Trade and Development; UNCTAD)는 우리나라를 개발도상국에서 선진국 그룹으로 변경하였다.[10] 우리나라가 이와 같은 발전을 이룩하게 된 것은 다른 무엇보다도 무역의 성공에 있었다고 할 수 있다. 즉 삼면이 바다로 둘러싸여 있고, 천연자원이 부족했던 우리나라가 수출을 중심으로 한 무역을 통해 경제발전을 이루었다고 할 수 있다. 이러한 측면에서 해상기업은 우리나라 무역과 경제발전의 견인차였다고 할 수 있을 것이다.

이와 관련하여 21대 국회에 해사전문법원의 설립에 관한 법률안이 다수 제안되어 있는 상황이다.[11] 우리나라가 선진국에 진입하였고, 무역을 통해 경제발전을 추구하고 있는 상황에서 해상기업을 둘러싸고 발생하는 법률문제를 전문적으로 처리하는 법원을 설립하는 작업은 긍정적으로 평가해 보아야 할 것이라고 생각한다. 이하 본 논문에서는 영국 및 미국의 해사사건처리제도를 비교법적 관점에서 분석함으로써 해사전문법원 설립에 관한 입법정책적 시사점을 모색해 보고자 한다.

---

6) 11세기~12세기경 올레론섬을 중심으로 한 프랑스 대서양 연안의 해사판례집을 말한다. 정영석, 상게서, 20면.

7) Frank L. Maraist, Thomas C. Galligan, Jr. & Catherine M. Maraist, supra note 3, at 1.

8) 정영석, 전게서, 5~6면; 송상현 · 김현, 전게서, 5~6면.

9) 정영석, 상게서, 6~7면; 송상현 · 김현, 전게서, 6~7면.

10) UNCTAD, 한국지위 '개도국→선진국'변경...57년 역사상 처음(종합) <https://www.yna.co.kr/view/AKR20210702163951088?> (2021-07-04).

11) 더불어민주당 이수진 국회의원, 국민의힘 안병길 국회의원 등이 법안을 제출하였다.

II. 영국법상의 해사사건처리제도

1. 기원 및 역사

중세 영국의 해상기업활동은 활발하지 않았기 때문에 해상법은 유럽대륙에 비해 발달하지 않았다. 13세기에 이르러 해상법의 필요성을 인식하고 항구도시를 중심으로 해상사건 및 일반상사사건을 다루는 법원이 설립되었다.[12] 해상사건에 대해서는 이미 관습법화된 올레론해법이 적용되어 유럽대륙과 영국의 해상법의 차이는 없었다고 할 수 있다. 다만 지방법원(local courts)이 행사하는 해상·외교사건에 관한 관할권을 감독하기 위해 해사법원(Admiralty Court)이 설립되었다는 점이 제도적 차이점이었다고 할 수 있다.[13]

16세기 튜더왕조시대에 해사법원의 권한이 확립되었고, 민·형사 관할권이 해상사건에까지 확대되었다.[14] 헨리8세는 해사법원을 제도적으로 지원하였고, 엘리자베스 1세 시대의 법령에 의하면, 해사법원의 관할권이 주요 해양과 연안에서 행해진 모든 해상법 위반행위에 미친다고 규정하고 있다.[15]

17세기에 들어서면서 보통법(common law)상의 법원이 성장하고 발전하면서 해사법원과 관할권의 문제로 대립하면서 갈등이 발생하였는데,[16] 17세기 후반에 이르면 해사법원의 관할권이 대폭 축소되어 해사법원의 중요성이 크게 감소하게 되었다.[17]

12) 중세 영국의 항구도시에 해사법원(maritime court)이 있었음은 분명하다. Nicholas J. Healy & David. J. Sharpe, Admiralty, Third ed., West Group, 1999, at 2.

13) 송상현·김현, 전게서, 10면.

14) 16세기 영국 해운의 성장과 함께 해사법원(Admiralty court)에 대한 중요성이 부각되었는데, 해사법원은 보통법 법원에 비해 소송당사자, 특히 외국인에게 소송상의 몇 가지 이점을 제공하였다. 그리고 해사법원에는 배심제도가 없었다. Nicholas J. Healy & David. J. Sharpe, supra note 12, at 3.

15) 송상현·김현, 전게서, 10면.

16) 1606년 에드워드 코크 경(Edward Coke)이 민사소송법원(Court of Common Pleas)의 법원장이 되어 해사법원의 관할권을 흡수하고자 하는 시도를 함으로써 갈등이 야기되었는데, 그 갈등은 1632년 보통법 법률가들과 해사법원이 타협을 함으로써 해소되었다. 송상현·김현, 상게서, 10~11면.

17) 송상현·김현, 상게서, 11면.

18세기 동안 해사법원의 전통은 유지되었고, 19세기에 이르러 해운의 중요성이 부각되면서 해사법원의 관할권은 다시 확대되기에 이르렀다. 1873년 법원조직법(Judicature Act)을 통해 해사법원은 고등법원(High Court)에 흡수되어 폐지되었는데, 해상사건은 주로 고등법원 내의 검인·이혼·해상부에 배당되었다.[18] 그 이후, 1970년 사법행정법(Administration of Justice Act)이 제정되어 고등법원의 개편이 이루어지게 되었고, 그 결과 해사법원은 고등법원의 여왕좌부(Queen's Bench Division)의 일부가 되었다.[19]

2. 사법부의 구조

(1) 대법원(Supreme Court)

대법원은 영국의 최고법원이며, 공적으로 가장 중요한 법적 쟁점에 대하여 심리를 한다. 즉 대법원은 모든 민·형사사건의 상고심을 담당하는데, 해당 사건이 일반 국민에게 중요한 법적 쟁점을 제지한 경우에만 상고가 허가된다.[20]

종래 영국의 대법원의 기능은 의회의 상원(House of Lords; 귀족원)[21]이 담당하였다.[22] 그러나 2005년 헌법개혁법(Constitutional Reform Act 2005)의 제정을 통해 대법원이 창설되었고[23], 2009년 대법원이 출범하였다.[24]

18) 송상현·김현, 상게서, 11면.
19) 송상현·김현, 상게서, 11면.
20) Judicial Office, The Judicial System of England and Wales : A visitor's guide, 2021, at 7.
21) 과거 귀족원은 영국 의회의 상원이자 법원의 역할을 수행하였는데, 상고사건을 심리하였다. 이상윤, 개정판 「영미법」, 박영사, 2007, 93면.
22) 허윤수·김진권·박문학·이정원·홍성화, 「해사전문법원 설립 및 유치방안」, 부산발전연구원, 2017, 43면.
23) See http://www.judiciary.uk/about-the-judiciary/the-justice-system/the-supreme-court (2021-08-05).
24) Judicial Office, supra note 20, at 7.

〈그림 1〉 영국법원의 구조
(Schematic of Court System for England and Wales)[25]

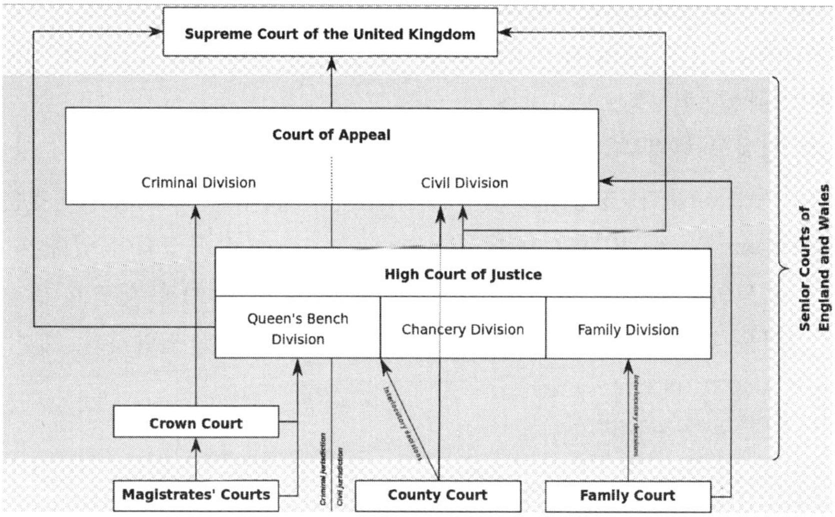

(2) 항소법원(Court of Appeals)

항소법원은 고등법원 또는 항소법원의 판사가 항소를 허가한 사건에 대하여 판결을 하는데, 항소법원은 민사부(Civil Division)와 형사부(Criminal Division)로 구분된다. 항소사건은 일반적으로 3인의 판사에 의해 심리가 진행된다.[26]

(3) 고등법원(High Court)

고등법원은 중요한 민사사건과 가사사건의 제1심 법원이라고 할 수 있다. 고등법원은 여왕좌부(Queen's Bench Division), 가사부(Family Division) 및 형평부(Chancery Division)의 세 개의 부로 구분되어 있다.[27]

25) https://en.wikipedea.org/wiki/Courts_of_England_and_Wales(2021.07.24.검색).
26) Judicial Office, supra note 20, at 8.
27) Id., at 9.

여왕좌부는 고등법원에서 가장 큰 재판부로서 가장 다양한 재판관할권을 갖고 있다. 여왕좌부는 해사전문재판부(Admiralty Court; 일종의 해사법원), 상사전문재판부(Commercial Court; 일종의 상사법원),[28] 기술·건설전문재판부(Technology & Construction Court),[29] 행정전문재판부(Administrative Court; 일종의 행정법원) 등으로 구성되어 있다.[30]

고등법원의 형평부(Chancery Division)는 회사법, 조합, 토지법, 특허 및 조세사건 등을 다룬다. 형평부는 회사전문재판부(Companies Court), 특허전문재판부(Patents Court) 및 파산재판부(Bankruptcy Court)로 구성되어 있다.[31]

고등법원의 가사부(Family Division)는 가족과 관련된 가장 어렵고 민감한 가사사건을 취급한다. 예를 들면, 이혼사건, 자녀양육분쟁, 입양사건, 재산 및 금전문제 등을 다룬다.[32]

(4) 형사법원(Crown Court)

형사법원은 중요한 형사사건에 관한 제1심 법원이라고 할 수 있다. 형사법원의 사건은 배심원이 유·무죄를 판단한다.[33]

(5) 군법원(County Court)

군법원은 경미한 민사사건의 제1심 법원이라고 할 수 있는데, 그 사건의 대부분은 채권채무관계, 인신 상해에 대한 손해배상사건, 토지소유자의 권리침해 사건 등이다.[34]

---

28) 상사전문재판부(Commercial Court; 일종의 상사법원)는 은행사건, 국제금융사건, 국제거래사건 등에 관한 폭 넓은 재판관할권을 갖고 있다. Id., at 9.

29) 기술·건설전문재판부(Technology & Construction Court)는 건축관련사건, 정보통신사건, 엔지니어링관련 사건 등을 담당한다. Id., at 9.

30) Id., at 9.

31) Id., at 10～11.

32) Id., at 11.

33) Id., at 12.

34) Id., at 12.

(6) 가정법원(Family Court)

가정법원은 2013년 "법원과 범죄법(Courts and Crime Act 2013)"에 따라 2014년 4월 설립된 법원으로 가사사건을 다룬다.[35]

(7) 치안법원(Magistrates' Courts)

치안법원은 모든 형사사건을 심리하는네, 중대한 형사사건의 경우에는 치안법원의 사전심리 후 형사법원으로 이송된다.[36] 치안법원의 판사는 치안판사직에 자원하는 지역주민이 임명되는데, 법조인자격이 필수적으로 요구되는 것은 아니다. 다만, 필요한 업무능력을 습득하기 위해 연수 과정을 거쳐야 한다.[37]

3. 해사사건처리제도

(1) 고등법원 여왕좌부의 해사전문재판부

1) 조직

해사전문재판부는 여왕좌부에서 가장 오래된 전문재판부로서 선박충돌사건, 해난구조사건, 화물의 손해사건 등을 주로 취급한다.[38] 해사전문재판부는 1981년 대법원법(Supreme Court Act 1981) 제20조에 규정된 고등법원의 해사재판관할권(Admiralty jurisdiction)을 갖고 있다.

영국 사법부가 발간한 2021년 여왕좌부 실무지침서(The Queen's Bench Guide)에 의하면, 해사전문재판부는 비즈니스 및 재산법원(Business and Property Courts)의 일부를 구성한다고 되어 있다.[39] 그리고 해사전문재판부와

35) Id., at 12~13.
36) Id., at 13.
37) 변지영 · 김현범, 「해사쟁송절차 개선에 관한 연구」, 사법정책연구원, 2019, 48~49면.
38) Judicial Office, supra note 20,, at 9.
39) Judiciary of England & Wales, The Queen's Bench Guide, 2021, at 11.

상사전문재판부는 조직상 고등법원에 소속된 전문재판부라고 할 수 있는데, 해사전문재판부와 상사전문재판부는 각각 행정 사무처(administrative office)를 별도로 두고 있다.[40]

2) 인력

해사전문재판부가 속한 고등법원의 판사는 법관인사위원회가 주관한 공정한 공개경쟁을 거친 판사 중 Lord Chancellor가 추천하여, 여왕이 임명하는데, 고등법원의 후보자로서 지원할 수 있으려면 반드시 7년 이상 변호사로서 활동한 자격 또는 2년 이상 순회판사로 활동한 자격이 있어야 한다.[41]

해사전문재판부와 상사전문재판부는 공동조직으로서 해사관련 사건은 해사전문재판부 판사 또는 상사전문재판부 판사로 지명된 법관이 담당하고 있다. 현재 총 14명의 법관이 있다.[42]

3) 비즈니스 및 재산법원

고등법원 여왕좌부와 형평부를 통칭하여 "비즈니스 및 재산법원(Business and Property Courts)"이라고 한다. 고등법원 내의 비즈니스 및 재산법원은 2017년 7월에 출범하였다. 그 목적은 첫째, 해사사건, 건설사건, 특허사건 등에 있어서 각 전문성을 가진 법관을 해당 전문재판부을 넘어서 융통성 있게 활용하고자 함에 있었다.[43]

둘째, 국내 및 국제 분쟁 해결에 관한 재판관할권을 이용자 친화적으로 만들기 위함이다,[44]

셋째, 분쟁해결에 관하여 국제 비즈니스업계 및 국내 기업을 평등하게 지원하기 위함이다.[45]

40) 변지영 · 김현범, 전게 보고서, 49면.
41) 변지영 · 김현범, 상게 보고서, 51면.
42) 변지영 · 김현범, 상게 보고서, 51면.
43) Judiciary of England and Wales, The Business and Property Courts of England and Wales : An Explanatory Statement, 2017, at 1~2.
44) Id., at 1~2.
45) Id., at 1~2.

(2) 사건의 범위 – 관할(Jurisdiction)

1) 고등법원 관할

해사사건에 대한 관할권(Admiralty Jurisdiction)은 고등법원(High Court)이 갖고 있고, 그 근거법률은 1981년 대법원법(Supreme Court Act 1981)이다. 1981년 대법원법(Supreme Court Act 1981) 제20조에 따르면, 고등법원의 해사관할(Admiralty Jurisdiction)은 아래의 표와 같다.[46)]

[표 1] 고등법원의 해사관할[47)]

- 선박의 소유권에 관한 분쟁
- 선박의 공동소유에 따른 소유, 점유, 고용, 이익과 관련한 분쟁
- 선박에 관한 저당 및 담보 및 그와 관련한 배분에 관한 분쟁
- 선박이 입은 손해에 관한 분쟁
- 선박이 입힌 손해에 관한 분쟁
- 선박의 결함 또는 선박소유자, 용선자, 항해자, 선장, 선원의 불법행위, 또는 선박 관리인의 항해나 기타 정박, 운송물의 선적·취급·보관 등의 과실에 따른 상해 및 인명손실에 관한 분쟁
- 선박이 운송한 개품의 손실 및 분실에 관한 분쟁
- 선박에 의한 개품운송계약 및 용선계약과 관련한 분쟁
- 해난구조의 성질을 가진 분쟁
- 선박이나 항공기의 예선에 관한 분쟁
- 선박이나 항공기의 도선에 관한 분쟁
- 선박의 개품 운송 및 보관과 관련된 분쟁
- 선박의 건조, 수리나 부품 및 선거사용료(船渠使用料)에 관한 분쟁
- 선장이나 선원에 의한 임금분쟁에 관한 소송
- 선장, 화주, 용선인 또는 그 대리인이 선비(disbursement)와 관련하여 제기하는 분쟁
- 공동해손 또는 공동해손으로 주장되는 행위와 관련한 분쟁
- 모험대차(bottomry)와 관련한 분쟁
- 선박이나 선박에 의해 운송되는 개품의 몰수와 관련한 분쟁 또는 선박이나 개품의 압수 후 반환청구와 관련한 분쟁

46) 변지영·김현범, 전게 보고서, 57면.

- 1879년부터 1971년까지의 상선법(Merchant Shipping Acts)에 따라 고등법원에 신청된 사건
- 선박의 충돌, 선박의 항해 및 그 부작위 및 선박의 충돌 관련 법규의 위반에 따른 손해배상, 상해, 인명손실의 분쟁을 집행하기 위한 소송
- 1879년부터 1971년까지의 상선법(Merchant Shipping Acts)에 따라 선박과 재산에 대한 책임제한과 관련된 소송
- 1981년 대법원법 제정 이전에 고등법원이 관할한 해사사건

2) 여왕좌부의 해사전문재판부

고등법원이 관할을 가지는 해사사건은 모두 민사사건인데, 그 가운데 민사소송규칙(Civil Procedural Rules) 제61.2조에 따라 반드시 고등법원 여왕좌부의 해사전문재판부에서 소송이 시작되어야 하는 사건, 즉 전속관할은 아래의 표와 같다.[48)]

[표 2] 민사소송규칙(Civil Procedural Rules) 제61.2조의 내용[49)]

- 선박 대물 소송(a claim in rem)
- 선박에 의한 손해
- 선박의 소유에 관한 분쟁
- 1995년 상선법에 따른 분쟁
- 1981년 대법원법에 따른 인명손실 또는 상해에 따른 분쟁
- 선원 또는 선장의 임금에 관한 분쟁
- 예선과 관련한 분쟁
- 도선과 관련한 분쟁
- 선박충돌분쟁
- 선주책임제한 분쟁
- 해난구조분쟁

47) 변지영 · 김현범, 상게 보고서, 57~58면.
48) 변지영 · 김현범, 상게 보고서, 58면; 허윤수 · 김진권 · 박문학 · 이정원 · 홍성화, 전게 보고서, 49면.
49) 변지영 · 김현범, 상게 보고서, 58~59면; 허윤수 · 김진권 · 박문학 · 이정원 · 홍성화, 상게 보고서, 49면.

(3) 실증적 증거 – 사건의 수 및 판결의 수

1) 2006~2010년 해사전문재판부의 종류별 사건 수

영국의 해사전문재판부는 특히 선박의 압류 및 해제, 선박의 경매에 있어서 신속성과 융통성, 접근성이 높은 것으로 알려져 있다.[50] 2006년부터 2010년까지 해사전문재판부의 종류별 사건 수는 아래의 표와 같다.

[표 3] 영국 해사전문재판부의 종류별 사건 수[51]

사건의 종류	2006	2007	2008	2009	2010
충돌	25	13	18	21	17
화물손상	21	19	24	13	14
상해	4	2	1	34	63
저당 · 담보	1	1	5	25	5
책임제한	0	1	1	0	1
기타	54	53	65	137	94
총계	105	89	114	230	194

2) 고등법원 해사전문재판부의 해사사건 판결의 수

고등법원(High Court) 해사전문재판부(Admiralty Division)가 2010년부터 2020년까지 판결한 해사사건의 수는 아래의 표와 같다.

[표 4] 2010~2020년간 고등법원 해사전문재판부의 해사사건 판결의 수 [52]

연도	2010	2011	2012	2013	2014	2015	2016	2017	2018	2019	2020
판결의 수	2	5	3	3	4	7	4	3	8	8	10

50) 변지영 · 김현범, 상게 보고서, 66면.
51) 변지영 · 김현범, 상게 보고서, 67면.
52) See http://www.bailii.org/ew/cases/EWHC/Admlty/2010–2020(2021–06–08).

2020년 고등법원인 비즈니스 및 재산법원 산하의 해사전문재판부(Admiralty Court)의 사건 수는 200건인데, 그 중 63건은 소송의 당사자 일방이 영국 이외의 국가에 소재하고 있는 국제적인 성격의 사건(international cases)이었고, 36건은 순수한 국제사건이었다.[53)]

3) 정리

2020년 고등법원 해사전문재판부의 사건을 보면, 영국의 국내 해사사건의 수와 국제적 성격을 갖고 있는 해사사건의 수가 50:50의 비율을 보인다는 점에 유의할 필요가 있다고 본다. 즉 영국이 해사사건의 법적 해결에 관한 전통성과 전문성을 갖고 있다는 점에서 계약의 당사자가 영국법을 준거법으로 하는 준거법조항을 두거나 영국법원을 분쟁해결기관으로 하는 재판관할권조항을 넣은 계약을 체결했기 때문이라고 추정할 수 있다.

4. 해사중재제도

(1) 의의

런던해사중재인협회(London Maritime Arbitrators Association; LMAA)는 1960년 2월 12일 설립되었는데, 시간이 흐르면서 실무 중재인의 목록에 다양한 분야가 포함되었고, 그에 상응하는 전문성을 확보하기에 이르렀다.[54)]

LMAA는 해사분쟁해결의 세계적인 센터로서의 명성을 이어가고 있는데, 그 핵심은 해사분쟁을 런던으로 가져오는 당사자들의 신뢰에 부응하는 서비스를 제공하는 중재인의 능력에 있다고 평가할 수 있다. 런던에서의 중재는 영국의 1996년 중재법(Arbitration Act 1996)에 따라 진행된다.[55)]

53) See Business Property Courts－Infographic<http:www.gov.uk/government/statistics> (2021－04－03)

54) 해사전문법원 부산설립 타당성 용역(최종보고서), 부산광역시, 2022[이하 “부산시 용역보고서”라고 한다], 235면.

55) 상게 부산시 용역보고서, 235면.

(2) LMAA의 중재 범위 - 해상분쟁

1) 해운(shipping)[56]

① 용선계약, ② 해상물건운송계약, ③ 선하증권. ④ 장기운송계약(COA), ⑤ 여객운송계약, ⑥ 선박건조계약, ⑦ 선박수리계약, ⑧ 선박매매계약, ⑨ 선박의 구조 변경 및 기계류의 고장, ⑩ 운영, 관리, 대리 및 중개, ⑪ 인명사고, ⑫ 선박충돌, ⑬ 해난구조, ⑭ 해양오염, ⑮ 벙커링(Bunkering), ⑯ 해상보험, ⑰ P&I 보험, ⑱ 요트, 군함

2) 국제거래[57]

① 국제물품매매계약, ② 신용장을 포함한 금융, ③ 거래위험을 포함한 보험, ④ 이행보증(performance guarantee)

3) 오프쇼 에너지(Offshore energy)[58]

① 드릴(Drilling) 그 밖의 오프쇼 서비스계약, ②오프쇼시설 건조(offshore construction), ③ 오프쇼시설 해체(offshore decommissioning)

(3) LMAA의 중재사건의 수[59]

〈표 5〉 2010년부터 - 2020년까지의 중재판정의 수

연도	2010	2011	2012	2013	2014	2015	2016	2017	2018	2019	2020
중재판정의 수	611	592	631	608	584	553	535	480	508	529	523

출처: LMAA 홈페이지.

56) 상게 부산시 용역보고서, 235~236면.
57) 상게 부산시 용역보고서, 236면.
58) 상게 부산시 용역보고서, 236면.
59) 상게 부산시 용역보고서, 236면.

III. 미국법상의 해사사건처리제도

1. 기원 및 역사

17세기 영국 식민지시대에 발생한 해사사건은 지방법원이 영국의 해상법을 적용하여 판결하는 것이 일반적이었는데, 1700년경에는 영국왕의 명령에 의하여 부해사법원(Vice-Admiralty Courts)이 설치되기에 이르렀다.[60]

미국이 독립을 한 후, 국가연합(Confederate States of America; Confederation) 시기에 있을 때 각 주는 주권을 행사하였다. 미국연합규약(Articles of Confederation) 상으로는 연방법원체계가 존재하지 않았다. 따라서 각 주는 해사법원을 포함한 주법원을 설립하였다.[61]

미국연방헌법의 기초자들은 개별 주해사법원의 통일성 없는 활동의 문제점과 해사사건의 중요성을 인식하게 되었다. 그 결과 미국연방헌법 제3조 제2항은 연방법원의 권한을 모든 해상사건(all cases of admiralty and maritime jurisdiction)에까지 확장하기에 이르렀다.[62] 미국은 영국식의 법원제도를 따르지 않음으로써 법률 문화의 단절을 초래하였지만, 그 결과 독특한 미국의 해사관할권 문제를 만들어내게 되었다.[63]

2. 사법부의 구조

(1) 개관

미국이 연방주의(Federalism)를 채택하고 있는 결과의 하나로서 미국의 사법구조는 연방법원제도와 주법원제도라는 이원적 법원제도(a dual system of

60) 송상현 · 김현, 전게서, 12면.
61) 송상현 · 김현, 상게서, 12~13면.
62) 송상현 · 김현, 상게서, 13면.
63) Nicholas J. Healy & David. J. Sharpe, supra note 12, at 8.

courts)를 갖고 있다.[64] 연방의회는 연방헌법상의 열거된 분야에 대해서만 입법권을 갖고 있는데, 연방의회는 국가의 중요 관심사라고 할 수 있는 시민권, 이민, 조세, 통화, 파산, 특허권, 저작권, 도량형, 외교, 국방, 해상법, 주간통상 및 국제통상의 규제에 관한 입법권을 갖고 있다. 그러나 연방헌법에 규정된 입법권이외의 법의 영역은 각 주에 맡겨져 있는데, 그 대표적인 것은 사법(private law)의 분야라고 할 수 있다.[65]

각 주는 주 고유의 헌법과 법률에 근거한 일련의 완전한 법적 기관을 갖고 있는데, 각 주는 입법부, 주지사를 중심으로 한 행정부 및 주법원을 중심으로 한 사법부를 갖고 있다. 특히 주법원(state court)은 주법 문제(state law questions)에 대해 재판을 할 수 있는 권한을 갖고 있다.[66]

〈표 6〉 이원적 정부제도의 개관

입법부(Legislature)	행정부(Executive)	사법부(Judiciary)
연방의회(Congress)	대통령(President)	연방법원(Federal Courts)
주의회(State Legislature)*	주지사(Governor)	주법원(State Courts)
시의회(City Council)**	시장(Mayor)**	시법원(Municipal Courts)**

* 주정부는 연방헌법의 산물이 아니라 주헌법의 산물이다.
** 정부의 형태는 매우 다양하다.

(2) 연방법원

연방법원제도(Federal court system)는 연방헌법 제3조에 근거하고 있는데, 연방의회는 1789년의 법원조직법(the Judiciary Act of 1789)을 시작으로 연방법원제도를 만들고, 권한을 부여하며, 규제를 한다. 즉 연방의회는 연방사법부

64) E. Allan Farnsworth, Edited by Steve Sheppard, *An Introduction to the Legal System of the United States,* Fourth ed., Oxford, 2010, at 43~44.

65) David S. Clark & Tugrul Ansay ed., *Introduction to the Law of the United States*, Second ed., Kluwer, 2001, at 6.

66) Id.

의 구조를 결정하고, 연방법원 판사의 수를 설정하며, 연방법원 하급심의 재판관할권 및 연방사법부의 예산을 결정한다.[67)]

연방법원은 연방법의 문제에 대한 재판관할권을 갖고 있다. 연방법원제도는 94개의 연방지방법원[68)], 연방항소법원으로서 12개의 연방순회법원 및 1개의 연방순회항소법원(Court of Appeals for the Federal Circuit), 그리고 1개의 연방대법원으로 구성되어 있다. 나아가 연방전문법원(specialized federal tribunals)으로 조세법원(Tax Court), 연방청구법원(Court of Federal Claims), 국제거래법원(Court of International Trade), 퇴역군인항소법원(Court of Veterans'Appeals)을 설치하고 있으며, 군사법원제도 역시 연방법원제도를 구성한다. 연방청구법원, 국제거래법원 및 퇴역군인항소법원의 항소심은 연방순회항소법원이고, 조세법원의 항소심은 연방순회법원이다.[69)]

(3) 주법원

50개 각 주는 고유의 법원제도(court system)를 갖추고, 각 주법에 기인하여 발생하는 모든 민·형사사건에 관한 재판관할권을 갖고 있다. 법원의 명칭은 각 주에 따라 천차만별이지만, 일반적으로 제1심법원(trial court)을 두고 있다.[70)] 나아가 대다수의 주는 사소하거나 특별한 문제를 다루는 제한적 재판관할권을 갖는 제1심법원(trial court)을 설치하고 있는데, 그 법원의 명칭은 다양하다.[71)]

또한, 각 주는 항소문제를 다루기 위한 중간항소법원(intermediate appellate court)을 두고 있다. 물론 주법 문제에 관한 최종적인 재판권은 각 주의 대법원(state supreme court)이 갖고 있는데, 중요한 주법 문제만을 심리한다.[72)]

67) John M. Scheb II & Hemant Sharma, *An Introduction to the American Legal System,* Third ed., Wolters Kluwer, 2013, at 36~37.

68) 연방지방법원은 그 산하에 파산부를 두고, 파산법사건을 처리한다. 또한, 연방지방법원은 연방치안판사(Federal Magistrate Judges)를 임명하는데, 연방치안판사는 민·형사사건의 사전심리절차(pretrial proceedings)를 담당한다. Id., at 38 & at 43~44.

69) Id., at 36~45.

70) 예를 들면, superior court, district court, circuit court, court of common pleas 등이 있다. Id., at 45.

71) 예를 들면, probate court, juvenile court, sessions court, mayor's court 등이 있다. Id.

3. 해사사건처리제도

(1) 연방법원제도

1) 연방법원의 조직

가) 연방대법원

연방대법원(United States Supreme Court)은 연방헌법 제3조에 근거하고 있고, 9명의 대법관으로 구성되어 있으며, 연방법의 문제에 관한 최종 판단권한을 갖고 있다.[73] 2010년에 연방대법원에 상고된 사건의 수는 7,857건이었다.[74]

나) 연방항소법원

연방항소법원(United States Courts of Appeals)은 총 13개인데, 12개는 지역순회구(regional circuits)로 구분된 순회법원(Circuit Court)이고, 1개는 연방순회항소법원이다. 특히 연방순회항소법원은 연방청구법원, 국제거래법원 및 퇴역군인항소법원의 항소심을 담당한다.[75]

2010년 기준으로 55,992건의 사건이 연방항소법원에서 다루어졌는데, 70%의 사건이 민사사건이고 약 24%의 사건이 형사사건이었다.[76]

[표 7] 13개의 연방항소법원

Pursuant to 28 USCS § 41 the thirteen judicial circuits of the United States are constituted as follows:

1. District of Columbia : District of Columbia
2. First Circuit : Maine, Massachusetts, New Hampshire, Puerto Rico, Rhode Island

72) Id., at 45~46.

73) Administrative Office of the US Courts, Understanding the Federal Courts<www.uscourts.gov>, at 39~42.

74) US Supreme Court, 2011 Year-End Report on the Federal Judiciary, at 40.

75) John M. Scheb II & Hemant Sharma, supra note 61, at 38~39.

76) See US Supreme Court, 2010 Year-End Report on the Federal Judiciary, at 10.

3. Second Circuit : Connecticut, New York, Vermont
4. Third Circuit : Delaware, New Jersey, Pennsylvania, Virgin Islands
5. Fourth Circuit : Maryland, North Carolina, South Carolina, Virginia, West Virginia
6. Fifth Circuit : District of the Canal Zone, Louisiana, Mississippi, Texas
7. Sixth Circuit : Kentucky, Michigan, Ohio, Tennessee
8. Seventh Circuit : Illinois, Indiana, Wisconsin
9. Eighth Circuit : Arkansas, Iowa, Minnesota, Missouri, Nebraska, North Dakota, South Dakota
10. Ninth Circuit : Alaska, Arizona, California, Idaho, Montana, Nevada, Oregon, Washington, Guam, Hawaii
11. Tenth Circuit : Colorado, Kansas, New Mexico, Oklahoma, Utah, Wyoming.
12. Eleventh Circuit : Alabama, Florida, Georgia.
13. Federal Circuit : All Federal Judicial Districts.

다) 연방지방법원

〈그림 2〉 미국 연방지방법원과 연방항소법원의 관할지역77)

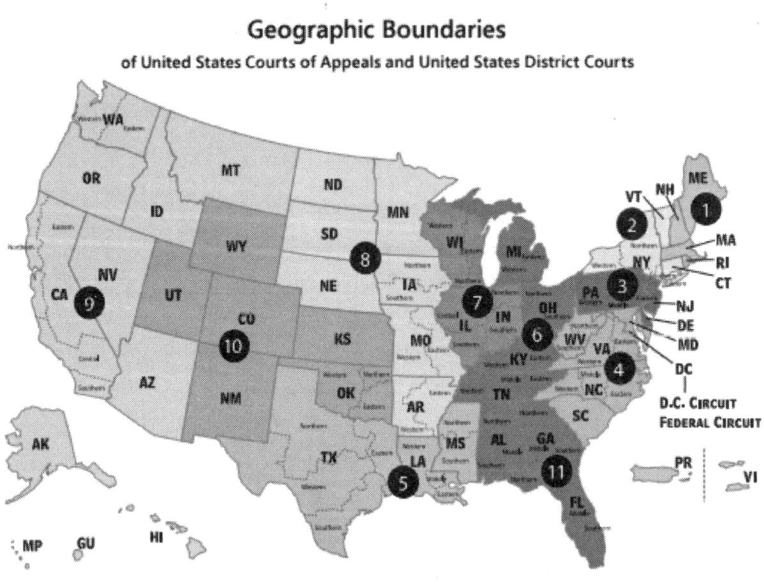

77) Administrative Office of the US Courts, supra note 67, at 7.

연방지방법원(Federal District Courts)은 총 94개가 설치되어 운영되고 있고, 연방법에 관한 민·형사사건을 담당하고 있다.[78] 2010년 기준으로 282,895건의 민사소송과 78,428건의 형사소송이 연방지방법원에 제기되었다.[79]

그 밖의 연방전문법원으로 연방청구법원, 국제거래법원, 조세법원, 퇴역군인항소법원이 설치되어 운영되고 있다. 연방청구법원은 연방정부에 대한 불법행위소송을 담당하고 있고, 조세법원은 세금관련 분쟁을 담당하며, 퇴역군인항소법원은 퇴연군인의 이익에 관한 소송을 담당하며, 국제거래법원은 연방정부와 외국산 물품의 수입업지간의 분쟁을 담당하고 있다.[80]

(2) 사건의 범위－관할

1) 연방법원의 원심관할권(original jurisdiction)

가) 의의

사법부에 관한 규정인 연방헌법 제3조 제2항에 의하면 사법권은 모든 해사사건을 관할한다고 규정하고 있는데, 연방의회는 이러한 해사사건 관할에 대한 구체적 사항을 1789년 최초법원조직법(First Judiciary Act)에 규정하였다. 미국의 연방법은 연방지방법원에 해사사건, 즉 민사사건에 대한 원심 관할권을 부여하고 있는데, 그 내용은 아래의 표와 같다.[81]

[표 8] 연방지방법원의 해사관할권[82]

§1333. 해사 및 포획물 사건(Admiralty, maritime and prize cases) 연방지방법원(district courts)은 다음의 사건에 대하여 주 법원을 배제하는 원심 관할권(original jurisdiction)을 갖는다. (1) 해사관할(admiralty or maritime jurisdiction)의 모든 민사사건. 단, 청구인이 다른 구제에 대한 권리를 가진 경우는 예외로 한다. (2) 미국으로 가져온 포획물 및 포획물 수용에 관한 절차.

78) John M. Scheb II & Hemant Sharma, supra note 61, at 38.
79) See US Supreme Court, 2010 Year－End Report on the Federal Judiciary, at 9.
80) John M. Scheb II & Hemant Sharma, supra note 61, at 42.
81) 변지영·김현범, 전게 보고서, 104면.

나) 가항수역(navigable waters)

① 의의

해사관할의 전통적인 무대는 바다이고 이는 간조선 내의 수역을 포함한다. 그런데 강이나 호수 등이 해사관할에 해당하는지가 문제가 되었다.[83] 이것이 가항수역의 문제인데, 어떠한 사건이 해사관할에 해당하기 위해서는 강이나 호수 등이 가항수역일 것을 요한다.[84]

② 증명책임

가항성의 여부는 사실문제이고 그 증명책임은 해사관할임을 주장하는 당사자가 부담하여야 한다.[85]

③ 주간통상의 이용

가항성의 첫 번째 요건은 강이 주들을 연결하는 통로이어야 한다는 점이다. 즉 여러 주에 걸친 해상기업활동이 이루어져야 한다. 따라서 강이 한 주내에 위치하는 경우에는 가항수역이 아니다.[86]

④ 항해가능성

가항성의 두 번째 요건은 실제로 항해가 가능하여야 한다는 점이다. 즉 현재 해상상업운송에 제공되고 있거나 제공될 가능성이 있어야 한다. 따라서 상업활동을 하였다면 항해의 형태나 선박의 종류는 중요하지 않다.[87]

다) 예외 : 주법원의 관할

연방법 제1333조 제1항에 의하면, 주법원에 구제절차가 있는 경우 해사사건의 경우에도 주법원에 제소할 수가 있는데, 대표적인 사건 유형은 선원이 제기하는 소송이라고 할 수 있다. 그러나 이 경우 대인소송(Action in personam)은 가능하지만 대물소송(Action in rem)을 할 수는 없다.[88]

---

82) 변지영·김현범, 상게 보고서, 104면.
83) 송상현·김현, 상게서, 79면.
84) 가항수역에 관한 연방대법원의 판결로는 77 U.S. (10 Wall.) 557 (1871).
85) 송상현·김현, 전게서, 79면.
86) 송상현·김현, 상게서, 80면.
87) 송상현·김현, 상게서, 80면.
88) 윤석희, "미국해상법상의 주요 특징에 관한 개론적 고찰", 「해상·보험법연구」 제6권 1호, 해상·보

라) 해사관할의 절차적 특수성

해사사건에도 일반민사사건과 동일한 절차법이 적용되는데, 그 절차법이 연방민사소송규칙(Federal Rules of Civil Procedure)이다. 그러나 해사사건에 적용되는 특별한 규칙이 있는데, 그것은 연방민사소송규칙 제9(e)조라고 할 수 있다.[89)]

연방민사소송규칙 제9(e)조에 의하면, 해사관할 하의 소송이 다른 이유로 연방지방법원의 관할에 속하게 된 경우에는 해사소송이라는 취지를 밝혀야 하고, 만약 그 청구가 해상법에 의해서만 인정되는 것이라면 그 청구는 해사소송임을 밝혔는지의 여부와 관계없이 해상소송이 된다. 해사소송이 제기되면 「해사소송에 관한 보칙(Supplemental Rules for Certain Admiralty and Maritime Claims)」에 의한 특별절차가 적용된다. 나아가 해사소송에는 배심제도가 적용되지 않는 것이 일반적이다.[90)]

2) 연방법에 따른 해사관할

연방법원이 갖는 배타적인 관할권은 대물소송, 해난구조, 포획물(prize)사건과 공동해손 사건이고, 그 밖에 별도의 연방법인 선주책임제한법(the Limitation of Shipowners' Liability Act)[91)], 선박저당법(Ship Mortgage Act)[92)], 해사소송법(Suits in Admiralty Act)[93)], 공공선박법(Public Vessels Act)[94)], 해외 주권면제법(Foreign Sovereign Immunities Act)[95)] 등에 따라 해사관할이 부여된다.[96)]

험법연구회, 2010.08, 83~84면.
89) 송상현 · 김현, 전게서, 79면.
90) 송상현 · 김현, 상게서, 79면.
91) 46 U. S. C. § 183 et seq.
92) 46 U. S. C. § 911 et seq.
93) 46 U. S. C. § 741 et seq.
94) 46 U. S. C. § 781 et seq.
95) 46 U. S. C. § 1330.
96) Thomas J. Schoenbaum, *Admiralty and Maritime Law*, Fourth ed., Thomson West, 2004, at 7; 변지영 · 김현범, 전게 보고서, 105면.

3) 보통법에 따른 해사관할

가) 해사계약(maritime contract)

해사관할에 속하는 해사계약은 선박사용, 가항수역에서의 통상이나 항행, 해상운송, 해상고용에 관한 계약을 말하며, 해당 계약의 내용이 선박운항 및 항해와 직접적이고 밀접한 관련이 있어야 한다.[97]

[표 9] 해사계약의 종류[98]

- 선박에 대한 용역이나 선용품 또는 부속품 공급계약
- 용선계약
- 부두사용계약
- 선박보관계약
- 물품운송계약
- 하역계약
- 해상여객운송계약
- 해상보험계약
- 도선계약
- 선원고용계약
- 해난구조계약
- 예선계약
- 선박저당계약
- 해양과학조사를 위한 선박이용계약
- 석유·가스시추작업을 위한 선박이용계약
- 근해 석유시추장비까지 사람과 공급품을 운송하는 계약
- 화물의 선적·양륙에 관한 계약
- 해상운송에 사용되는 컨테이너의 매매·임대차 계약
- 선박수리계약

그러나 선박건조계약,[99] 선박건조에 필요한 기자재를 공급하는 계약,[100] 선박매매계약[101] 등은 해사계약에 속하지 않는다.[102] 선박건조계약은 해사관할

97) 송상현·김현, 전게서, 87면.
98) 송상현·김현, 상게서, 87~88면.
99) See Walter v. Marine Office of America, 537 F.2d. 89, 1977 AMC 1471 (5th Cir. 1976); Thomas J. Schoenbaum, supra note 97, at 139.
100) Id.

에 속하지 않는다고 하는 것이 판례의 입장[103]인데, 그 이유는 ① 선박건조계약이 육지에서 체결되고 이행되는 것이 일반적이라는 점과 ② 선박건조계약은 항해의 예비행위에 불과하다는 점을 들고 있다.[104] 나아가 선박매매계약도 해사관할에 속하지 않는다고 하는 것이 판례의 입장[105]인데, 그 이유로는 선박매매계약이 항해의 예비행위에 불과하다는 점을 들고 있다.[106]

나) 해사불법행위(maritime torts)

불법행위소송이 해사관할에 속하려면, 사고가 ① 가항수역에서 발생하고, ② 전통적 해상활동과 중요한 관련성이 있으며, ③ 잠재적으로 해상기업활동에 부정적인 영향을 주어야 한다.[107]

항공기불법행위소송이 해사관할로부터 완전히 배제되는 것은 아니다. 예를 들면, 해상시추구조물에 승객이나 화물을 운반하는데 사용되는 헬리콥터가 해상에 추락하였다면, 이 사건은 해사관할에 속한다.[108]

(3) 실증적 증거－해사사건판결의 수

미국의 경우 매년 연방법원이 처리하는 총사건 수에서 해사사건의 수 및 해사사건판결의 수는 상대적으로 매우 적은 수준일 것이라고 추정할 수 있다. 예컨대, 연방지방법원의 민사사건의 총수에서 해사사건의 수가 차지하는 비율은 연간 약 0.8%에 불과하다.[109]

101) See Lynnhaven Dolphin Corp. v. E.L.O. Enterprises, 776 F.2d. 538 (5th Cir. 1985); David W. Robertson, Steven F. Friedell & Michael F. Sturley, supra note 1, at, 52.
102) Thomas J. Schoenbaum, supra note 97, at 139～140; 송상현 · 김현, 전게서, 87～88면.
103) Nicholas J. Healy & David. J. Sharpe, supra note 12, at 36.
104) 송상현 · 김현, 전게서, 87면.
105) Nicholas J. Healy & David. J. Sharpe, supra note 12, at 244.
106) 송상현 · 김현, 전게서, 88면.
107) 송상현 · 김현, 상게서, 83면.
108) 송상현 · 김현, 상게서, 83면.
109) 전게 부산시 용역보고서, 241면.

[표 10] 2016~2020년간 연방법원의 총사건 수[110)]

	2016	2017	2018	2019	2020
연방대법원 사건 수	6,305	6,315	6,442	5,411	미확인
연방순회법원 사건 수	60,357	50,506	49,276	48,486	48,190
연방지방법원 민사사건 수	291,851	267,769	282,936	297,877	470,581

[표 11] 2016~2020년 해사사건의 수[111)]

	2016	2017	2018	2019	2020
연방지방법원 민사사건 수	291,851	267,769	282,936	297,877	470,581
해사사건의 수	2,354	2,145	2,143	2,095	2,128
비율	0.8%	0.8%	0.8%	0.7%	0.5%

[표 12] 2013~2020년간 연방법원의 해사사건 판결의 수[112)]

	2013	2014	2015	2016	2017	2018	2019	2020
연방대법원 판결의 수	1	–	–	–	–	–	1	–
연방순회법원 판결의 수	29	11	9	1	2	–	1	–

[표 13] 1990~2002년간 연방대법원의 해사사건 판결의 수[113)]

	90	91	92	93	94	95	96	97	98	99	00	01	02
판결의 수	2	2	*	*	3	4	4	2	3	*	1	5	3

* 해당 연도의 연방대법원의 판결이 없거나 확인 불가.

110) 연방대법원이 매년 초 발간하는 Year－End Report on the Federal Judiciary의 2015년부터 2020년의 통계자료를 필자가 정리한 것임.

111) U. S. District Courts－Civil Judicial Business(Sep. 30, 2020) 자료를 참고하여 정리한 것임.

112) 호주 연방법원의 홈페이지에 연도별로 소개된 미국의 해사사건 판결의 수를 필자가 정리한 것임. See https://www.fedcourt.gov.au.

113) See WWW.admiraltylawguide.com/supremecourt00s&90s.html(2021－06－19)

Ⅳ. 결론-입법정책적 시사점

영국은 현재까지 해사분쟁해결에 있어서 국제적 명성을 이어오고 있는데, 그 배경에는 해상법 분야의 전통성과 전문성이 있다고 할 수 있다. 영국의 법원제도에 의하면, 해사사건은 고등법원 여왕좌부의 해사전문재판부(Admiralty Court)에 의해 처리되고 있는데, 그 전문성으로 인해 국제적인 신뢰를 얻고 있다고 할 수 있다. 2020년 해사전문재판부에 접수된 해사사건의 수는 200건이었고, 2020년 고등법원이 공개한 해사사건 판결의 수는 10건이었다. 특별히 해사사건의 약 50%가 국제적 성격의 해사사건이었다는 점을 보면, 영국의 해사사건처리제도의 국제적 명성을 재확인할 수 있다고 생각된다.

미국은 영국 보통법(common law)의 전통을 계승하였지만, 영국식의 해사법원제도를 도입하지 않은 채, 판례를 통해 해사관할권을 확대하며 고유의 해상법을 발전시켜 왔다고 할 수 있다. 특히 해양과 해운업의 국가적 중요성을 인식하고, 해사관할권을 연방법원에 귀속시켰다고 할 수 있다. 2000년부터 2002년 3년 동안 연방대법원의 해사사건 판결의 수는 평균 3건에 불과하였다. 결론적으로 미국의 경우 매년 연방법원이 처리하는 총사건 수에서 해사사건의 수 및 해사사건판결의 수는 상대적으로 매우 적은 수준일 것이라고 추정할 수 있는데, 예를 들면, 연방지방법원의 민사사건의 총수에서 해사사건의 수가 차지하는 비율은 연간 약 0.8%에 불과하였다.

영국이나 미국 모두 독립적인 해사전문법원이 설립되어 운영되고 있는 것은 아니지만, 고유의 해사사건처리제도를 구축해 운영하고 있다고 평가할 수 있다. 우리나라의 경우 20대 국회[114]에 이어 21대 국회에도 해사전문법원 설립에 관한 법안이 다수 제기되어 논의가 되고 있는 상황이다. 이와 관련하여 몇 가지 입법 정책적 시사점을 정리하면 다음과 같다.

첫째, 단순히 연간 해사사건의 처리건수에 집착할 것이 아니나 해사사건처리의 전문성 및 국제성과 향후의 발전가능성을 고려할 필요가 있다는 점이다.

114) 20대 국회에서 발의되었던 법률안으로는 김영춘 의원안, 유기준 의원안, 정유섭 의원안, 안상수 의원안이 있다.

둘째, 해사사건의 범위와 관련하여 고유의 범위를 확립할 필요가 있다고 생각된다. 예를 들면, 미국의 경우 해사관할에 선박건조계약, 선박매매계약, 선수금환급보증 등과 같은 선박금융계약은 속하지 않지만, 우리나라의 경우 이러한 계약을 해사사건의 범위 안에 넣을 수 있을 것이다.

셋째, 동북아 물류의 중심지 및 해양금융 중심지의 비전을 고려해 볼 때, 해사전문법원의 입지는 이러한 국가적 비전에 발맞추어 선정되는 것이 바람직할 것이라고 생각된다.

참고문헌

I. 국내문헌

김인현, 제5판 「해상법」, 법문사, 2018.

김현 · 송상현, 제5판 「해상법원론」, 박영사, 2015.

변지영 · 김현범, 「해사쟁송절차 개선에 관한 연구」, 사법정책연구원, 2019.

윤석희, "미국해상법상의 주요 특징에 관한 개론적 고찰", 「해상 · 보험법연구」 제6권 1호, 해상 · 보험법연구회, 2010.08.

이상윤, 개정판 「영미법」, 박영사, 2007.

이재찬, 「해사법원 설치에 관한 연구」, 사법정책연구원, 2021.

정영석, 「해상법원론」, 텍스트북스, 2008.

최종현, 제2판 「해상법상론」, 박영사, 2014.

허윤수 · 김진권 · 박문학 · 이정원 · 홍성화, 「해사전문법원 설립 및 유치방안」, 부산발전연구원, 2017.

해사전문법원 부산설립 타당성 용역(최종보고서), 부산광역시, 2022.

II. 외국문헌

David S. Clark & Tugrul Ansay ed., Introduction to the Law of the United States, Second ed., Kluwer, 2001.

David W. Robertson, Steven F. Friedell & Michael F. Sturley, Admiralty and Maritime Law in the United States, Second ed., Carolina Academic Press, 2008.

E. Allan Farnsworth, Edited by Steve Sheppard, An Introduction to the Legal System of the United States, Fourth ed., Oxford, 2010.

Frank L. Maraist, Thomas C. Galligan, Jr. & Catherine M. Maraist, Maritime Law, THOMSON WEST, 2003.

John M. Scheb II & Hemant Sharma, An Introduction to the American Legal System, Third ed., Wolters Kluwer, 2013.

Nicholas J. Healy & David. J. Sharpe, Admiralty, Third ed., West Group, 1999.

Martin Dockray, Carriage of Goods by Sea, Third ed., CAVENDISH Publishing, 2004.

Susan Hodges & Christopher Hill, Principles of Maritime Law, LLP, 2001.
Thomas J. Schoenbaum, Admiralty and Maritime Law, Fourth ed., Thomson West, 2004.

해사법원, 왜 부산인가?*

정 영 석

Ⅰ. 머리말

지난 10여년 전부터 해사법원 설립을 요구하는 목소리가 해운업계, 학계, 법조계 등을 중심으로 꾸준하게 나오고 있다. 해사사건의 심리에 전문성을 요한다는 점을 법원도 인정하고 있기 때문에 부산지방법원과 서울중앙지방법원, 부산고등법원과 서울고등법원 등에 해사전담재판부를 설치해서 운영해 오고 있다. 그러나 법원 설립에 필요한 충분한 사건수의 확보 등 법원이 자체적으로 해사법원의 설립을 추진하기에는 다소 어려움이 있기 때문에, 20대 국회와 21대 국회에서 입법안이 제출되고 있음에도 불구하고 논의가 더 이상 진전을 보지 못하고 있는 것으로 생각된다.

해사법원의 설치는 법원의 재판수요만으로 판단할 수 있는 단순한 문제가 아니고 우리 해양산업을 한 단계 발전시켜서 우리 국민이 선호하는 양질의 일거리를 창출할 수 있는 계기, 즉 인프라로 검토가 되어야 한다. 해양산업의 핵심 분야인 해운분야에서는 국적선보유량이나 해상운임 수입이라는 측면에서는 1945년 해방 직후와 비교 했을 때 각각 2,822%, 27,200%(1970년과 비교) 이상의 고도의 성장을 거듭해 왔다. 그러나 여전히 해운산업의 중심지는 영국이라는 인식이 팽배해 있고, 세계 9위의 무역대국이라는 든든한 배경에도 불구하고 해운산업이 물류현장 중심의 운송업에서 한 발짝도 더 나아가지 못하고 낙후된 산업으로 인식되고 있다. 반면, 영국, 싱가포르 등 해운선진국은 해운중개·해양금융·해사법률서비스라는 해운비즈니스산업을 통해서 해운산업을

* 이 글은 2022년 한국해양대 세계해양발전연구소의 「세계해양발전연구」 제31권에 게재한 논문을 수정 및 보완한 것임.

실질적으로 지배하고 고소득·양질의 일자리를 제공하고 있다. 해운비즈니스산업은 국제계약이라는 법적 수단을 통해서 이루어지기 때문에 해사법률서비스산업이 발달하지 않고는 성장할 수 없다. 후발 해운국인 우리나라의 입장에서는 자연발생적으로 시장이 형성되기를 기다리기 보다는 해사법원과 같은 제도적 인프라의 구축을 통해서 적극적으로 동력을 마련할 필요가 있다.

이하에서는 글로벌 해운·조선시장의 동향과 부산의 해운·조선산업 동향을 파악하고, 이를 바탕으로 해운비즈니산업의 활성화를 통한 경제효과의 일부를 분석해서 해사법원의 설립의 정책적 필요성을 제안하고자 한다.

II. 발전단계로 본 우리나라 해운산업의 과제

우리나라는 2020년말 수출액 기준 세계5위, 수입액 기준 세계9위의 무역국이다([표 1], [표 2]). 우리나라가 수출액뿐만 아니라 수입액도 세계 10위 이내에 드는 것은 에너지를 비롯한 원자재의 대부분을 수입에 의존해 있기 때문이다. 수출입 화물의 99.7%를 해상운송에 의존한다는 해운협회의 주장에 따르면 우리 경제에서 해운산업이 차지하는 비중은 단순히 수치로는 설명하기 어려울 정도로 중요하다.

[표 1] 세계 수출국 순위(2020년도)[1)]

순위	국가명	수출액($)
1	중국	2조1,600억
2	미국	1조5,800억
3	독일	1조4,000억
4	일본	6,833억
5	대한민국	5,774억
6	프랑스	5,518억
7	네덜란드	5,264억
8	이탈리아	4,991억
9	홍콩	4,969억
10	영국	4,365억

[표 2] 세계 수입국 순위(2020년도)[2)]

순위	국가명	수출액($)
1	미국	2조755억
2	중국	2조555억
3	독일	1조1,718억
4	일본	6,345억
5	영국	6,318억
6	네덜란드	5,960억
7	프랑스	5,692억
8	인도	4,788억(2019년)
9	대한민국	4,675억
10	멕시코	4,672억(2019년)

1) https://catsby0723.tistory.com/151.
2) https://catsby0723.tistory.com/287

1945년 외항선이라고는 선령 25년된 부산호(총톤수 1,625톤)라는 소형 선박 한 척으로 출발한 우리 해운산업[3]은 1967년 「해운진흥법」의 제정과 정부의 적극적 지원을 계기로 눈부신 성장을 거듭하여 1974년에는 선박보유량이 100만톤(G/T), 1995년 1,000만톤(G/T)을 돌파하였고[4]2020년 말 현재 국적선은 48,452,775톤(G/T)에 달한다.[5] 또 외항해운의 해운수입은 1970년대 초반까지만 해도 1억 달러를 밑돌았으나 1970년대 후반 10억 달러, 1995년 100억 달러를 넘어섰고 2008년 469억 달러를 최고점으로 하여 2020년 말 현재 272억 달러에 달하고 있다. 이와 같이 우리 해운산업은 1945년 내비 국적선 보유량은 2,822%, 1970년 대비 해운수입은 27,200%라는 엄청난 성장을 거듭해 왔다. 그러나 우리 해운산업의 엄청난 외형적 성장에도 불구하고 여전히 해운산업의 중심지를 영국이라고 하고 있다는 점에서 해운산업의 발전단계와 우리 해운산업의 현재 위치를 살펴 볼 필요가 있다.

해운산업은 발달 단계에 따라, 선원공급단계(1단계), 선박운항단계(2단계), 해운서비스산업단계(3단계) 등으로 구분할 수 있다. 제1단계는 우리 국적선이나 국적선사가 발달하지 못하였던 1945년에서 1970년대말까지의 시기로 해외취업선에 우리 선원을 송출하던 시기를 들 수 있다. 2단계는 국적선사에서 선박을 매수하거나 용선하여 해상운송업을 영위하는 시기로 들 수 있다. 3단계는 용대선이나 매매를 목적으로 선박을 소유하는 단계인데, 선박소유로 인한 용대선 수익 실현, 선박매매차익실현, 운임선물거래 등 해상운송업 외에 선박 또는 운송업을 매개로 한 투자수익을 구현하는 단계로 보아야 한다. 이러한 단계에서는 해운거래의 수단인 해운중개 · 해양금융 · 해사법률서비스가 해양서비스산업 단계로 발전하는 단계를 말한다.

1984년 해운산업합리화 조치 이후 약 30년만에 발생한 한진해운 도산사태

---

3) 1946년 미군정청 산하의 해상운수국이 국적선의 일제등록을 실시했는데, 당시 선대규모는 313척, 1만7,170톤(G/T)로 선박 1척당 평균 55톤에 불과한 소형선박밖에 없었다. 이들 선박의 대부분은 어선이었지만 도서지방 여객수송에 투입하기 위해 상선으로 등록했다; http://www.haesanews.com/news/articleView.html?section_id=20070116155246281257.

4) http://www.haesanews.com/news/articleView.html?section_id=20070116155246281257.

5) 지배상선대로는 2020년 1월 현재 80,595,000톤(dwt)에 달하여 세계 7위의 지배선대를 보유한 국가가 되었다 ; UN, 2020 Handbook of Statistics, (UN, 2020), p. 79 Economy of ownership(Ranked by tonnage owned).

에서 보듯이 우리 해운산업은 외형적 성장과는 달리 구조적인 측면에서는 여전히 1단계 내지 2단계 초에 머물러 있다. 반면, 중국, 일본, 홍콩, 싱가폴 등 우리 주변 국가는 세계 최대 물류와 조선시장을 기반으로 영국을 대체하여 해운비즈니스시장을 선점하기 위한 다양한 노력을 기울이고 있다. 그 중의 하나가 중국의 해사법원제도 도입, 싱가폴과 홍콩 등의 해사중재제도의 도입 등 해운중개시장의 활성화를 위한 기반 조성이다. 다소 늦은 감은 있지만 우리나라도 세계 1위의 조선밸트와 세계2위의 환적항인 부산을 중심으로 해운비즈니스산업을 활성화할 수 있는 기반 조성이 필요하다. 후발주자로서 해운비즈니스산업의 활성화하기 위해서는 해양금융중심지정책과 아태해사중재센터의 설립에 이은 해사법원의 설치라는 인프라의 구축이 신속하게 구축될 필요가 있다.

Ⅲ. 글로벌 해운 · 조선시장 동향

1. 세계 해상교역의 아시아 주도

2020년 3분기 현재 글로벌 정기선 네트워크는 중국, 싱가폴, 한국, 미국, 말레이시아의 5개국이 주도하고 있다([그림 1] 참조).

〈그림 1〉 Liner Shipping Connectivity Index, Top Five Economies (China Q1 2006 = 100)6)

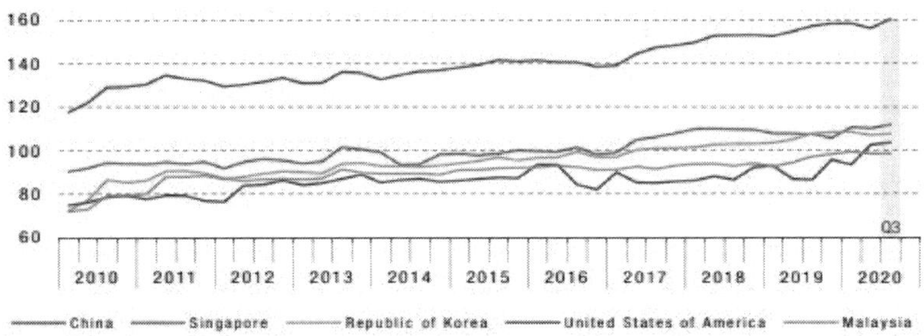

부산항이 속한 북미－동아시아－유럽 항로가 주도하고 있어서 전 세계 해상물동량처리를 중국, 싱가폴, 한국 등 아시아 국가가 전세계 해상교역량의 38.6%를 차지하고 있다(2019년, [표 3] 참조)

〈표 3〉 Total Seaborne Trade By Group Of Economies7)

Group of economies	Loaded			Unloaded			Balance	
	Volume (Millions of tons)		Annual growth rate (Percentage)	Volume (Millions of tons)		Annual growth rate (Percentage)	Volume (Millions of tons)	
	2014	2019	2019	2014	2019	2019	2014	2019
World[a]	**9 816**	**11 076**	**0.5**	**9 720**	**11 083**	**0.6**	**96**	**-7**
Developing economies	5 881	6 425	-0.3	5 930	7 201	1.8	-49	-776
Developing economies: Africa	738	762	-0.1	445	504	0.5	293	258
Developing economies: America	1 301	1 386	0.1	572	622	-2.6	729	765
Developing economies: Asia and Oceania	3 842	4 276	-0.4	4 913	6 075	2.4	-1 071	-1 798
Transition economies	592	716	0.4	100	102	2.7	491	614
Developed economies	3 344	3 935	1.9	3 690	3 780	-1.7	-346	155

[a] Annual world totals of goods loaded and unloaded are not necessarily the same, given that goods loaded in one calendar year may reach their port of destination in the next calendar year.

2. 글로벌 조선시장의 한 · 중 · 일 주도

2019년 기준 글로벌 신조선의 93%(톤수기준)을 한국, 중국, 일본에서 건조했다.8)

3. 전 세계 상선대의 약 50% 이상을 아시아 출신 선주가 소유

2020.1. 현재 일본(11%), 중국(11%), 싱가폴(7%), 홍콩(5%), 기타 한국 등 아시아 출신 선주가 전세계 상선대의 50% 이상 소유하고 있다.

6) UNCTAD 2020 Handbook of Statistics, (Geneva, 2020), p. 80 Figure 5.3.1.
7) UN, UNCTAD 2020 Handbook of Statistics, (Geneva, 2020), p. 80 Figure 5.1.1.
8) UN, UNCTAD 2020 Handbook of Statistics, (UN, 2020), p. 76.

〈그림 2〉 Fleet Market Size By Region Of Beneficial Ownership, 2020(Millions of dead-weight tons)[9]

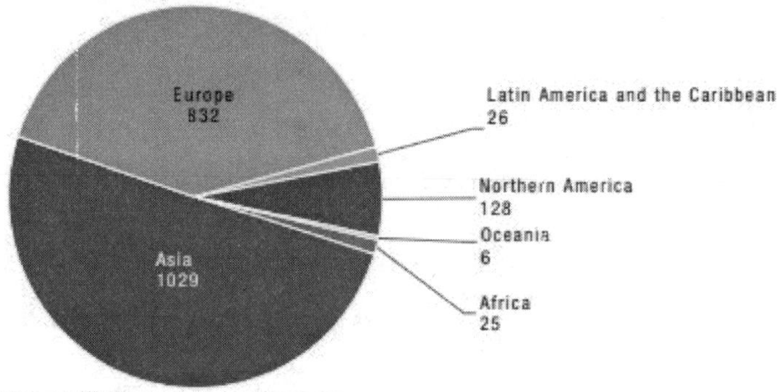

Sources: UNCTADstat (UNCTAD, 2020a); Clarksons Research.
Note: Commercial ships of 1000 gt and above; beginning-of-year figures.

4. 해운비즈니스 시장의 아시아 이동 가속화에 따른 적극 대응 필요

우리나라, 중국, 일본, 홍콩, 싱가폴 등 아시아의 해운물류와 조선산업의 주도로 인하여 해운중개(선박중개 포함)·해양금융·해사법률서비스 등 해운비즈니스 시장의 중심이 영국에서 아시아로 이동하지 않을 수 없는 여건이 조성되어 있다. 선박공급(조선)·해운물류의 중심이 아시아로 이동함에 따라 해운비즈니스 시장이 싱가폴·홍콩·상하이·한국 등으로 이동이 진행 중으로 알려져 있다. 해운중개·해양금융서비스는 해사법률서비스가 제공되어야 하기 때문에 싱가폴에 해사전담판사제도 도입과 중국에 11개 해사법원 도입, 영국 대형로펌의 해상팀 싱가폴 이동 등 활발한 변화가 발생하고 있다.

이에 따라 우리나라에서도 해사법률시장의 기반 마련이 필요하다. 이는 해운중개 및 해양금융은 국제계약의 일종으로 계약조건의 검토에서 분쟁의 해결까지 해사법 전문가에 의한 법률서비스가 필수적이기 때문이다. 해사법률서비스 시장의 선점은 해운중개·해양금융과 함께 해양비즈니스 서비스의 완성에 이르게 되고 우리나라에서 건조하는 선박의 중개 및 금융서비스까지 우리나라에서 시작하여 종결지을 수 있는 계기가 되기 때문이다.

9) UN, UNCTAD 2020 Handbook of Statistics, (Geneva, 2020), p. 76 figure 5.2.2.

생산 현장 중심의 조선과 해운산업을 해운비즈니스산업과 연계하여 고급화·고부가가치 산업으로 성장시킬 수 있다는 점에서 해사법률서비스 시장의 기반 조성을 위한 해사법원 설치가 필요하다. 이러한 필요에 따라 이미 중국은 11개 해양도시에 해사법원을 설치하여 운영 중이다.

Ⅳ. 부산의 해운·조선산업의 동향

1. 세계 7위의 컨테이너 항만 보유

부산항은 컨테이너 화물 처리실적 기준 세계 7위의 항만이지만, 세계 10대 항만 중 7개 항만이 중국의 항만이기 때문에 국가별로는 중국, 싱가폴에 이은 세계 3위의 컨테이너 항만 보유국에 속한다. 특히 부산항은 2020년 기준 전 세계 269개 지역과 정기선 서비스를 제공하고, 61개 선사가 기항하는 세계적 허브항이라는 점에서 세계적 해운물류의 중심지이다.

〈그림 3〉 세계 주요 항만 컨테이너 화물 처리실적[10)]

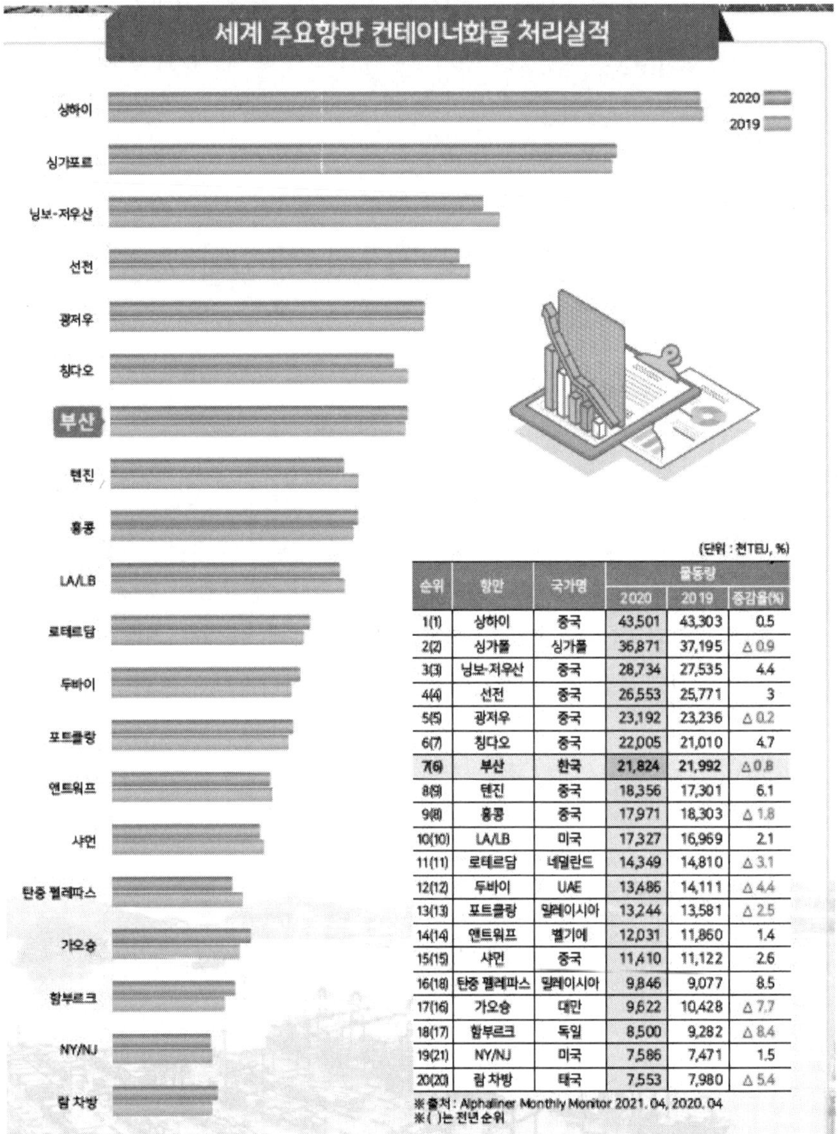

(단위 : 천TEU, %)

순위	항만	국가명	물동량		
			2020	2019	증감율(%)
1(1)	상하이	중국	43,501	43,303	0.5
2(2)	싱가폴	싱가폴	36,871	37,195	△ 0.9
3(3)	닝보-저우산	중국	28,734	27,535	4.4
4(4)	선전	중국	26,553	25,771	3
5(5)	광저우	중국	23,192	23,236	△ 0.2
6(7)	칭다오	중국	22,005	21,010	4.7
7(6)	부산	한국	21,824	21,992	△ 0.8
8(9)	톈진	중국	18,356	17,301	6.1
9(8)	홍콩	중국	17,971	18,303	△ 1.8
10(10)	LA/LB	미국	17,327	16,969	2.1
11(11)	로테르담	네덜란드	14,349	14,810	△ 3.1
12(12)	두바이	UAE	13,486	14,111	△ 4.4
13(13)	포트클랑	말레이시아	13,244	13,581	△ 2.5
14(14)	앤트워프	벨기에	12,031	11,860	1.4
15(15)	샤먼	중국	11,410	11,122	2.6
16(18)	탄중 펠레파스	말레이시아	9,846	9,077	8.5
17(16)	가오숑	대만	9,622	10,428	△ 7.7
18(17)	함부르크	독일	8,500	9,282	△ 8.4
19(21)	NY/NJ	미국	7,586	7,471	1.5
20(20)	람 차방	태국	7,553	7,980	△ 5.4

※ 출처 : Alphaliner Monthly Monitor 2021. 04, 2020. 04
※ ( )는 전년순위

10) 2020년 부산항 컨테이너 화물 처리 및 수송통계, (부산항만공사, 2021), 4쪽.

〈표 4〉 부산항-지역별 정기 서비스 현황[11)]

지 역 별	서비스 개수						비 중(%)
	2016년	2017년	2018년	2019년	2020년	증감	
중 국	41	35	42	46	47	1	17.2
일 본	77	73	67	73	68	△5	27.2
동 남 아	51	53	58	50	50	-	18.7
미주 서안	27	29	30	28	25	△3	10.4
미주 동안	13	12	13	13	17	4	4.9
남미 서안	8	7	7	9	12	3	3.4
남미 동안	4	3	3	3	2	△1	1.1
북 유 럽	6	5	5	5	6	1	1.9
지 중 해	10	8	11	11	9	△2	4.1
중 동	7	5	5	6	4	△2	2.2
서 남 아	7	6	6	7	6	△1	2.6
대 양 주	7	7	6	7	6	△1	2.6
아프리카	2	1	2	2	5	3	0.7
러 시 아	8	9	8	8	12	4	3.0
합계	**268**	**253**	**263**	**268**	**269**	**1**	**100**

11) 2020년 부산항 컨테이너 화물 처리 및 수송통계, (부산항만공사, 2021), 39쪽.

〈표 5〉 부산항 정기기항 주요 선사[12)]

순번	선사명	국적	순번	선사명	국적
1	고려해운	한국	32	MSC	스위스
2	HMM		33	Interasia	대만
3	장금상선		34	Yang Ming	
4	흥아라인		35	Evergreen	
5	남성해운		36	Wanhai	
6	천경해운		37	TS Line	홍콩
7	범주해운		38	ONE	일본
8	팬오션		39	Camelia	
9	SM상선		40	Kambara Kisen	
10	동진상선		41	Kyowa	
11	태영상선		42	X-press	싱가포르
12	동영해운		43	PIL	
13	두우해운		44	Feedertech	
14	팬스타라인		45	Sea Lead	
15	부관훼리	중국	46	NPL	
16	COSCO그룹		47	RCL	태국
17	EAS		48	Samudera	인도네시아
18	SITC		49	ZIM(GSL)	이스라엘
19	Sinotrans		50	Swire	영국
20	CUL		51	PFL	뉴질랜드
21	HASCO		52	FESCO	러시아
22	Shanghai Jinjiang		53	SASCO	
23	Ri zhao Haitong		54	Matson	미국
24	Sofast		55	Westwood	
25	CCL		56	Emitates	UAE
26	TMSC		57	Simatech	
27	ASL		58	Nile Dutch	네덜란드
28	TCLC		59	Carpenters	피지
29	Maersk 그룹	덴마크	60	IRISL*	이란
30	CMA-CGM그룹	프랑스	61	Turkon	터키
31	Hapag-Lloyd(UASC)	독일			

12) 2020년 부산항 컨테이너 화물 처리 및 수송통계, (부산항만공사, 2021), 39쪽.

2. 세계 2위의 환적항만 보유

2018년, 2019년 기준으로 부산항은 싱가폴에 이은 세계 2위의 환적항만이라는 점에서 세계적인 물류의 중심지 역할이 입증되어 있다.

〈표 6〉 세계 환적 항만 순위(단위 : 천TEU, %)13)

순위		항만명	2018년			2019년			
'18	'19		전체 물량	환적 물량	환적 비중	전체 물량	환적 물량	환적 비중	증감율
1	1	Singapore	36,599	31,603	86.3	37,196	32,118	86.3	1.6
2	2	Busan	21,663	11,429	52.8	21,992	11,638	52.9	1.7
5	3	Port Klang	12,316	7,570	61.5	13,580	8,542	62.9	12.8
3	4	Tanjung Pelepas	8,961	8,402	93.8	9,078	8,506	93.7	1.2
4	5	Dubai	14,954	7,776	52.0	14,111	7,197	51.0	-7.4
7	6	Colombo	7,047	5,704	80.9	7,228	5,955	82.4	4.4
6	7	Hong Kong	19,596	6,240	31.8	18,303	5,563	30.4	-10.8
8	8	Rotterdam	14,513	5,152	35.5	14,811	5,184	35.0	0.6
9	9	Kaohsiung	10,446	4,872	46.6	10,429	4,864	46.6	-0.2
11	10	Piraeus	4,908	4,147	84.5	5,648	4,801	85.0	15.8

* 출처 : Drewry "Container Forecaster & Annual Review 2020/21"

3. 국내 최대 항만도시

국내 항만간 비교에서 부산항은 연간 21,823,995 Teu의 컨테이너를 처리해서 국내 항만 전체 컨테이너 처리량의 75.0% 처리하고 있다(2020년 기준). 이는 인천항(3,271,604 Teu, 전국의 11.2%), 광양항(2,158,755 Teu, 전국의 7.4%) 등 타 항만과 비교 불가한 수준이 압도적 국내 최대 항만임을 보여주고 있다.

13) 2020년 부산항 컨테이너 화물 처리 및 수송통계, (부산항만공사, 2021), 61쪽.

〈표 7〉 전국 항만별 컨테이너 화물 연도별 처리실적(단위 : TEU,%)14)

구 분		2016년	증감	2017년	증감	2018년	증감	2019년	증감	2020년	증감
전국항	총 계 (비중)	26,005,344 (100)	1.3	27,468,077 (100)	5.6	28,970,367 (100)	5.5	29,225,619 (100)	0.9	29,100,531 (100)	△0.4
	수출입	15,414,325	4.9	16,311,334	5.8	16,635,745	2.0	16,736,471	0.6	16,428,950	△1.8
	수 입	7,694,459	4.3	8,083,202	5.1	8,314,569	2.9	8,368,439	0.7	8,139,228	△2.7
	수 출	7,719,866	5.4	8,228,133	6.6	8,321,177	1.1	8,368,033	0.6	8,289,721	△0.9
	환 적	10,328,661	△3.6	10,710,178	3.7	12,063,033	12.6	12,282,957	1.8	12,487,076	1.7
	연 안	262,359	0.8	446,564	70.2	271,589	△39.2	206,190	△24.1	184,506	
부산항	합 계 (비중)	19,456,291 (74.8)	△0.1	20,493,475 (74.6)	5.3	21,662,572 (74.8)	5.7	21,992,000 (75.2)	1.5	21,823,995 (75.0)	△0.8
	수출입	9,620,466	2.7	10,186,274	5.9	10,233,267	0.5	10,354,105	1.2	9,803,836	△5.3
	수 입	4,801,127	1.9	5,042,321	5.0	5,116,859	1.5	5,191,570	1.5	4,852,617	△6.5
	수 출	4,819,339	3.6	5,143,952	6.7	5,116,409	△0.5	5,162,535	0.9	4,951,219	△4.1
	환 적	9,835,826	△2.7	10,225,417	4.0	11,429,305	11.8	11,637,896	1.8	12,020,126	3.3
	연 안									34	
광양항	합 계 (비중)	2,249,583 (8.7)	△3.3	2,233,213 (8.1)	△0.7	2,408,499 (8.3)	7.8	2,378,337 (8.1)	△1.3	2,158,755 (7.4)	△9.2
	수출입	1,806,485	3.2	1,753,604	△2.9	1,822,849	3.9	1,798,487	△1.3	1,788,002	△0.6
	수 입	893,876	2.9	857,745	△4.0	895,824	4.4	873,400	△2.5	874,457	0.1
	수 출	912,609	3.5	895,859	△1.8	927,026	3.5	925,086	△0.2	913,545	△1.2
	환 적	442,980	△23.3	441,628	△0.3	585,650	32.6	579,850	△1.0	370,513	△36.1
	연 안	118		37,981						240	
인천항	합 계 (비중)	2,679,504 (10.3)	12.7	3,048,233 (11.1)	13.8	3,121,368 (10.8)	2.4	3,091,955 (10.6)	△0.9	3,271,604 (11.2)	5.8
	수출입	2,654,698	13.0	2,978,310	12.2	3,087,102	3.7	3,052,444	△1.1	3,193,238	4.6
	수 입	1,373,667	12.2	1,527,744	11.2	1,586,774	3.9	1,565,393	△1.4	1,622,900	3.7
	수 출	1,281,031	13.7	1,450,566	13.2	1,500,328	3.4	1,487,051	△0.9	1,570,338	5.6
	환 적	15,669	△6.9	24,474	56.2	26,377	7.8	32,965	25.0	69,436	110.6
	연 안	9,138	△7.8	45,450	397.4	7,889	△82.6	6,546	△17.0	8,930	
울산항	합 계 (비중)	422,854 (1.6)	9.8	466,186 (1.7)	10.2	489,745 (1.7)	5.1	517,250 (1.8)	5.6	535,651 (1.8)	3.6
	수출입	411,921	9.4	453,384	10.1	484,500	6.9	510,629	5.4	532,014	4.2
	수 입	177,002	12.5	198,462	12.1	220,186	10.9	234,417	6.5	241,548	3.0
	수 출	234,919	7.2	254,922	8.5	264,314	3.7	276,212	4.5	290,466	5.2
	환 적	10,933	26.2	2,150	△80.3	5,245	144.0	6,621	26.2	3,637	△45.1
	연 안			10,652			△100.0			-	
평택·당진항	합 계 (비중)	623,339 (2.4)	10.2	643,233 (2.3)	3.2	689,853 (2.4)	7.2	725,047 (2.5)	5.1	792,643 (2.7)	9.3
	수출입	611,325	8.6	635,667	4.0	684,344	7.7	712,713	4.2	780,764	9.5
	수 입	302,846	9.3	316,705	4.6	346,355	9.4	359,665	3.8	391,129	8.7
	수 출	308,479	8.0	318,962	3.4	337,988	6.0	353,048	4.5	389,634	10.4
	환 적	12,014	298.6	5,013	△58.3	5,509	9.9	12,334	123.9	11,880	△3.7
	연 안	-	-	2,553	-	-	-	-	-	-	
기타항	합 계 (비중)	573,773 (2.2)	3.1	583,737 (2.1)	1.7	598,331 (2.1)	2.5	521,030 (1.8)	△12.9	517,883 (1.8)	△0.6
	수출입	309,430	3.8	304,095	△1.7	323,604	6.4	308,093	△4.8	331,097	7.5
	수 입	145,941	4.5	140,225	△3.9	148,572	6.0	143,994	△3.1	156,578	8.7
	수 출	163,489	3.1	163,872	0.2	175,113	6.9	164,101	△6.3	174,519	6.3
	환 적	11,239	41.9	11,496	2.3	10,947	△4.8	13,291	21.4	11,484	△13.6
	연 안	253,103	1.1	268,143	5.9	263,700	△1.7	199,644	△24.3	175,302	

* 출처 : PORT-MIS
* 10ft=0.5TEU, 20ft=1TEU, 40ft=2TEU, 45ft=2.25TEU로 집계됨에 따라 소수점 반올림에 의한 개별 물량 합계 차이 있을수 있음

14) 2020년 부산항 컨테이너 화물 처리 및 수송통계, (부산항만공사, 2021), 51쪽.

4. 국내 최대 조선 클러스터

부산은 울산-부산-거제 조선산업단지의 중심에 위치하여 현대중공업(한국중공업), 대우조선해양, 삼성중공업 등 세계 3대 조선소 소재지의 중심에 위치해 있어서 2020년 기준 선박 수주량 819만CGT, 수주금액 183억불(US$)로서 선박수주량 및 수주금액 기준 세계 1위를 기록하고 있는 세계 조선산업의 중심지에 위치해 있고, 우리나라 조선산업의 태동인 HJ중공업(구 대한조선공사)이 소재한 지역이다.

[표 8] 2020년 선박 수주량 및 수주금액[15)]

구 분	1위	2위	3위	4위
수주량(만CGT)	한국(819)	중국(793)	일본(137)	러시아(95)
수주금액(억불)	한국(183)	중국(145)	러시아(46)	일본(26)

5. 선박발주량 세계 3위의 해운국

국가별 신조선 발주량에서도 일본, 중국에 이어 우리나라는 세계 3위(선박척수 기준, 2019년)를 기록하고 있다.

15) 산업통상자원부자료 / 2021.01.05. 클락슨 기준.

[표 9] 국가별 연도별 신조선 발주 현황(Investment)[16]

구 분	2017		2018		2019	
	척	선가(Bil $)	척	선가(Bil $)	척	선가(Bil $)
그리스	146	5.4	123	11.0	76	6.0
노르웨이	62	4.8	81	5.0	33	1.7
이탈리아	17	8.4	33	2.2	18	5.9
독일	15	0.3	58	4.2	19	0.5
영국	28	1.7	24	2.4	10	1.0
덴마크	19	1.0	16	1.4	5	0.5
유럽 전체	425	29.4	432	33.2	254	26.6
중국	227	7.6	145	6.1	174	8.5
싱가포르	75	2.9	71	3.4	42	2.7
말레이시아	2	0.3	8	0.5	18	4.4
일본	192	5.9	314	11.2	227	8.2
한국	63	3.3	67	5.2	89	4.9
대만	26	0.7	69	2.7	47	2.6
아시아 전체	732	22.3	791	31.9	631	32.7
미국	44	15.3	49	9.7	26	10.0
중동지역	12	0.2	23	0.9	27	1.2
그외기타	112	17.5	144	12.7	147	15.7
전 세계 합계	1,300	69.7	1,390	78.7	1,059	76.2

(자료) Clarkson, World Shipyard Monitor 2020. 5

16) 한국해운협회, 2020 해사통계, 69쪽.

V. 해사법원 부산 설립의 필요성과 해운비즈니스산업의 활성화로 인한 효과

1. 해사법원 부산 설립 필요성

우리나라는 세계 7위의 컨테이너 항이자 세계 2위의 환적항인 부산항을 보유하고 있고, 선박건조량 1위, 선박발주량 세계 3위의 국가이지만, 생산 현장 중심의 전근대적 산업형태에 머물러 있다.

해운중개산업, 해양금융산업, 해사법률서비스산업 등 지식경제산업 중심으로 산업구조 재편을 통해 해운·물류 및 조선산업을 고부가가치산업, 고급인력이 활동할 수 있는 고용시장으로 전환할 필요가 있다. 해운중개산업, 해양금융산업은 국제계약 검토 등 법률서비스와 연동되는 고부가가치 산업으로서, 해운비즈니스 산업의 선진국인 영국에 비하여 후발주자의 입장에서 해사법원 설립이라는 해운비즈니스 산업 발전의 인위적 인프라의 구축이 필요하다.

우리나라 해운·항만·조선산업을 고부가가치 비즈니스산업으로 도약시키기 위해서는 국내 경쟁력보다는 세계적 해양산업도시의 브랜드 가치를 가진 부산에 해사법원 설립이 효과적이다. 이는 국내 최대, 세계 최상위권 해운·항만도시, 조선산업의 중심지라는 입지적 조건과 해양산업도시로서의 국제적 인지도를 기반으로 국제경쟁력을 갖추고 세계와 경쟁하기 위한 부산항의 브랜드화가 필요하기 때문이다. 해사법원이 태동한 영국도 런던항을 기반으로 한 런던 고등법원에서 해사소송을 수행하고 있고, 중국의 경우에도 11개 해양도시에 해사법원을 설립하고 있다는 점을 참고할 필요가 있다.

2. 해사법원 부산 설립의 목적과 경제적 효과

해사법원을 부산에 설립해야 하는 직접적인 목적은 해사사건의 국제성·전문성에 부합한 전문법원을 설립하여 우리 법원의 국제적 신뢰 확보에 있다.

우리나라에 해사법원을 설립해야 할 궁극적 목적은 세계 최대의 조선·해운 물류 생산현장인 우리나라를 해운비즈니스산업(해운중개업·해양금융업·해사법률서비스업)의 중심지로 도약시키는 것이다.

3. 해사법원 설립의 경제효과 추정

가. 해운비즈니스산업의 중심은 해운중개업

「해운법」상 6대 해운업의 1종인 해운중개업은 다양하게 분류할 수 있으나 대표적으로 ① 선박매매중개(S&P broking), ② 용선중개(chartering broking), ③ 화물운송주선(freight forwarding)으로 구분된다.

선박건조나 매매에 있어서는 선박매매중개(S&P broking)와 함께 선박금융중개(financing broking)가 수반된다. 해운중개, 특히 선박매매중개와 선박금융중개에는 계약서 조건 협상·계약서 검토·작성의 전 과정에 걸쳐서 해사전문로펌에 의한 법률서비스가 수반되고 있다. 따라서 해운비즈니스산업은 해운중개+해양금융+해사법률서비스가 유기적 관계를 가지며 완성될 수 밖에 없다.

나. 해운중개와 법률서비스 수수료 기준

해운비즈니스산업의 직접적 경제효과는 해운중개수수료, 선박금융중개수수료, 법률서비스수수료로 구성된다.

국제적으로 통용되는 해운중개수수료의 기준은 다음과 같다.[17]

① 선박매매중개 수수료 : 선가의 1~2%/중개인당, 중개인은 매도인(조선소)과 매수인(선주) 측이 각각 중개인을 선임하거나 이들 중개인을 중개하는 제3자 중개인이 다시 개입하는 경우도 많다. 따라서 중개수수료는 최소 선가의 2%~최대 6%에 달한다.

17) 정영석·정대·우보연·염정호, 「해운중개업개론」, (한중해사법연구센터/부산인적자원개발원, 2012), 294쪽(이 부분은 당시 한국해운중개업협회의 염정호 회장이 작성).

② 선박금융중개수수료 : 선박매매중개수수료와 비슷한 수준으로 추정된다. 따라서 중개수수료는 최소 선가의 2%에 달한다.

③ 용선중개 및 운송주선 수수료 : 중개인 당 전체 운임의 1.25%가 국제적인 기준이다. 운송인측 중개인과 화주측 중개인이 각각 1.25%로 계산하면 전체 중개수수료는 2.5%에 달한다.

⑤ 해사법률서비스 수수료 : 소송의 경우에는 소가에 따른 변호사비용이 어느 정도 일정하다고 볼 수 있으나, 해운중개서비스에 수반하는 법률서비스는 서비스제공자의 인지도, 서비스의 난이도, 당사자 간의 협상에 의하여 수수료의 편차가 매우 심하기 때문에 일정한 기준을 제시하기는 어렵다. 통상 해운중개인 또는 선박금융중개인이 선박매매 등 규모가 큰 계약 시 각 중개인별로 자기의 업무에 대한 법률서비스를 별도로 제공받기 때문에 중개수수료의 10% 정도로 추정하여 산정하기로 한다.

다. 선박매매의 경우 중개수수료와 법률서비스 수입 추정

(1) 수수료 조건

① 조건 : 선박매매는 매도인측과 매수인측의 중개수수료를 별도로 계산하여 최소한의 수준으로 계산하기로 하고, 3명의 중개인이 개입되는 경우도 있으나 양 당사자 중개인만 개입되는 것으로 가정한다.

② 해운중개수수료 : 중개인당 선가의 1%로 최저기준을 적용하기로 가정한다.

③ 선박금융중개수수료 : 선박매매중개수수료와 비슷한 수준인 최소 선가의 2%로 가정한다.

④ 법률서비스 비용 : 의뢰인(중개인)당 중개수수료의 10%

(2) 우리나라가 발주하는 선박

우리나라는 2017~2019 세계 3위의 신규선박 발주국가이다. 2019년 발주액인 미화 49억달러를 기준으로 국내 발주·국내건조로 추정하고 전체 발주액의 50% 이상을 부산에서 중개한다고 가정한다. 국내 발주, 국내건조의 경우 중개서비스는 양자 모두 국내서비스로 가정하여 중개수수료 수입 2%, 선박금융중개수수료 수입 2%로 산정하기로 한다. 이때 법률서비스 비용은 중개수수료의

20%(10%×2)로 가정하기로 한다. 이러한 조건하에 우리나라에서 발주하는 선박의 50%~100%를 국내에서 중개서비스를 제공할 경우의 중개수수료와 법률서비스 비용을 추정하면 [표 10]에서 알 수 있는 것처럼 최소 1,217억원에서 최대 2,435억원에 달한다.

[표 10] 2019년 국내 발주 선박의 중개수수료와 법률서비스 비용 예상액

(선박발주액 : 49억$, 양 당사자 중개를 모두 국내수행할 경우)

선박발주 금액 대비 국내 중개 비율	선박매매 중개수수료(2%)	선박금융중개 수수료(2%)	법률서비스 비용(0.2%)	예상 취득 수입 합계
50%	49,000,000$[18]/ 57,981,700,000원	49,000,000$/ 57,981,000,000원	4,900,000$/ 5,798,100,000원	102,900,000$/ 121,761,570,000원
60%	58,800,000$/ 69,578,040,000원	58,800,000$/ 69,578,040,000원	5,880,000$/ 6,957,804,000원	123,480,000$/ 146,113,884,000원
70%	68,600,000$/ 81,174,380,000원	68,600,000$/ 81,174,380,000원	6,860,000$/ 8,117,438,000원	144,060,000$/ 170,466,198,000원
80%	78,400,000$/ 92,770,720,000원	78,400,000$/ 92,770,720,000원	7,840,000$/ 9,277,072,000원	164,640,000$/ 194,818,512,000원
90%	88,200,000$/ 104,367,060,000원	88,200,000$/ 104,367,060,000원	8,820,000$/ 10,436,706,000원	185,220,000$/ 219,170,826,000원
100%	98,000,000$/ 115,963,400,000원	98,000,000$/ 115,963,400,000원	9,800,000$/ 11,596,340,000원	205,800,000$/ 243,523,140,000원

– 하나은행 2021.11.17.일자 환율1,183.30원

(3) 우리나라에서 수주하는 선박

2020년 기준으로 우리나라는 선박수주 세계 1위 국가이다. 2020년 수주금액 미화 183억 달러를 기준으로 해외 발주, 국내건조로 추정하고 전체 발주액의 50% 이상을 부산에서 중개한다고 가정한다. 중개서비스는 매도인 중개인만으로 가정하여 중개수수료 수입 1%, 선박금융중개수수료 수입 1%로 산정하기로 한다(일방 중개만 국내 중개취득으로 최소 수입 예상). 법률서비스 비용은 중개수수료의 10%로 가정하여 수주선박의 50% 이상에 매도인의 일방 중개가 국

18) 49억$×0.02×0.5=49,000,000. 이하 국내발주 선박을 국내 수주하는 것으로 가정하고, 발주액의 50%, 60%, 70%, 80%, 90%, 100%에 대하여 발주처와 수주처의 중개와 법률서비스를 국내에서 수행하는 경우로 가정하여 산정.

내에서 발생한다고 가정하여 중개수수료와 법률서비스 비용을 추정하면 [표 11]과 같이 최소 2,273억원에서 최대 4,547억원 정도의 수수료가 발생한다.

[표 11] 2020년 국내 수주 선박의 중개수수료와 법률서비스 비용 예상액

(선박수주액 : 183억$, 일방중개)

선박발주 금액 대비 국내 중개 비율	선박매매 중개수수료(1%)	선박금융중개 수수료(1%)	법률서비스 비용(0.1%)	예상 취득 수입 합계
50%	91,500,000$[19]/ 108,271,950,000원	91,500,000$/ 108,271,950,000원	9,150,000$/ 10,827,195,000원	192,150,000$/ 227,371,095,000원
60%	109,800,000$/ 129,926,340,000원	109,800,000$/ 129,926,340,000원	10,980,000$/ 12,992,634,000원	230,580,000$ 272,845,314,000원
70%	128,100,000$/ 151,580,730,000원	128,100,000$/ 151,580,730,000원	12,810,000$/ 15,158,073,000원	269,010,000$/ 318,319,533,000원
80%	146,400,000$/ 173,235,120,000원	146,400,000$/ 173,235,120,000원	14,640,000$/ 17,323,512,000원	307,440,000$/ 363,793,752,000원
90%	164,700,000$/ 194,889,510,000원	164,700,000$/ 194,889,510,000원	16,470,000$/ 19,488,951,000원	345,870,000$ 409,267,971,000원
100%	183,000,000$/ 216,543,900,000원	183,000,000$/ 216,543,900,000원	18,300,000$/ 21,654,390,000원	384,300,000$/ 454,742,190,000원

– 하나은행 2021.11.17.일자 환율1,183.30원

(4) 운송계약에 대한 중개수수료 수입 추정

2019년 우리나라의 외항해운 연간 운임수입은 미화 279.9억$에 달한다. 해외 화주 등을 고려하여 운송인 측의 중개만 국내에서 발생하는 것으로 최소한으로 중개범위를 정하고, 전체 운송계약의 50% 이상을 국내중개한다고 가정한다. 전체 운임의 1.25%만 중개 수수료로 가정할 경우 [표 13]과 같이 최소 2,070억원에서 최대 4,140억원의 수수료가 발생한다.

19) 183억$x0.01x0.5=91,500,000183억$x0.01x0.5=91,500,000$로 계산. 이하 국내 수주액의 50%, 60%, 70%, 80%, 90%, 100%에 대하여 수주처의 중개와 법률서비스를 국내에서 수행하는 경우로 가정하여 산정.

[표 12] 외항해운업계 해운수입 추이[20)]

연 도	해운수입(억원)	평균환율	해운수입(억$)
1991	36,049	733.60	49.1
1992	4,187	780.84	53.6
1993	52,810	802.73	65.8
1994	62,794	804.62	78.0
1995	79,073	771.04	102.5
1996	89,503	804.78	111.2
1997	122,138	951.11	128.4
1998	161,820	1398.88	115.7
1999	151,934	1289.48	117.8
2000	168,075	1130.61	148.6
2001	169,537	1290.83	131.3
2002	157,633	1251.24	126.0
2003	188,210	1191.89	157.9
2004	245,312	1144.67	214.3
2005	247,661	1024.10	241.8
2006	250,565	955.51	262.2
2007	339,751	929.20	365.6
2008	517,843	1102.59	469.7
2009	318,783	1276.40	249.8
2010	440,539	1156.52	380.9
2011	426,325	1107.60	384.9
2012	477,056	1126.90	423.3
2013	396,038	1095.04	361.7
2014	364,422	1053.22	346.0
2015	390,772	1131.49	345.3
2016	288,327	1207.70	238.7
2017	295,379	1130.96	261.2
2018	322,648	1,101.47	292.9
2019	326,562	1,166.72	279.9

20) 한국해운협회, 2020 해사통계, 36쪽.

[표 13] 2019년 우리나라 외항해운 운송중개수수료 추정액

(외항운임수입선박수주액 : 279.9억$)

국내 중개 비율	수수료(미화$)
50%	174,948,937$[21)]/207,017,077,743원
60%	209,938,725$/248,420,493,292원
70%	244,928,512$/289,823,908,841원
80%	279,918,300$/331,227,324,390원
90%	314,908,087$/372,630,739,938원
100%	349,897,875$/414,034,155,487원

– 하나은행 2021.11.17.일자 환율1,183.30원

Ⅵ. 맺음말

10여년전부터 학계와 법조계에서 해사법원 설치 필요성이 줄기차게 주장되고 있고 제20대 국회와 제21대 국회에서도 각각 4개의 해사법원 설치 법안이 발의되었다. 부산과 서울의 지방법원과 고등법원에 해사전담재판부를 설치·운영하는 것은 사법부에서도 해사사건의 전문성에 대한 인식을 충분히 하고 있기 때문이지만, 법원이 해사법원의 설치에는 적극적으로 나서지 못하고 있는 실정이다. 이는 법원의 입장에서는 해사사건수의 부족 등 전문법원설치에 필요한 여건이 다소 부족하기 때문이다.

그러나 해사법원의 설치는 단순히 사법수요만의 문제로 보아서는 안 된다고 생각한다. 세계 9위의 무역대국이라는 해운산업의 든든한 기반이 갖추어져 있음에도 불구하고 지난 2016년 한진해운 도산사태에서 보듯이 우리 해운산업은 구조적 취약성을 가지고 있다. 더욱이 오늘날의 해운산업은 단순한 운송업의 영역에서 한 두단계 더 발전해서 선박의 매매차익, 선박의 용대선업 등 선박의 소유로 인한 수익창출, 운임선물거래, 사모펀드에 해운기업의 M&A 등을 통한 이익창출을 주목적으로 하는 단계까지 발전해 왔다. 해운산업의 이러

21) 279.9183억$×0.0125×0.5=174,948,937.5$로 계산. 이하 운송인 상대로 한 일방 운송주선을 기준으로 전체 운송계약의 50%, 60%, 70%, 80%, 90%, 100%를 주선할 경우로 가정하여 산정.

한 단계로의 발전은 금융산업과 함께 해운중개·금융중개 등의 중개산업이 발달하지 않고는 불가능하다. 무역규모나 지배선대의 규모에서 우리나라에 뒤지는 영국이 여전히 전세계 해운산업을 지배하는 이유도 이러한 중개산업이 발달해 있기 때문이다. 또 선박매매중개나 해운중개는 국제거래의 성격이 강하기 때문에 중개 초기단계부터 해사법률서비스가 수반하게 된다는 점에서 해사법률서비스산업이 뒷받침이 되지 않는다면 후발주자로서 영국을 대체하는 해운시장을 형성하기는 어렵다. 이러한 관점에서 해사법원의 설치는 우리 해운산업을 한두단계 발전시켜서 우리나라가 해운산업의 세계적 중심지로 도약하게 될 제도적 인프라의 역할을 하게 될 것으로 본다.

우리나라에서 거래되는 선박건조시장과 운임시장에서 최소한 우리나라 선주나 조선소가 발주하거나 수주하는 선박, 수주하는 운송계약 중 50% 이상을 국내에서 중개한다는 가정 하에 선박건조중개수수료, 화물운송중개수수료, 법률서비스 수수료가 최소 5,553억원에서 1조1,122억원 이상이 추정된다. 이러한 직접적인 수익외에도 선박 및 해운거래의 세계적 중심지에 편입이 되었을 때 발생하는 경제적 파급효과와 우리 해운산업의 선진화 등을 생각할 때 해사법원의 설립으로 인한 비용에 비하여 그 효과는 매우 크다.

또 해사법원 설립의 궁극적 목적이 우리나라가 해운산업의 국제적 중심지로 도약하고 우리 해운산업의 선진화와 경쟁력 강화로 본다면 해사법원의 위치도 해양도시를 중심으로 고려가 되어야 한다, 해운조선산업의 세계적 중심지로 국제적 브랜드화가 가능한 부산이 우선 고려되어야 한다.

참고문헌

https://catsby0723.tistory.com/151.

https://catsby0723.tistory.com/287

http://www.haesanews.com/news/articleView.html?section_id=20070116155246281257.

http://www.haesanews.com/news/articleView.html?section_id=20070116155246281257.

UNCTAD 2020 Handbook of Statistics, (Geneva, 2020).

「2020년 부산항 컨테이너 화물 처리 및 수송통계」, (부산항만공사, 2021).

「산업통상자원부자료」 / 2021.01.05. 클락슨 기준.

「2020 해사통계」, (한국해운협회, 2021).

정영석 · 정대 · 우보연 · 염정호, 「해운중개업개론」, (한중해사법연구센터/부산인적자원개발원, 2012)

중국해사법원의 현황 및 재판 시스템에 관한 고찰*

지 상 규

Ⅰ. 머리말

해사사건에 대한 명확한 정의는 없으나 주로 선박과 해운이 관련하여 발생하는 분쟁으로서 해상운송, 해상보험, 선박의 충돌, 오염사고, 선박의 경매와 가압류 및 해난구조 등을 모두 포함하는 개념으로 사용되고 있다. 따라서 이러한 해사사건을 전문적인 조직과 전문성을 갖춘 법관들이 처리한다면 법률서비스의 확대 및 국익 보호에 커다란 의미를 부여할 수 있을 것이다. 이러한 이유로 해양 강국이라고 일컬어지고 있는 국가들, 예를 들면 영국, 중국, 미국, 싱가포르, 홍콩, 호주, 뉴질랜드 등의 국가들이 형태는 다르지만 전문적인 해사법원의 형태를 통해 해사사건을 전담하고 있으며, 특히 중국의 경우에는 해사법원을 설립하여 해사사건을 매년 만 건 이상 독립적으로 처리하고 있다.

현재 우리나라의 학계와 실무계에서도 국내에 해사법원이 설립되어야 한다고 주장하고 있으며, 국회에서도 관련 법안들이 발의된 상태이다. 해사법원이 설치되어야 한다는 주요한 이유로서 주장되는 근거로서 첫째, 주로 외국에서 처리되고 있는 사건을 우리나라에서 처리함으로써 매년 외국에서 지급되고 있는 3,000억 이상의 법률 비용을 줄일 수 있다는 것이며, 둘째 해사사건은 일반적인 사건들과 다른 전문적 영역으로서 해사사건의 전문적인 지식과 경험을 갖춘 전문법관을 통해 법률서비스를 강화할 필요가 있다는 것과, 마지막으

---

* 본 논문은 '한국해사법원 설립을 위한 중국해사법원 재판 시스템에 관한 고찰'(법학연구, 한국법학회 제22권 제2호, 2022)의 내용을 바탕으로 추가·수정 보완하여 작성한 것임.

로 우리나라가 해운업계 세계 5위라는 해양강국의 위상에 걸맞게 해사법원이 설치되어야 한다는 주장이다.[1] 물론 우리나라 법원에서도 해사사건을 전담부에서 해결하고 있는데, 서울고등법원의 국제거래 전담부, 서울중앙지방법원의 국제거래 전담부, 부산고등법원의 국제거래 전담부, 부산지방법원의 국제거래 전담부에서 사건을 해결하고 있다. 그러나 여기에는 한계가 존재하고 있다. 즉 전담부에서 해사사건을 해결한다고 하지만, 2년마다 법관이 교체됨으로 인해 전문성을 확보하기 어려우며, 이는 전문성에 영향을 미치게 되고 이로 인해 소송의 지연 및 판결의 만족도가 떨어지게 된다. 이는 재판부의 신뢰에 영향을 미치게 되는 주요한 원인이 되기도 한다. 그러나 중국은 우리나라와는 달리 1984년에 해사법원을 설립하여 해사사건을 전담하고 있으며, 초기 6개의 해사법원이 11개로 확대되었고, 주요 항구도시에 39개의 지원을 설립하여 해사사건을 전담하게 하고 있다. 이에 본 논문에서는 추후 한국 해사법원의 설립을 위한 기초로서 중국 해사법원의 재판 시스템을 이해하는 것이 필요할 것이라 생각한다. 따라서 중국 해사법원의 설립 연혁 및 현황, 해사재판 조직, 전문 관할, 토지관할, 사건유형 등의 사항을 중심으로 살펴보고자 한다.

Ⅱ. 해사 및 해사법 개념

1. 해사 및 해사법의 개념

1) 해사의 개념

해사란 해상에서 선박에 의한 항행활동과 관련된 모든 것을 의미한다. 따라서 선박과 관련된 사항은 당연히 해사에 해당하며, 선원, 항만 및 해상안전과 해상보안과 해양환경 등도 해사의 개념에 포함되고 있다. 우리나라 법원은 해

1) 변지영 · 김현범, “해사쟁송절차 개선에 관한 연구”, 사법정책연구원, 2018, 3면 참조.

사사건과 해상사건의 개념을 엄격하게 구별하고 있지 않으며, 일반적으로 해상과 관련된 사건을 해사 사건으로 인식하고 있다.[2)]

전통적으로 영국에서는 'Admiralty'라는 용어를 사용하였다. 즉 'Admiralty'는 선박 운항과 관련하여 발생하는 분쟁 즉 해상운송계약 및 불법행위를 포함한 분야를 의미하였다. 그러나 시간이 지나면서 해사의 의미가 확대되었고, 오늘날에서는 선박은 물론 바다와 관련된 모든 분야를 일컫는다. 따라서 현재는 'Admiralty'와 'Maritime'은 구분 없이 널리 쓰이고 있다.[3)]

2) 해사법의 개념

해사법은 해사활동에 관한 법규범 전체를 의미하며, 해사국제법, 해사국내법, 해사공법과 해사사법으로 크게 구분할 수 있다. 해사국제법은 국가와 국가 간의 관계를 규율하는 법으로서 국제협약 또는 국제조약을 의미한다. 예를 들면 UN해양법협약, 국제해상충돌예방규칙, 해상인명안전협약 및 선박에 의한 오염방지를 위한 국제협약 등을 말한다. 해사국내법은 해사에 관한 국내법, 즉 해사법규를 총칭한다. 예를 들면, 선박법, 선박안전법, 해사안전법, 선원법, 선박입출항법, 해난심판법, 해양환경관리법 등이 있다. 그리고 국내법으로서의 해사법은 해사공법과 해사사법으로 나뉜다. 해사공법은 공법적 규제를 가하는 행정법을 말하며, 해사사법은 사인과의 관계를 규율하는 법으로서 해상법, 해상보험법 등을 말한다.

3) 소결

해사사건은 선박 및 바다와 관련하여 발생한 사건 전반을 지칭하는 개념으로 사용되고 있다. 앞에서 설명한 바와 같이 한국은 해상분쟁 사건의 경우, 서울고등법원 민사 제19부에서, 서울중앙법원은 민사합의부는 제20민사부와 제46민사부가, 민사단독 사건의 경우는 제203민사단독에서 처리하며, 부산고등 제6

2) 박문학, "해사법원", 부산발전연구원, 2017, 10면.
3) 송순애. "한국 해사법원 설립에 관한 법적 연구", 박사학위논문, 동아대학교 대학원, 2017, 8면.

민사부에서 지적재산권과 해상 사건을, 부산지방법원 제8민사부에서 언론·의료·기업·환경과 국제거래 및 해상 전담재판부를 통해 해사사건을 처리하고 있다. 그러나 이러한 전담재판부는 해사 및 국제 해사사건만을 처리하는 것이 아니라 상사건 및 기업사건, 그리고 지적재산권 등의 사건도 처리하고 있어, 해사사건만을 전담하는 전담재판부라고 하기 에는 문제가 있다. 따라서 일반법원에서 처리되던 해사사건들을 전담 해사법원을 통해 처리한다면 해사법원의 관할 건수가 증가할 것이다.

Ⅲ. 중국 해사법원 설립 연혁 및 법률제도

1. 중국 해사법원 설립 연혁

중국은 1978년 개혁개방 정책 이후 '인민법원 민사사건 심판절차제도 규정'을 제정하여, 민사소송절차의 기본을 마련하였다. 그러나 민사소송절차의 불완전성 및 해사사건의 처리하기 위한 해사법률과 해사재판제도의 부재 등은 문제로 지적되었다. 전문법원으로서 해사법원을 설립할 수 있는 법적 근거는 중국 '헌법' 제124조의 "중화인민공화국은 최고인민법원, 지방각급인민법원과 군사법원 등 전문법원을 설립한다."는 규정과 '인민법원조직법' 제15조의 "전문인민법원에는 군사법원, 해사법원, 지적재산권법원, 금융법원을 포함하는데, 전문인민법원의 설치, 조직, 직권과 법관의 임명, 해임은 전국 인민대표 대회 상임위원회에서 규정한다."는 규정에서 찾을 수 있다. 이에 1984년 5월 '해사법원 설립에 관한 통지'가 발표되고, 동년 11월 14일 전인대 상임위의 연안 항구도시에 해사법원을 설립할 데 관한 결정[4]에 따라 상하이·텐진·칭다오·다롄·광저우·우한의 6개 도시에 해사법원이 설치되었다. 이후 1990년 최고인민법원은 하이커우·샤먼에 해사법원 설립을 추가하였고, 1992년에 닝보, 1999년

4) 全国人民代表大会常务委员会关于在沿海港口城市设立海事法院的决定, 제6기 주석령 제20호.

에 베이하우, 2019년 2월 南京해사법원이 설립되어 총 11개의 해사전문법원[5]을 두고 있다. 또한 항구 건설이나 연안지역 개발 등의 해사분쟁 건수의 증가에 따라 해사법원 관할구역 내의 주요 항구 등에 39개의 순회법정을 설치하여 해사사건을 처리하고 있다.[6]

2. 해사재판을 위한 법률제도

최고인민법원은 1986년부터 1992년까지 '섭외해사소송 관할에 관한 구체적 규정', '소송 전 선박 압류에 관한 구체적 규정' 등을 통해 해사재판 진행을 위한 실체적, 절차적 근거를 마련하였다. 아울러 1992년 선박우선권, 해난구조, 공동해손, 해사배상책임 제한 등 민법의 일반적인 원칙이나 제도와 다른 특색을 갖는 '중화인민공화국해사법'을 제정하였으며, 1999년 선박압류, 해사강제령, 선박우선권 최고 절차 등을 규정한 '중화인민공화국 해사소송특별절차법'을 제정하여 민사소송법에 없는 법률의 공백을 치유하였다. 이러한 노력을 통해 해사재판과 관련한 실체법 및 절차법 등을 마련하였다.[7] 중국은 2000년 7월 1일자로 '해사소송특별절차법'이 발효되고, 해사법원에서 심리하는 사건 범위에 대하여도 최고법원이 1984년, 1989년, 2001년 9월과 2016년 2월 '해사법원 수리 사건범위에 관한 규정'[8]등을 통하여 해사법원에서 담당하는 해사분쟁 사건을 규정하고 있다.

5) 11개의 해사전문법원도 판사의 임명과 해임, 정부 예산지급, 내부기구의 설치 등 여러 면에서 모두 차이가 있다. 예컨대, 상하이와 텐진 해사법원의 법관은 직할시의 의회격인 인민대표 대회 상임위에서 임명, 해임하나 기타 지역 해사법원의 그 보다 직급이 낮은 지방 의회에서 임명 해임하고, 샤먼 해사법원인 경우에는 샤먼시 정부에서 예산을 배정하지만 기타 지역의 경우, 소속된 성 또는 직할시 정부에서 예산을 편성하고 편성하는 방법도 각기 다르다. 상세한 것은 曾艳, 刘乔发, 张可心, "关于我国海事法院体制机制改革完善的思考", 法律适用, 2017년 제1호, 88~91면 참조.

6) 최고인민법원 http://ccmt.court.gov.cn/haishi/unintercept/judicialWhitePaperByld.do?id=102.

7) 최고인민법원 http://ccmt.court.gov.cn/haishi/unintercept/judicialWhitePaperByld.do?id=102.

8) 중국은 해사법원의 사건수리범위에 관하여 1984년 최고법원의 "해사법원설립에 관한 규정"에서 규정하고 있는 해사법원의 사건 受理範圍는 18개 종류였고, 1989년 최고법원의 "해사법원 사건 수리범위에 관한 규정"에서는 수리범위를 42개 종류, 2001년에는 63개 종류, 2016년에는 108종류로 해사법원의 사건수리범위를 점차 확대하여 왔다.

Ⅳ. 중국 해사법원 재판 시스템의 분석

1. 해사사건의 분류

해사사건의 분류기준은 형사사건, 행정사건, 민사사건과 비교하여 볼 때, 분류기준이 명확하지 않다. 중국에서 형사사건이란 피의자 또는 피고인이 형법에 반하는 행위를 한 경우, 국가가 피고인의 형사책임을 묻기 위하여 경찰이나 검찰을 통한 공권력으로 범죄사실을 수사하고 재판을 거쳐 형벌여부를 결정하는 사건으로, 적용되는 실체법이나 절차법이 명확하고, 반의사 불벌죄[9]의 경우를 제외하고 피해자의 의지와 관계없이 국가가 범죄사실을 인지한 경우, 형사사건에 대한 수사와 공소 및 재판이 진행된다. 행정(소송)사건의 경우는 '행정소송법'에 소송을 제기할 수 있는 12개의 사유(행정소송법 제12조)와 제소불가의 4개 사유(행정소송법 제13조)에 대하여 비교적 명확한 규정을 두고 있고, 행정소송사건이 되기 위해서는 ① 구체적인 행정행위가 원고의 적법한 이익을 침해하였 것; ② 명확한 피고가 있을 것; ③ 구체적인 소송청구와 사실근거가 있어야 할 것; ④ 법원의 행정사건 수리범위에 속하고 해당 법원이 본안에 대하여 관할권이 있을 것 등을 요한다. 물론 구체적인 행정소송사건에 있어서 구성요건을 갖추었는지 여부에 대하여 논쟁이 있을 수 있으나, 행정소송은 행정기관을 상대로 한, 행정행위에 불복하여 진행되는 소송이라는 점은 명확하다.

민사소송의 경우에는 위의 형사사건, 행정사건과 비교하여, 평등한 법률주체간의 사익에 대한 다툼이고, 적용되는 법률은 사법이며, 형사사건과 달리 원고의 청구에 의하여 소송절차가 개시, 진행되며, 당사자는 자유로이 실체법적 또는 절차법상의 권리에 대하여 처분할 수 있다는 점에서 차이가 있다.[10] 그러나 중국에서 해사사건의 경우, 명확하고 획일적인 분류기준이 없다. 해사

9) 중국의 경우, 모욕과 비방죄, 폭력을 통한 혼인자유방해죄, 학대죄, 점유이탈물 횡령죄(侵占罪) 등은 반의사 불벌죄(예외인 단서 조항 있음)에 속한다.

10) 江偉 主編, 「民事訴訟法(제5판)」, 高等教育出版社, 2016. 4면.

사건은 사법과 관련된 계약분쟁이나 불법행위분쟁에 대하여 다룰 뿐만 아니라, 해양과 관련된 공법상의 해사행정소송, 해양환경소송도 해사소송의 대상이 된다. 해사사건을 해사나 해운업과 관련된 사건, 또는 해양과 관련된 사건으로 분류하더라도, 해사라는 개념의 내연과 외포가 불분명하고, 해양과 관련하여 육상에서 공급된 선용품이나 육상에서 발생한 해양오염 사건도 해사소송의 범위에 속하는 경우가 있어 해사사건의 분류기준이 분명하지 못하다.

이론적으로 어떠한 것이 해사사건에 속하는가 하는 것을 정의내리기 쉽지 않기 때문에, 중국 해사법원의 사건수리범위에 관한 규정을 통하여 역으로 해사법원에서 심리되는 사건을 해사분쟁으로 간주하는 것도 하나의 방법일 것이고, 또 이러한 것을 통하여 중국의 법조실무에 있어서 어떠한 사건을 해사사건으로 간주하여 해사법원에서 전문적으로 심리하게 하는가를 알아 볼 수 있다. 해사사건에 속하는 경우, 기타 일반법원에서 당해 사건을 심리할 수 없도록 하고 있으며, 당사자가 제소한 민, 상사소송이나 행정소송 중에 최고법원의 '최고인민법원의 해사법원 사건수리범위에 관한 규정'(2016년 제4호, 이하 "2016년 범위규정"이라 함)에서 정하고 있는 해사분쟁사건이 포함될 경우, 동 사건은 해사법원에서 심리하여야 하며(동 규정 제110조), 당사자가 2016년 범위규정에 포함되어 있는 계약관련분쟁을 불법행위 등 계약분쟁이 아닌 사유로 제소하는 경우에도 해사법원에서 수리한다(동 규정 제111조)고 규정하고 있다. 즉 2016년 범위규정에서는 해사사건의 수리범위를 대폭 확대하였을 뿐만 아니라 당사자가 소송의 이유를 변경하거나 기타 편법의 방법으로 해사법원의 관할을 기피하고자 하는 것을 금지함으로써 해사법원의 전문 관할을 확고히 하고 있다.[11]

---

11) 2016년 범위규정에서 해사사건으로 분류하는 기준은 해운, 선박, 선원 등 해양과의 연관성 내지는 중요성에 따라 해사법원의 전문 관할에 속하느냐 아니면 일반 지방법원의 관할로 하느냐로 갈라지지만, 그 기준이 모든 경우에 명확한 것은 아닌 것 같다. 예컨대, 제18호의 선용품, 연료유, 비품 등 공급계약의 경우, 만약 갑이라는 해운회사의 A라는 선박을 특정하거나 또는 기타 특정 선박을 예정하고 상기 물품을 공급하기로 하여 발생한 분쟁인 경우에는 해사사건으로 분류되고, 특정할 수 없을 경우에는 일반 계약분쟁으로 분류된다고 한다. 그리고 제24호의 선원의 노동계약분쟁도 반드시 선원의 승선, 승선근무, 선원송환 등과 관련된 분쟁만(또는 이와 연관된 경우에만) 해사법원에서 관할하고, 기타 분쟁은 해사법원의 전문 관할 속하지 아니한다고 한다. 張勇健,王淑梅, 余曉漢, "關于海事法院受理案件範圍的規定的理解與適用", 人民司法, 2016.10월호, 제39면.

2. 해사법원 전문 관할 사건 유형

해사법원은 해상운송과 관련된 각종 계약, 선박·운송·생산·조업 등과 관련된 분쟁, 선박의 건조 및 해체, 해양의 개발·이용과 관련된 분쟁 및 행정소송사건에 대하여도 관할권을 갖는다. 구체적인 해사법원 전문 관할 사건의 유형은 아래와 같다.

1) 해사불법행위사건(10항목)

① 선박[12]충돌손해책임사건. 파도에 의한 간접충돌로 인한 손해책임사건을 포함한다.

② 선박과 해상, 通海可航수역, 항구 또는 육상의 시설 또는 기타 재산과 충돌, 접촉하여 발생한 손해책임분쟁사건. 선박과 부두, 방파제, 잔교, 갑문, 교량 및 항로표지 등 항해보조설비 기타 해상시설과 충돌, 접촉하여 발생한 손해책임분쟁사건을 포함한다.

③ 공중 또는 해저, 通海可航수역 수하시설 또는 기타 재산을 파괴하여 발생한 손해책임분쟁사건.

④ 선박이 油類, 汚水 또는 기타 유해물질 방출, 漏出하여 발생한 수역오염 또는 기타 선박, 화물, 기타 재산상손해로 인한 책임분쟁사건.

⑤ 선박의 항해나 조업으로 포획, 양식시설 및 수산양식물에 입힌 손해에 관한 책임분쟁사건.

⑥ 항로중의 침몰선, 沈沒物 기타 잔해나 폐기물, 해상 또는 通海가항수역의 임시 또는 永久性 시설 또는 장치의 不當으로 선박항해에 지장을 줌으로 인한 선박, 화물 기타 재산손해책임분쟁사건.

---

12) 해사사건중의 선박이란 중국 해상법 제3조에서 지칭하는 선박, 즉 "海船(바다에서 항해하는 선박)과 기타 해상 이동장치, 단 군사용 선박과 정부 공무에 사용되는 선박과 20총톤 미만의 소형 선박은 제외된다. 전항의 선박에는 선박속구도 포함된다."그리고 해사법원에 관할하는 바다와 연결된 내륙하천(이하 "통해 가항수역" 이라 함)에서 운항하는 내수선박, 그리고 위와 같은 선박기술여건이나 용도로 사용하고자 하는 건조중인 선박을 포함한다. 張勇健, 王淑梅, 余曉漢, 전게 논문, 41면 참조.

⑦ 선박항해, 운영, 조업 등 활동 중 발생한 사망, 상해의 책임분쟁사건
⑧ 선박, 선적화물, 선용품의 불법 留置나 억류로 인한 책임분쟁사건
⑨ 선박공사(船舶工程)를 위하여 제공한 선박관건부품과 전용물품[13]의 결함으로 인한 제품품질책임분쟁사건.
⑩ 기타 해사불법행위사건.

넓은 의미의 해사불법행위에는 해상이나 또는 통해 가항수역에서 발생하는 선박이나 항해, 생산, 조업 중에 생긴 계약에 기인하지 아니하는 인명이나 재산상의 손해에 대한 민사소송을 포함하지만, 2016년의 범위규정에서는 2001년의 규정을 거의 보류하였고, 다만 근래 조선공업이 크게 발전하며 선박공사와 관련된 분쟁이 많아지고 닝보, 상하이, 우한 등 해사법원에서 관련사건을 심리하며 경험을 축적한 것을 개정 시 선박공사와 관련된 불법행위책임분쟁으로 신설하였다.[14]

2) 해상계약분쟁사건

① 선박매매계약분쟁사건,
② 선박공사(船舶工程)계약분쟁사건,
③ 선박관건부품과 전용물품의 하도급공사, 위탁건조, 발주, 매매 등 계약분쟁사건,
④ 선박공사경영계약(명의차용, 조합, 도급 등 형태 포함)분쟁사건,
⑤ 선박검사계약분쟁사건,
⑥ 선박공사부지임대계약분쟁사건,
⑦ 선박경영관리계약(명의차용, 조합, 도급 등 형태 포함), 항로합작경영계약분쟁사건,

13) 선박공사라 함은 선박의 건조, 수리, 개조, 해체 등 工事 및 해당 공사와 관련된 감리를 말하고, 선박의 관건부품과 전용물품이란 해치커버, 선체, 용골, 갑판, 구명정, 선용엔진, 선용보조엔진, 선용강판, 선용페인트 등 선박의 주체구조, 중요한 부품 및 선박 또는 선박 공사에 전문적으로 사용되는 설비와 재료를 지칭한다. 2016년 범위규정 제109조.
14) 張勇健, 王淑梅, 余曉漢, 전게논문, 38면.

⑧ 특정선박운영과 관련된 선용품, 연료유, 비품공급계약분쟁사건,
⑨ 선박대리계약분쟁사건,
⑩ 선박예인계약분쟁사건,
⑪ 선박저당계약분쟁사건,
⑫ 선박용선계약(정기용선, 나용선계약 등 포함)분쟁사건,
⑬ 선박리스계약분쟁사건,
⑭ 선원노동계약, 노무계약(선원파견근무계약포함)하의 선원승선, 재선근무, 선원송환과 관련된 보수지급 및 人命死傷배상분쟁사건,
⑮ 해상, 통해 가항수역 화물운송계약분쟁사건, 해상운송을 포함한 국제복합운송, 수륙운송 등 화물운송계약분쟁사건,
⑯ 해상, 통해 가항수역 여객 및 수화물운송계약분쟁사건,
⑰ 해상, 통해 가항수역 화물운송대리계약분쟁사건,
⑱ 해상, 통해 가항수역 컨테이너임대계약분쟁사건,
⑲ 해상, 통해 가항수역 운송화물검수계약분쟁사건,
⑳ 해상, 통해 가항수역 예인계약분쟁사건,
㉑ 카페리운송계약분쟁사건,
㉒ 항구화물적재, 보관계약분쟁사건,
㉓ 항구화물저당, 질권설정 등 담보계약분쟁사건,
㉔ 항구화물 질권설정 감독관리 계약분쟁,
㉕ 해운컨테이너의 창고보관, 보존 등 계약분쟁사건,
㉖ 해운컨테이너의 저당, 질권설정 등 담보계약분쟁사건,
㉗ 해운컨테이너리스계약분쟁사건,
㉘ 항구 또는 부두 임대계약분쟁사건,
㉙ 항구 또는 부두경영관리계약분쟁사건,
㉚ 해상보험, 상호보험계약분쟁사건,
㉛ 통해 가항수역의 운항선박 및 운영수입, 화물, 예상수입, 선원임금과 기타 보수, 제3자에 대한 책임 등을 보험목적으로 한 보험계약, 상호보험계약분쟁사건,

㉜ 선박공사의 시설, 설비 및 예상수입, 제3자에 대한 책임을 보험목적으로 한 보험계약분쟁사건,

㉝ 항구 생산운영의 시설, 설비 및 예상수입, 제3자에 대한 책임을 보험목적으로 한 보험 계약분쟁사건,

㉞ 해양어업, 해양개발이용, 해양공사건설 등 활동에 사용되는 시설, 설비 및 예상수입, 제3자에 대한 책임을 보험목적으로 한 보험계약분쟁사건,

㉟ 통해 가항수역 공사에 사용되는 시설, 설비 및 예상수입, 제3자에 대한 책임을 보험목적으로 한 보험계약분쟁사건,

㊱ 항만운송시설설비의 리스계약분쟁사건,

㊲ 항만운송시설설비의 저당, 질권설정 등 담보계약분쟁사건,

㊳ 선박, 해운컨테이너, 항만운송시설설비에 담보를 설정한 차관계약분쟁, 단 당사자가 차관 계약에만 관련하여 제소한 사건은 제외,

㊴ 특정 선박의 매매, 건조, 운영과 관련하여 발생한 차관계약분쟁사건,[15)]

㊵ 해상운송, 선박매매, 선박공사, 항구생산경영과 관련된 채권을 실현하기 위해 발생한 담보, 스텐바이 신용장, 신용장 등 분쟁사건,

㊶ 상기 제11항부터 제50항의 계약 또는 행위와 관련된 거간, 위탁계약분쟁사건,

㊷ 기타 해상계약분쟁사건.

3) 해양 및 통해 가항수역개 발이용과 환경보호관련분쟁사건

① 해양, 통해 가항수역 에너지와 광물자원의 탐사, 개발, 운송 분쟁사건,

② 해수담수화와 종합이용분쟁사건,

③ 해양, 통해 가항수역 공사 건설(준설, 해양매립, 광케이블 또는 파이프가설, 부두, 도크, 시추 플랫폼, 인공도서, 해저터널, 교량 등의 건설포함) 분쟁사건,

---

15) 본 호의 차관계약과 제18호의 선용품, 연료유, 비품공급계약과 관련된 분쟁을 해사법원에서 다루기 위하여 반드시 특정선박과 관련된 경우에 한정한다. 그리고 48호의 차관계약도 해사관련 담보물과 연계된 경우에만 해사법원의 관할로 규정하고 있는 점을 유의하여야 한다. 특정선박이란 선박명칭이 있거나 또는 구체적인 선박을 확정할 수 있는 경우를 지칭한다.

④ 해안선[16)]개발이용관련분쟁사건,
⑤ 해양과학고찰관련분쟁사건,
⑥ 해양, 통해 가항수역어업경영(포획, 양식 등 포함)계약분쟁사건,
⑦ 해양개발이용시설, 설비리스계약분쟁사건,
⑧ 해양개발이용시설, 설비저당, 질권설정 등 담보계약분쟁사건,
⑨ 해양개발이용시설, 설비에 담보를 설정한 차관계약분쟁사건, 단 당사자가 차관계약에 한하여 제소한 경우는 제외,
⑩ 해양 및 통해 가항수역의 공사건설, 해양개발이용 등 해상생산경영관련 채권실현을 위하여 발생한 담보, 스텐바이 신용장, 신용장 등 분쟁사건,
⑪ 해역(海域)사용권분쟁(도급, 양도, 저당 등 계약분쟁 및 이와 관련된 불법행위분쟁)사건, 단 해역사용권신청으로 하여 발생한 권리확인분쟁사건은 제외함,
⑫ 상기 53호에서 63호까지 규정된 계약 또는 행위와 관련된 거간, 위탁계약분쟁사건,
⑬ 해양환경오염, 해양생태파괴 책임분쟁사건,
⑭ 통해 가항수역 환경오염, 통해 가항수역 생태파괴 책임분쟁사건,
⑮ 해양 또는 통해 가항수역의 개발이용, 공사건설로 인한 기타 불법행위책임분쟁 및 인접 관계로 발생한 분쟁사건.[17)]

4) 기타 해사해상분쟁사건

① 선박소유권, 선박우선권, 선박유치권, 선박저당권 등 선박물권분쟁사건,
② 항구의 화물, 해운컨네이너 및 항만운송시설, 설비의 소유권, 유치권, 저당권 등 물권분쟁사건,

16) 해안선이란 만조수위에서 형성된 수륙 흔적선에서 내륙으로 10키로, 바다로 15메터 수심까지의 위치(하구 지역의 경우에는 륙지로는 조수가 밀러오는 지역까지, 바다로는 담수 확인지역(淡水方锋缘), 근안 해역 및 인접한 육지, 도서 포함한다. 張勇健,王淑梅, 余曉漢, 전게 논문, 41면).
17) 이 부분의 규정은 본래 2001년 규정에서는 기타 해사해상분쟁사건으로 간단한 규정을 두었지만, 어업경영, 해역사용, 환경생태보호 및 관련 금융, 담보 등에 관한 내용을 신설하였다. 그리고 65호 및 66호에서 규정하고 있는 관련 오염분쟁에서는 오염의 원인이 육상에서 발생한 경우 및 해양과 통해 가항수역의 생태파괴 분쟁사건도 포함하게 하였다.

③ 해양, 통해 가항수역의 개발이용관련 시설, 설비 등 재산의 소유권, 유치권, 저당권 등 물권분쟁사건,

④ 선하증권 양도, 질권설정으로 인한 분쟁사건,

⑤ 해난구조분쟁사건,

⑥ 해상, 통해 가항수역의 인양, 장애물제거 분쟁사건,

⑦ 공동해손 분생사건,

⑧ 항구조업분쟁사건,

⑨ 해양, 통해 가항수역의 사무관리분쟁사건,

⑩ 해운사기 분쟁사건,

⑪ 해운 중개업 및 해운파생품교역 관련 분쟁사건.

5) 해사행정사건[18]

① 해사행정기관의 해상, 통해 가항수역 또는 항구내의 선박, 화물, 시설과 설비, 해운컨테이너 등 재산과 관련된 행정행위에 불복하여 제소한 행정소송사건,

② 해사행정기관의 해상, 통해 가항수역의 운송경영 및 관련 부수적 경영, 화물운송대리, 선원면허(適任)와 선상서비스 등 관련 자격과 적법성 사항과 관련된 행정행위에 불복하여 제소한 행정소송사건,

③ 해사행정기관의 해상, 통해 가항수역의 개발이용, 어업, 환경과 생태자원 보호 등 활동과 관련한 행정행위에 불복하여 제소한 행정소송사건,

④ 관련 해사행정기관이 상기 제79호부터 제81호까지의 행정관리직무를 태만하거나 회답을 하지 아니하여 제소한 행정소송사건,

⑤ 관련 해사행정기관 및 그 공무원이 상기 제79호부터 제81호의 행정행위를 하거나 또는 관련 행정관리직권을 행사함이 부당하여 관련 행정기관에 국가손해배상을 청구한 사건,

18) 1984년,1989년, 2001년의 해사법원관할범위에 관한 규정에서는 모두 해사행정사건을 해사법원의 관할로 하였으나, 2003년 8월 11일 最高人民法院办公厅关于海事行政案件管辖问题的通知(法办[2003]253号)로 해사행정사건의 관할을 지방법원으로 이관하도록 하여 해사법원에서 행정사건을 심리할 수 없도록 하였다가 2016년 범위규정에서 다시 해사법원의 관할로 복귀시켰다.

⑥ 관련 해사행정기관 및 그 공무원이 상기 제79호부터 제81호의 행정행위를 하거나 또는 관련 행정관리직권을 행사함이 부당하여 관련 행정기관에 국가보상을 청구한 사건,
⑦ 관련 해사행정기관이 상기 제79호부터 제81호까지의 행정행위를 하여 강제집행을 신청한 사건.

6) 해사특별절차사건

① 해사중재합의서 효력승인신청사건,
② 외국해사중재판정서의 승인, 집행신청, 홍콩특별행정구, 마카오특별행정구, 대만지역해사 중재판정서의 승인, 집행신청, 국내해사중재판정서의 집행 또는 취소 신청사건,
③ 외국해사법원의 판결서의 승인 및 집행신청, 홍콩특별행정구, 마카오특별행정구, 대만지역 법원의 해사판결서의 승인과 집행 신청사건,
④ 해상, 통해 가항수역의 무주재산승인사건,
⑤ 해상, 통해 가항수역의 사무관리사건,
⑥ 해상, 통해 가항수역에서의 활동 또는 사고로 인한 실종선고, 사망선고 신청사건,
⑦ 해사분쟁으로 선박, 선적화물, 선용품, 선용유 또는 기타 재산에 대하여 소송전 재산보전을 신청하는 사건,
⑧ 해사청구인의 재산보전신청착오 또는 과다담보요구로 인한 책임분쟁사건,
⑨ 해사강제령신청사건,
⑩ 해사증거보전신청사건,
⑪ 해사강제령, 해사증거보전신청착오로 인한 책임분쟁사건,
⑫ 해사분쟁으로 인한 지급명령서 신청사건,
⑬ 해사분쟁으로 인한 공시최고신청사건,
⑭ 해사배상책임제한기금설립신청(유류오엄손해배상책임제한기금사건 포함)사건,
⑮ 선박경매 또는 해사배상책임제한기금설립(유류오염손해배상책임제한기

금 포함)관련 채권 등기와 배당관련사건,

⑯ 선박경매 또는 해사배상책임제한기금설립(유류오염손해배상책임제한기금 포함)관련 확인 소송,

⑰ 유류오염배상책임제한기금에 대한 대위변제신청사건,

⑱ 선박우선권 최고사건,

⑲ 해사분쟁관련 조해(調解)합의서의 司法효력확인신청사건,

⑳ 선박, 선적화물, 선용품, 해운컨테이너, 해운항만설비 및 시설, 해양개발이용설비 및 시설 등 재산을 담보물로 한 담보권 실현신청사건,

㉑ 지방인민법원의 법적 효력이 발생한 법률문서에 근거한 선박압류와 경매사건,

㉒ 해사법원 및 그 항소심의 고급인민법원과 최고인민법원이 해사분쟁에 대한 효력발생 법률문서에 대한 집행신청사건,

㉓ 해사분쟁과 관련된 공증채권증서의 집행신청사건.

3. 해사법원의 관할

1) 중국의 법원체계

중국의 법원은 최고인민법원과 지방각급인민법원, 전문인민법원으로 구성되고[19], 지방각급인민법원은 성, 자치구, 직할시에 설립한 고급인민법원과 성, 자치구 수부(首府)에 설립한 중급인민법원, 직할시 내에 설립한 중급인민법원, 자치주중급인민법원, 성, 자치구가 지역에 따라 설립한 중급인민법원으로 구성되며[20], 기층인민법원은 현, 자치현 인민법원, 현급 시의 인민법원, 시 관할구의 인민법원이 있다.[21] 전문인민법원에는 군사법원, 해사법원, 지적재산권법원, 금융법원을 포함하는데, 전문인민법원의 설치, 조직, 직권과 법관의 임명, 해임은 전국인민대표대회상임위원회에서 규정한다.[22] 최고인민법원은 순

19) 인민법원조직법 제12조.
20) 인민법원조직법 제22조.
21) 인민법원조직법 제24조.

회법정을 설립하여 최고인민법원이 정한 사건을 심리하는데, 순회법정은 최고인민법원의 구성부분으로서 순회법정의 판결과 결정이 곧 최고인민법원의 판결과 결정이다.[23] 즉, 중국의 법원은 최고인민법원, 고급인민법원, 중급인민법원, 기층인민법원 등 4급으로 나뉘고, 별도로 군사법원, 해사법원, 지적재산권법원, 금융법원 등 전문법원을 두고 있으며, 민사, 형사, 행정사건의 심리는 모두 2심 종심제를 실시한다.[24]

2) 해사법원의 특색

해사법원이 군사법원, 철로운송법원 등 전문법원과 다른 점은, 군사법원 등은 자체로 1심, 2심을 다루는 체계[25]를 이루고 있으나, 해사법원은 중급인민법원에 해당하는 법원으로서 해사분쟁의 1심은 전문법원인 해사법원에서 심리하지만, 2심은 그 해사법원이 소재한 고급인민법원에서 심리하게 된다.[26] 그리고 다른 하나의 특색은 해사소송은 민사소송법과 별도의 '해사소송특별절차법'을 두어 특별 절차법에 따라 사건을 심리한다. 해사소송절차법이 중국 민사소송법과 다른 점은 증거보전제도, 송달방식, 해사강제령의 발부, 일정한 한도에서의 대물소송인정 등 여러 특색을 가지고 있다는 점인데, 이는 다른 전문법원과는 확연한 차이를 보이고 있다.

---

22) 인민법원조직법 제15조.

23) 인민법원조직법 제19조. 중국은 2014년 12월 심천과 선양에 제1, 제2순회법정을 설립한 후 2016년 12월 난징에 제3순회법정, 정쩌우에 제4순회법정, 충칭에 제5순회법정, 시안에 제6순회법정을 설립하여 현재는 6개의 최고법원 순회법정을 두고 있다.

24) 중국민사소송법제10조, 중국형사소송법 제10조, 중국 행정소송법 제7조.

25) 전문법원중 군사법원은 자체적으로 지방의 고급인민법원에 해당하는 중국인민해방군군사법원, 중급인민법원에 해당하는 동부전구군사법원, 남부전구군사법원. 서부전구제1군사법원, 서부전구제2군사법원, 북부전구군사법원, 중부전구군사법원, 중국인민해방군총직속군사법원 등 7개의 법원과 30여개의 기층법원에 해당하는 법원을 가지고 있어 3급의 법원체계를 이루고 있다, 철로운송법원과 임업법원, 농간법원 등도 1심, 2심(기층법원과 중급법원)을 두고 있어 군사법원의 3급 법원체제와는 차이가 있으나 1심과 2심 모두 전문법원에서 다루고 있다는 점에서는 차이가 없다.

26) 금융법원, 지적재산법원, 인터넷법원등 전문법원도 중급법원에 해당하고, 기층법원과 상급법원을 두고 있지 않다는 점에서는 해사법원과 같다. 해사법원의 2심전문법원이 설립되어 있지 아니하기 때문에 상급심 법원에서 항소심을 다룰 때 오히려 전문성이 결여된다는 비판이 있다. 傅荣, "中国海事法院：问题与出路", 河北法学, 2009년 5월호(제27권 제5기) 143면.

3) 중국 해사법원 현황[27]

(1) 대련 해사법원

대련 해사법원은 중국의 11개 해사법원중 가장 북쪽에 위치한 해사법원이며 1984년 6월 1일 최초로 설립된 6개 해사법원중의 하나이다. 다렌해사법원은 내부기구로 사건접수부(立案庭), 해사재판부(海事审判庭). 해상재판부(海商审判庭), 재판관리사무실(审判管理办公室. 신소, 재심사건과 국가배상사건의 심리 담당), 집행국(执行局), 사법경찰대(法警支队), 기술처(技术处), 정치부(政治部), 연구실(研究室), 총무사무실(办公室)등 10개 부서를 두고 있다.

다렌해사법원의 지원으로는 진저우지원(锦州法庭), 바위첸지원(鲅鱼圈法庭), 둥강지원(东港法庭). 창하이지원(长海法庭), 하얼빈지원(哈尔滨法庭)등 5개의 지원을 두고 있다.

다렌해사법원의 토지관할범위는 동쪽의 압록강하구 확장해역과 압록강수역으로부터 서쪽의 요녕성과 허베이성 인접구역인 산하이관(山海關)해역 지린성의 숭화장, 투먼장 등 통해 가항수역 및 항구, 헤이룽장성의 헤이룽장, 숭화장, 우수리장 등 통해 가항수역과 항구를 관할하는데, 발해와 황해일부해역을 포함하여 해안선 2920키로메터, 도서 500여개를 포함한다. 관할구역내의 주요한 항구로는 다렌항, 다요완(大窩灣)항, 다렌신항, 영커우(營口)항, 바위첸(鲅鱼圈)항, 단둥따둥(丹東大東)항. 진저우(锦州)항, 후루도우(葫蘆島)항 등이 있고, 어항(漁港)으로는 다렌완(大連灣)어항, 바위첸어항, 양터우와(羊頭洼)어항, 따창산(大長山)어항, 랑투어(浪頭)어항 등을 포함하고 있다.[28]

---

27) 자료출처: 중국 11개 해사법원사이트, 2021년 7월 17일 검색자료. 대련 해사법원은 법원구성원의 직급과 총 구성원을 상세하게 소개하고 있으나, 기타 법원은 지도부(지도부란 법원장을 포함하여 법원내 각종 영도직을 맡고 있는 인원을 지칭)인원과 재판담당판사에 대하여는 비교적 상세하고 소개하고 있으나 법원의 기타 구성원에 대하여는 명확하게 언급하지 아니하는 해사법원이 있어 해사법원 전체 인원을 파악할 수 없었다. 중국은 2017년부터 법원판사제도를 개혁하여, 판사중 재판권을 행사할 수 있는 법관, 즉 중국식 표현으로 員額法官이라 하는데, 통상 전체 법관중 3분의 1 정도에 해당하는 판사를 員額法官으로 선출하고 기타 판사는 재판보조업무를 담당하는 法官助理와 판결집행을 담당하는 집행법관 또는 집행원 두고 있는 외에 사법경찰, 행정사무직, 공산당 기율과 당무를 담당하는 인원 등으로 법원조직이 구성되어 있다.

28) http://www.dlhsfy.gov.cn/court/html/fygk/

(2) 텐진 해사법원

텐진해사법원은 텐진직할시에 소재한 해사전문법원으로서, 역시 1984년 6월 1일 최초로 설립된 6개 해사법원중의 하나이다. 텐진해사법원의 내부기구로는 접수재심재판부(告申庭), 종합재판부, 순회재판부, 집행국, 연구실, 종합사무실, 사법경찰대(法警支隊), 정치부 등 8개의 부서를 두고 있고, 초퍼이텐(曹妃甸)지원과 친황도우(秦皇島)지원 등 2개의 지원을 두고 있다.

텐진해사법원의 토지관할범위는 남쪽의 허베이성과 산둥성인접구역으로부터 북쪽의 허베이성과 요녕성인접구역의 확장해역(연안항구, 해상도서, 바다와 연결된 수역)을 포함한 해사불법행위, 해상계약, 해사집행사건 및 베이징과 연관된 공동해손분쟁, 해상보험계약분쟁, 해사중재판정의 승인과 집행사건 등을 담당한다. 텐진해사법원은 당사자의 편리와 해사사법제도의 선전 등을 위하여 텐진항 및 항구와 인접한 공업구역, 관할구역내의 어항 및 베이징, 허베이성, 내몽고자치구, 산시성, 닝샤자치구 등 텐진항 배후단지의 내륙지역에 17개의 순회재판거점을 두고 있는 것이 특색이다.[29)]

(3) 청도 해사법원

청도해사법원은 1984년 6월 1일 설립된 해사전문법원으로서 총무사무실(辦公室), 정치부, 기관당위원회, 감찰실, 연구실, 재판관리사무실, 사건접수부(立案庭), 해사재판부, 해상재판부, 집행국, 사법경찰대등 12개의 내부기구와 옌타이(烟台)지원, 위해(威海)지원, 러조우(日照)지원, 스도우(石島)지원, 동잉(東營)지원, 동자커우(董家口)지원 등 5개의 지원을 두고 있다.

청도해사법원의 토지관할범위는 남쪽으로는 산둥성과 짱수성의 인접구역으로부터 북쪽의 산둥성과 허베이성 인접구역의 확장해역을 포함하는데, 황해일부, 발해일부와 해상도서를 포함하여 란산(嵐山), 석구소(石臼所), 청도, 위해, 옌타이, 펑라이(蓬萊), 룽커우(龍口), 양커우(羊口)등 산둥성연안의 모든 항구를 관할한다.[30)]

29) http://tjhsfy.chinacourt.gov.cn/article/detail/2018/05/id/3317192.shtml
30) http://qdhsfy.sdcourt.gov.cn/qdhsfy/spgk/sszn31/sszy4575/774888/index.html

(4) 우한 해사법원

우한해사법원도 1984년 6월 최초로 설립된 6개 해사전문법원중의 하나로서, 내부기구로 정치부(기관당위원회), 기율검사팀(감찰실), 총무사무실, 연구실, 재판관리사무실, 사건접수감독부, 해사재판부, 해상재판부, 환경자원재판부, 해사행정(합의)재판부, 집행국, 사법경찰대 등 12개의 부서를 두고 있는데, 그 중 환경오염 등 사건을 전담하는 환경자원(環境資源)재판부와 행정사건을 다루는 행정재판부를 별도로 두고 있는 것이 특색이다. 우한해사법원은 2019년 난징해사법원이 별도로 설립되면서 파출법원성격의 지원과 토지관할이 변경되었는데, 지원으로는 충칭(重慶)지원, 이창(宜昌)지원과 우후(蕪湖)지원 등 3개의 지원이 남고, 난퉁지원 등은 난징해사법원으로 소속되게 되었다.

우한해사법원의 토지관할범위는 2019년까지 네 번의 변경을 거쳐 현재 관할하고 있는 지역으로는 쓰촨성 이빈시 허짱먼(四川省宜賓市合江門)으로부터 안후이성과 짱수성 인접구역의 양자강 주항로 및 바다와 통항가능한 양자강 지류 수역을 포함하여 5개 省과 1개 직할시(쓰촨, 후베이, 장시, 후난, 안후이, 충칭)의 양자강과 그 지류인 민장(岷江), 투어장(沱江), 자링장(嘉陵江), 우장(烏江), 샹장(湘江), 한장(漢江), 깐장(贛江)과 둥팅후(洞庭湖), 퍼양후(鄱陽湖) 등 양대 호수 지역으로서 양자강유역의 경제지구대를 관할하고 있다.[31]

(5) 난징 해사법원

난징 해사법원은 중국의 11개 해사법원 중 가장 늦게 설립된 법원으로서 2019년 2월에 설립되었다. 난징해사법원은 종합사무실, 정치부(감사실), 사건접수부(소송서비스센터, 재판감독부), 해사재판부, 해상재판부, 집행국(집행지휘센터), 사법경찰대, 기관당위원회 등 8개의 내부기구와 롄윈항(連運港), 난퉁(南通), 타이저우(泰州), 쑤저우(蘇州)등 4개의 지원을 두고 있다.

난징해사법원의 토지관할은 본래 우한해사법원과 상하이해사법원에 속하던 짱수성의 연안해역과 양자강 수역의 일부를 분할하여 관할범위를 정하고 있는데, 구체적으로는 짱수성과 산둥성 인접구역으로부터 짱수성과 상하이시인접구역의 확장해역, 짱수성과 안후이성인접구역으로부터 짱수성 류허커우(瀏

31) http://whhsfy.hbfy.gov.cn/DocManage/ViewDoc?docId=262a8d48-27ac-42f0-b991-baa219f80a24

河口)간의 양자강 본류 및 지류수역, 짱수성 행정구역내의 항구와 通海可航수역을 관할범위로 하고 있다.[32] 난징해사법원을 제외한 위의 네 법원의 법원인원구성은 각 해사법원 사이트에서 확인, 가능하였으나, 난징해사법원 이하 해사법원은 법원의 인원구성에 대하여 명확한 언급을 하지 않고 있다.

(6) 상해 해사법원

상해 해사법원 역시 1984년 최초로 설립된 6개 법원중의 하나로서 상하이항이 가지고 있는 중국내의 중요한 위상으로 여러 해사전문 법원 중 상하이 해사법원도 중요한 역할을 하고 있다. 특히 상하이 해운교역소(Shanghai shipping Exchange), 상하이 자유무역항의 설립운영 등은 상하이해사법원이 해사분쟁해결에서 중요한 역할을 요하고, 2018년부터 2020년 3년간 연속 사건심리 건수가 11개 해사법원중 가장 많다.

상하이 해사법원은 사건접수부(소송서비스센터, 소송과 화해연결센터, 민원사무실), 해사재판부, 해상재판부, 집행국, 재판감독부(연구실, 재판관리 사무실, 집행재판부), 종합사무실, 정치부(기관당위원회, 감찰실)와 사법경찰대 등 8개의 내부부서와 양산심수항(洋山深水港)지원과 창싱도우(長興島)지원 등 2개의 지원을 두고 있다.

상하이해사법원의 토지관할범위는 상하이 연안해역(양산 심수항 및 부근해역 포함)과 양자강 류허커우 이하의 통해 가항수역을 관할범위로 하고 있다.[33]

(7) 닝보 해사법원

닝보해사법원은 1992년 12월 4일 최고인민법원의 닝보해사법원설립의 결정에 의하여 9번째로 설립된 해사법원으로서, 1993년부터 사건을 접수하기 시작하였는데, 설립된 역사는 길지 아니하나, 2012년부터 사건접수건수가 꾸준히 증가하는 추세를 보여, 연속 6연간 사건접수건수와 결심(結審)건수 모두 해사법원 중 가장 많았고, 법원의 인원규모도 재판판사 39명을 포함하여 총 109명으로 확인 가능한 범위 내에서 해사법원 중 가장 큰 인원 규모를 가지고 있다. 1993년부터 2020년까지 모두 68817건의 사건을 접수하였고, 그중 68426건을

32) http://www.njhsfy.gov.cn/zh/about/index.html
33) https://shhsfy.gov.cn/hsfyytwx/hsfyytwx/fyjj1538/fyjs1539/index.html?t=282518318651251

결심하였으며, 2020년 1월~12월까지 3790건의 해상해사사건을 결심하였다.[34] 특히 2017년 8월 마르타국적의 Catalina호 2항사에 대하여 교통사고죄로 3년 6개월의 징역형을 선고하여 최초로 해사법원에서 형사재판을 진행한 후, 최고법원에서 지정한 형사재판시범 해사법원으로서 2020년 4월에는 중대책임 사고죄로 국내 해상의 형사사건에 대하여 형사재판을 진행[35]하는 등 여러 형사사건을 재판하고 있다.

내부기구로는 총무사무실, 정치부, 사건접수부, 해사재판부, 해상재판부, 재판감독부, 집행국, 사법경찰대, 연구실, 재판관리 사무실 등 10개를 두고 있고, 원저우(溫州)지원, 타이저우(台州)지원, 자유무역 시험구(自由貿易試驗區)지원 등 3개의 지원을 두고 있다.

닝보해사법원의 토지관할범위로는 저장성 항구, 도서, 연안수역과 통해(通海) 가능한 내하(內河)에서 발생한 해사전문법원에 관할권이 있는 사건을 심리한다.

(8) 샤먼 해사법원

샤먼 해사법원은 1984년 최초 6개 해사법원 설립 후 1990년 하이커우해사법원과 같이 설립된 2개 해사법원중의 하나로서 내부기구로 총무사무실, 사건접수부, 해사재판부, 해상재판부, 행정 및 생태재판부, 재판감독부, 재판 관리사무실, 집행부, 연구실, 정치부, 감찰실, 기관당위원회, 타이완관련재판부(자유무역구재판부), 사법경찰대 등 14개를 부서를 두고 있고, 푸저우(福州), 닝더(寧德), 뚱산(東山)등 3개의 지원을 두고 있다.[36]

샤먼해사법원의 토지관할범위로는 북쪽의 푸젠성과 쩌장성 인접구역으로부터 남쪽의 푸젠성과 광둥성 인접구역의 확장해역까지인데, 동해남부, 타이완성, 해상도서와 푸젠성에 속한 항구에서 발생하는 해사법원 전담사건을 심리한다.[37]

(9) 광저우 해사법원

광저우해사법원은 1984년 설립된 6개 해사법원중의 하나로서, 사건접수부,

34) https://www.nbhsfy.cn/court/Text.aspx?cid=17

35) https://baijiahao.baidu.com/s?id=1698327096042219475&wfr=spider&for=pc, 2021년 7월 22일 검색.

36) http://www.xmhsfy.gov.cn/fygk/fyjs/

37) http://www.xmhsfy.gov.cn/fygk/guanxiafanwei/

해사행정재판부, 해사재판부, 해상재판부, 재판감독부, 집행국, 연구실, 총무사무실, 정치부, 감찰실, 사법경찰대, 종합 지원센터 등 12개의 내부기구와 심천(深圳), 산터우(汕頭), 짠장(湛江), 쭈하이(珠海)등 4개의 지원과 광둥 자유무역 구순회법정, 둥관(東莞)순회법정 등 두개의 연회재판정을 두고 있다.

광저우해사법원의 토지관할범위는 광둥과 광시인접구역의 잉라완하(英羅灣河)의 중심선을 분계선으로 한 확장해역과 광둥성과 푸젠성 인접구역의 확장해역, 주장(珠江)하구로부터 광저우항까지의 수역, 관할구역에는 남해부분해역, 둥사(東沙)와 난오우도(南澳島)의 도서, 광둥성에 속한 항구, 통해(通海)항행가능수역에서 발생하는 해사법원 전담사건을 심리한다. 관할범위에는 4,114.4킬로미터의 해안선과 41.9만 제곱킬로미터의 해역, 약 4천킬로미터의 내하가 포함된다.[38)]

(10) 하이커우 해사법원

하이커우 해사법원은 샤먼해사법원과 같이 1990년에 설립된 법원으로서, 내부에 사건접수부, 해사재판부, 해상재판부, 집행국, 연구실(재판감독사무실), 총무사무실, 정치부, 사법경찰대, 감찰처, 국가배상위원회사무실 등 10개의 내부기구를 두고 있고, 산야(三亞), 양푸(洋浦), 보아오(博鰲), 바소우(八所), 산사(三沙)등 5개의 지원을 두고 있다.

하이커우(海口) 해사법원의 토지관할구역은 하이난성(海南省)의 항구와 수역 및 시사(西沙), 중사(中沙), 난사(南沙), 황옌도(黃岩島) 등 크고 작은 섬들과 수역이 이에 속한다.[39)]

(11) 베이하이 해사법원

베이하이 해사법원은 1999년에 설립된 해사법원인데, 내부에는 총무사무실, 정치부, 사건접수부, 해사재판부, 해상재판부, 집행국, 연구실, 재판관리 사무실, 사법경찰대, 감찰실, 기관당위원회, 기관서비스센터 등 12개의 내부기구를 두고 있고, 팡청강(防城港), 꾸이강(貴港), 징훙(景洪)등 3개의 지원을 두고 있다.

베이하이(北海) 해사법원의 관할구역은 동으로는 북부만잉라완하(北部灣英

38) http://www.gzhsfy.gov.cn/web/list?lmdm=1019
39) http://www.hkhsfy.gov.cn

羅灣河)의 중심선까지이며, 서쪽으로는 베트남과 경계한 해역 및 크고 작은 섬들과 베이하이(北海), 팡성(防城), 친저우(欽州) 등 주요 항구가 있다.[40]

명칭	설립일	내부기구	지원	인원구성					
				지도부	재판판사	法官助理	사법경찰	사무직원	합계
대련	1984.6.1	10	5	6	20	20	8	13	67
텐진	1984.6.1	8	2	6	34	18	6	34	98
청도	1984.6.1	12	6	5	34	10	—	—	95
우한	1984.6	12	3	7	32	—	—	—	88
난징	2019.2	8	4	4	18	14	—	—	—
상하이	1984.6.1	8	2	4	39	30	13	—	—
닝보	1992.12.4	10	3	9	39	12	11	38	109
샤먼	1990.3.21	14	3	7	30	14	7	10	68
광저우	1984.6.1	12	4	7	34	20	13	—	—
하이커우	1990	10	5	7	29	12	7	—	—
베이하이	1999.8.19	12	3	5	21	—	—	—	—

4) 해사법원의 심급관할

해사법원의 심급관할이란 해사법원과 상급법원 간에 제1심 해사사건을 심리할 수 있는 권한과 분담으로서 일반 민사사건의 경우에는 기층인민법원과 중급법원, 고급법원, 최고법원의 4급2심 종심제를 실시하나, 해사사건일 경우 3급2심 종심제를 적용한다.[41] 통상적인 경우, 해사사건에 관한 1심은 전문법

40) http://www.bhhsfy.gov.cn/

41) 해사법원이 지방법원의 중급법원에 해당함은 인민법원조직법에는 명확한 규정을 두고 있지 아니하나, 1984년 전국 인민대표 대회 상무위원회의 '연해항구도시에 해사법원을 설립에 관한 결정' 제2조 제2항 "해사법원의 재판업무는 소재지 고급인민법원이 감독한다"는 규정과 제3조 제3항에 "해사법원의 판결과 결정에 불복하여 상소한 사건은 해사법원소재지의 고급인민법원에서 관할한다."라는 규정에서 중급법원에 해당함을 유추할 수 있다.

원인 해사법원에서 담당하지만 해사사건의 성질, 소송가액 또는 사회적인 영향력 등에 따라 고급법원이나 최고법원에서 해사사건의 1심을 할 수도 있어, 2급2심종심 또는 최고법원의 1심종심으로 해사사건의 확정판결이 날 수도 있으나 이러한 경우는 상당히 예외적일 것이다.

11개의 해사법원이 행정구역과 관계없이 해사사건 1심을 담당하게 하기 때문에 당사자 소송의 편의를 위하여 11개 해사법원은 40개의 지원과 기타 순회재판거점을 두고 있는데, 이러한 지원과 순회재판부의 판결도 해사법원 본원의 판결과 같은 효력이 있어, 지원판결에 불복할 경우, 본원에 상소하는 것이 아니라, 본원을 관할하는 고급법원에 상소를 하여야 한다. 예컨대 대련 해사법원이 헤이룽장성의 하얼빈에 설치한 지원에서 판결한 사건에 대해 불복할 경우, 하얼빈을 관할하는 헤이룽장성 고급인민법원이 아닌 대련 해사법원 관할고급법원인 요녕성 고급인민법원에 상소를 하여야 한다. 당사자의 입장에서는 1000여키로 되는 요녕성에서 상소심이 진행되는 것은 비용이나 시간 등 여러모로 많은 불편이 있을 것이지만, 해사법원의 상소사건을 집중적으로 다루는 해사법원소재지 고급법원에서 상소사건을 다루게 하는 것이 그나마 해사사건 재판의 전문성과 재판의 일관성을 보장할 수 있을 것이다. 또한 해사법원의 판결이나 결정에 불복하여 고급법원에 상소한 경우, 제2심을 담당하는 고급법원의 담당재판부도 2016년 3월 1일자를 전후하여 변화가 있었다. 즉 해사법원의 1심 행정소송이나 해사, 해상사건의 판결에 불복하여 상소한 경우, 기존에는 모두 해사법원 사건을 주로 다루는 고급법원의 제4 민사재판부가 제2심을 심리하였으나, 2016년 3월 1일부터는 해사행정소송의 제2심은 고급법원의 행정재판부가 심리하고, 해상, 해사사건의 제2심만 고급법원의 제4 민사재판부가 담당하게 되었다. 그리고 당사자가 관할권이의결정에 불복히어 상소한 경우, 기존에는 고급법원의 사건접수부(立案庭)에서 재심을 담당하였으나, 현재는 고급법원의 해사, 해상사건을 심리하는 재판부(제4 민사재판부)[42]에서 담당하도록 하고 있다.

42) 최고인민법원의 2016년 2월 24일 발포한 法释〔2016〕2号 '最高人民法院关于海事诉讼管辖问题的规定' 제2조 및 제3조.

5) 해사법원의 전문관할

해사법원의 전문 관할이란 해사사건에 관하여는 일반 지방법원이 아닌, 해사법원에서 사건을 전문 관할하는 것을 말한다. 즉 “해상 또는 바다와 연결된 수역에서 발생한 선박 또는 운송, 생산, 조업과 관련된 해사불법행위분쟁, 해상계약분쟁 및 법률이나 기타 사법해석에서 규정한 기타 해사분쟁사건을 해사법원 및 그 상급법원에서 전문 관할”하는 것을 말한다.[43]

전문 관할은 전속관할과 다르다. 전문 관할이란 해사법원 등 전문법원과 일반 지방법원간의 사건관할 분담을 규정하는 것이지만, 전속관할이란 民訴法 또는 海訴法에서 규정하고 있는, 어떤 특정 법원이 특정 사건에 관하여 배타적인 관할권을 가지고 있음에 관한 규정이다. 전문 관할과 전속관할의 주요한 차이점을 볼 것 같으면, 전문 관할의 범위는 전속관할보다 넓지만[44], 배타성은 전속관할보다 못하다. 전속관할의 경우, 당사자의 합의관할이 배제될 뿐만 아니라, 토지관할(지역관할)에서 기타 해사법원의 관할도 배제된다. 그러나 전문 관할의 경우, 기타 일반 법원의 관할만을 배제할 뿐이고, 당사자의 합의가 있을 경우, 여러 해사법원 중에서 관할을 선택하는 것이 가능하다.

6) 해사법원의 전속관할

전속관할은 강한 배타성을 가지고 있어 당해 사건에 대한 외국법원의 관할을 배제할 뿐만 아니라, 국내 기타 법원의 관할도 배제한다. 전속관할 사건은 당사자의 합의관할, 토지관할, 특별 토지관할 등의 적용도 모두 배제한다. 海訴法에서 규정하고 있는 전속관할은 세 가지 종류가 있는데, 1) 항구작업으로 인한 분쟁사건은 항구소재지 해사법원에 관할하고(海訴法 제7조 1항), 2) 해양오염으로 인한 분쟁사건은 오염 발생지, 오염 피해 발생지 혹은 오염 예방

43) 중화인민공화국 해사소송특별절차법적용 약간 문제에 관한 최고인민법원의 해석(关于适用《中华人民共和国海事诉讼特别程序法》若干问题的解释,法释[2003]3号, 2003년 1월6일 발포, 2003년 2월 1일 시행. (이하 “해소법 적용해석”이라 함)

44) 해사법원이 전문 관할하는 108개 종류의 사건이지만, 海訴法 제7조에서 규정하고 있는 전속관할 사건은 3개 종류, 民訴法 제33조에서 규정하고 있는 전속관할사건도 3개뿐이다.

지의 해사법원이 관할하며(海訴法 제7조 2항). 3) 해양탐사개발계약분쟁사건은 계약이행지의 해사법원이 관할한다(海訴法 제7조 3항). 여기서 중국에 관할권이 있는 해역이란 중국의 접속수역, 배타적 경제수역, 대륙붕 등과 관할권이 있는 기타 해역을 말하고(海訴法 적용해석 제11조), 계약이행지란 계약이 실제로 이행된 곳을 말하는데, 실제로 이행되지 아니하였을 때에는 계약에서 약정한 이행지를 말한다(海訴法 적용해석 제12조).

7) 특별토지관할

특별 토지관할이란 소송목적물 소재지 또는 해사사건이 발생한 곳을 기준으로 하는 동시에 피고 주소지를 감안하여 확정하는 토지관할을 말한다. 일반적인 토지관할은 피고 보통재판적이 있는 곳을 기준으로 확정되나, 특별토지관할에 있어서는 상기 기준 외에 소송목적물 등 기타 기준이 동시에 작용되어, 모두 2개 이상의 해사법원에서 공동으로 관할권을 가지고 있는 것이 특징이다.[45]

해사소송의 섭외성과 전문성, 그리고 소송목적물의 유동성 등 특징으로 인하여 대부분 해사소송에 대하여 특별토지관할을 규정하여야 해사분쟁을 더 효율적이고 공정하게 처리할 수 있다. 해사소송의 특별토지관할에 대한 중국 民訴法, 海訴法 및 海訴法적용규정 등에서 규정하고 있는 것으로는 다음의 것이 있다.

① 선박충돌 등 해사불법행위로 인한 사건

선박충돌 및 기타 해사불법행위로 인한 사건의 특별토지관할은 불법행위발생지(民訴法 제28조), 충돌발생지, 충돌선박최초도착지, 가해선박 가압류지, 피고소재지(民訴法 제30조), 또는 선적항 소재지(海訴法 제6조 1항) 해사법원에서 관할한다. 여기의 선적항 소재지란 피고선박의 선적항을 말하는데, 피고 선적항이 중국 경내에 있지 아니하나 원고 선박의 선적항이 중국 경내에 있을 때에는 원고 선박의 선적항 소재지 해사법원에서 관할한다(海訴法적용해석 제4조).

선박충돌이란 선박간의 직접적인 충돌뿐만 아니라 선박의 간접적 충돌도

45) 楊樹明, 「民事訴訟法·海事訴訟特別程序篇」, 夏門大學出版社, 2008년, 29면.

포함한다. 그리고 기타 해사불법행위로 인한 손해배상사건은 선박의 불법행위로 인한 손해배상사건이어야 하고, 선박의 불법행위가 아닌 사건, 예컨대 선박의 좌초, 좌주, 침몰, 화재 등으로 인한 손해배상사건은 여기에 속하지 아니한다고 할 것이다. 기타 해사불법행위로 인한 손해배상사건에는 선박이 부두 또는 해상, 수저, 공중, 통해 수역, 항구 시설과 충돌, 접촉하거나 기타 재산에 입힌 손해배상사건, 양식시설이나 양식물 또는 포획물 등을 손상하여 발생한 손해배상사건 등이 포함된다.[46]

② 해상사고로 인한 손해배상사건

해상사고로 인한 손해배상사건은 사고 발생지, 선박 최초 도착지, 선적항 소재지 또는 피고소재지의 해사법원에서 관할한다(民訴法 제29조).

③ 상기 ①, ②항외의 기타 불법행위로 인한 손해배상사건의 경우에는 불법행위지, 선적항 소재지 또는 피고소재지의 해사법원에서 관할한다(民訴法 제28조, 海訴法 제6조 제1항). 기타 불법행위란 선원간의 상해사건, 화물의 화재나 운송목적물의 폭발, 수리 등 과정에서 발생한 인명피해사건이 포함된다. 불법행위지란 불법행위의 실행지, 불법행위의 결과발생지 등이 포함된다.

④ 해상운송계약 분쟁사건

동 사건은 출발항, 도착항, 피고소재지(民訴法 제27조)나 환적항 소재지(海訴法 제6조 2항)의 해사법원에서 관할한다. 계약에서 약정한 것과 실제로 이행된 출발항, 목적항, 중개항이 다를 경우, 실제 이행된 출발항, 환적항, 목적항의 해사법원에서 관할한다(海訴法 적용해석 제5조). 海訴法에서는 民訴法의 규정 외에 환적항을 관할의 연결점으로 추가하였다.

⑤ 용선계약 분쟁사건

당해 사건의 관할은 선박 인도항, 선박 반선항, 선적항, 피고소재지의 해사법원에서 관할한다(海訴法 제6조 3항). 여기서 말하는 선박이란 바다 또는 바다와 연결된 수역에서 항행하는 선박을 말한다(海訴法 적용해석 제3조).

---

46) 金正佳, 전게서, 56면.

⑥ 해상보험계약 분쟁사건

당해 사건은 피고소재지 또는 보험목적물 소재지 해사법원에서 관할한다(民訴法 제24조). 최고법원의 民訴法 적용해석[47] 제21조의 규정에 의하면, 해상보험 목적물이 운송도구 또는 운송중의 화물일 경우, 운송도구의 등록지, 운송 목적지, 보험사고 발생지의 해사법원에서 관할한다고 하고 있다. 운송도구의 등록지란 운송도구가 선박일 경우에는 선적항을 말한다.

⑦ P&I 계약분쟁사건

보험목적물, 보험사고 발생지, 피고소재지의 해사법원에서 관할한다. P&I 계약분쟁관할에 관하여 民訴法에서는 규정을 두고 있지 않지만, 海訴法 제6조 4항에 상기 규정을 두고 있다. 여기서 보험목적물이란 P&I에 가입된 선박 소재지를 말한다(海訴法 적용해석 제6조).

⑧ 선원노무계약분쟁사건

당해 사건은 원고주소지, 계약 체결지, 선원 승선항 또는 송환항, 피고주소지의 해사법원에서 관할한다(海訴法 제6조 5항). 해선 선원이란 바다에서 항행하는 선박에 승선한 선원뿐만 아니라, 바다와 연결된 수역에서 항행하는, 해사법원의 관할에 속하는 수역을 항해하는 선박에 승선한 선원들을 포함한다.

선원노무분쟁 관할에 있어서 원고주소지를 관할의 연결점으로 한 것은 중요한 의미가 있다고 할 것이다. 중국은 선원수출국으로서, 중국 선원들이 외국적 선박에 승선하여 근무하는 경우가 많은데, 원고주소지도 관할권을 갖게 함으로써, 외국선박에 승선한 선원들의 권리보호에 편리를 제공할 수 있다. 선원 승선항과 송환항을 관할의 연결점으로 함으로써 당사자나 해사법원에서 관할권의 유무를 판단함이 용이하여 졌다. 중국 재판실무의 경험을 입법화한 것이라 할 것이다.[48]

선원노무계약분쟁이 아닌 일반적인 노동계약분쟁은 먼저 노동쟁의 중재를 거친 후, 이에 불복할 경우에만 소송을 하도록 하고 있다.[49] 그러나 선원노무

47) 最高人民法院关于适用《中华人民共和国民事诉讼法》的解释, 法释〔2015〕5号, 2015년 2월 4일 시행.

48) 屈廣淸, 「海事诉讼与海事仲裁法」, 法律出版社, 2007년, 26쪽.

49) 最高人民法院关于审理劳动争议案件适用法律若干问题的解释, 法释[2001]14号, 2001년 4월 30일

분쟁사건의 경우, 선원의 임금, 기타 보수 및 선원송환비용, 사회보험료 등은 제1순위의 선박우선특권으로서 이러한 노무분쟁사건은 해사법원에서 전문 관할하는 사건으로 일반 노무분쟁과 같이 노동쟁의 중재를 거치지 아니하고 해사법원에서 직접 관할할 수 있다고 최고법원에서 유권해석을 내리고 있고,[50] 海訴法 적용해석 제8조에서도 해사법원에서 이러한 사건을 수리하여야 한다고 하고 있다.

⑨ 해사담보분쟁사건

당해 사건은 담보물소재지, 피고주소지의 해사법원에서 관할한다. 선박저당권 분쟁사건은 선적항 소재지의 해사법원에서도 관할할 수 있다(海訴法 제6조 6항). 중국 海訴法 제6장의 규정에 의하면 해사담보에는 두 가지 내용을 포함하고 있는데, 하나는 해사채권의 현실적인 이행을 보장하기 위하여 보증, 저당, 질권, 유치권, 보증금 등 담보권과 관련된 것이고, 다른 하나는 해사청구인의 부당한 해사청구로 인한 피청구인의 손해를 배상하기 위하여 해사법원의 요구에 따라 제공된 담보공탁을 말한다. 담보공탁의 경우에는 그 방법이나 내용을 해사법원에서 결정하는데, 통상적으로 담보회사는 금융기관의 보증서류로 공탁에 갈음한다. 그러나 피청구인이 제공하는 담보일 경우에는 해사청구인과 피청구인이 협상하여 결정하고, 담보물 또는 담보금을 해사법원이나 청구인에게 제공할 수 있으며, 협상이 되지 아니할 경우, 법원에서 결정한다(海訴法 제74, 75조).

선박저당권을 설정한 경우, 제3자에 대항하기 위하여 저당권 설정등기를 하여야 하는바, 저당권 등기가 되어 있는 선적항에서 관할권을 가지도록 함으로써 분쟁의 신속하고 원만한 해결에 도움이 될 수 있다.

⑩ 선박의 소유권, 점유권, 사용권, 우선특권으로 인한 분쟁사건

당해 사건은 선박소재지, 선적항 소재지, 피고소재지의 해사법원에서 관할한다(海訴法 제6조 7항). 1986년 최고법원의 섭외해사소송관할규정에 의하면

시행.

50) 最高人民法院关于国内船员劳动合同纠纷案件是否应劳动仲裁前置的请示复函, [2002]民四他字第16号.

해사법원에서 관할할 수 있는 사건은 선박우선특권과 관련된 사건뿐이었다. 당해 규정에 의하면, 선박 우선특권과 관련하여 우선특권발생지와 선박 도착지의 해사법원에서 관할 할 수 있다고 규정하였었는데, 우선특권발생지란 상당히 애매한 경우가 있다. 예컨대, 선원임금은 해상법 제22조에서 규정하고 있는 선박우선특권인데, 선원임금이 발생한 곳이란 어떤 곳인지 확인하기 곤란하다. 따라서 海訴法은 86년 규정의 미비점을 보완하였다고 할 수 있다. 여기서 선박의 소재지란 기소 시 선박의 정박지 또는 가압류지를 말한다(海訴法 적용해석 제7조).

선박 소유권, 점유권, 사용권과 관련된 분쟁을 해사법원에서 관할하도록 한 것은 <1999년 선박가압류협약>의 내용을 계수한 것이라고 생각된다. 당해 협약에 의하면, 선박소유권, 점유권, 사용권 및 우선특권과 관련된 해사청구로 선박을 가압류 할 수 있다고 하고 있는바, 선박을 가압류하는 것은 당연히 해사사건에 속하고, 해사법원에서 전문 관할하여야 할 것이다.[51]

⑪ 선박담보, 선박우선특권과 관련된 차관계약분쟁사건

당해 분쟁사건은 피고주소지, 계약이행지, 선적항, 선박소재지 해사법원에서 관할한다(海訴法 제10조).

⑫ 해난구조비용분쟁사건

당해 사건은 구조지 또는 피구조선박이 최초로 도착한 곳의 법원에서 관할하고(民訴法 제31조), 피구조선박 외의 기타 구조재산 소재지의 해사법원에서 관할할 수도 있다(海訴法 적용해석 제9조). 해난구조비용분쟁이란 구조과정에서 발생한 구조자와 피구조자의 구조비용에 관한 분쟁으로서, 해난구조분쟁과는 다른 개념이다. 해난구조분쟁에는 구조비용으로 인한 분쟁뿐만 아니라, 구조자의 과실로 인한 피구조선박 또는 화물에 대한 손해로 인한 분쟁, 구조과정에 발생한 인명피해로 인한 분쟁, 그리고 구조로 제3자에게 손해를 입혀 생긴 분쟁 등이 포함된다. 海訴法에서는 구조비용 분쟁이라고 하고 있으나, 해난구조분쟁도 상기 규정을 적용하여야 한다고 생각된다.

51) 金正佳, 전게서, 66면.

구조와 관련된 관할의 상기 규정은 여전히 문제점을 가지고 있다. 예컨대, 중국 해역부근의 공해에서 구조가 이루어 졌으나 선박과 화물 모두 멸실한 경우, 이러한 구조분쟁에 대하여는 연결점이 없어 중국 해사법원에서 관할권이 없는 것으로 된다. '1989년 국제구조협약'의 발효로, 구조의 성공여부에 관계없이 환경오염방지 등 특별비용을 청구할 수 있게 된 점 등을 감안하면 해난구조와 관련된 연결점을 확대할 필요가 있다.

⑬ 공동해손분쟁사건

공동해손분쟁은 선박최초도착지, 공동해손정산지, 또는 항해가 종료한 곳의 법원에서 관할한다(民訴法 제32조).

⑭ 기타 해상계약분쟁사건

기타 해상계약분쟁사건이란 선박 新造, 수리, 매매, 해체계약; 선박속구, 컨테이너임대, 보관계약; 부두, 항구창고, 항구시설임대계약; 선박대리, 화물운송대리계약; 선용품공급계약; 해상인양, 예인계약 등 분쟁사건을 말하는데, 이러한 사건은 계약이행지 또는 피고주소지의 해사법원에서 관할한다.

8) 특별절차 등의 토지관할

특별절차라 함은 일반 소송절차와 간이절차에 대응하는 개념으로서, 민사권리 분쟁사건이 아닌, 심리대상이 특수한 사건을 말한다.[52] 민사소송법에서는 특별절차가 적용되는 사건을 "민사상의 권리분쟁"과 관계없는 사건을 지칭하는데, 특별 절차중 일부는 민사사건이 아닌 사건(예컨대 중국 민소법 제177조의 선거인자격확인사건)이고 다른 일부는 민사사건이나 권리분쟁과는 관계없는 사건, 예컨대 실종과 사망신고, 무주재산 사건 등이다.[53]

海訴法에서는 특별절차의 토지관할에 대한 규정을 海訴法의 여러 부분에 산재하여 규정하고 있는데, 그것을 정리하여 보면 다음의 것이 있다.

52) 江偉主編, 「民事訴訟法」, 高等教育出版社(제5판), 2016년, 343면.
53) 張衛平著, 「民事訴訟法」, 法律出版社(제4판), 2016, 449면.

① 해상재산무주사건과 사망선고사건

해상재산무주사건인 경우에는 재산소재지 해사법원에서 관할하고, 해상사고로 하여 사망선고를 신청하는 사건은 해사사고를 처리하는 주무기관 소재지의 관할 해사법원 또는 사건을 수리한 해사법원에서 관할한다(海訴法 제9조).

② 해사 청구보전 사건

소송 전 해사 청구보전을 신청할 경우, 보전할 재산 소재지의 해사법원에서 관할하고(海訴法 제13조), 이러한 보전신청은 당사자 간에 소송관할 또는 중재합의의 구속을 받지 아니한다(海訴法 제14조). 해사 청구보전 신청 후, 당해 해사분쟁이 소송 또는 중재절차에 진입하지 아니한 경우, 당사자는 해사청구보전을 한 해사법원에 제소할 수 있다. 그러나 당사자간에 소송관할합의 또는 중재합의가 있을 때에는 그러하지 아니하다(海訴法 제19조). 단, 선박보전에 관하여는 해사법원과 그 상급법원외의 기타 지방법원에서는 수리할 수 없다. 지방법원의 기판력 있는 판결 집행으로 선박을 압류 또는 경매하여야 할 경우, 선적항 소재지 또는 선박 소재지의 해사법원에 촉탁하여 집행하여야 한다(海訴法 적용해석 제15조). 해사청구보전을 하였다하여 보전조치를 취한 해사법원에서 당해 사건에 대하여 전속 관할권을 가지는 것은 아니고, 해사청구보전을 하였다고 하여 법원이 신청인의 실체법적 권리를 인정하는 것은 아니고, 피신청인이 해사청구에 대하여 책임이 있다는 것도 아니다.[54]

③ 소송 전 해사 강제령 신청사건

소송 전의 해사 강제령 신청은 당사자가 해사분쟁이 발생한 곳의 해사법원에 제출하여야 한다(海訴法 제52조). 해사 강제령은 통상적으로 긴박한 상황에서 신청하는 것이기 때문에, 해사분쟁이 발생한 곳에시 신청할 수 있도록 함으로써 강제령의 신속한 발급과 집행을 기대할 수 있다. 해사 강제령이 집행된 후, 관련 해사분쟁이 소송이나 중재 절차에 진입하지 아니한 경우, 당사자는 당해 해사청구와 관련하여 해사 강제령을 내린 해사법원이나 혹은 관할권이 있는 기타 해사법원에 제소할 수 있다. 그러나 당사자 간에 소송관할이

54) 韓立新 등 編著, 전게서, 38면.

나 중재에 관한 협의가 있을 때에는 그러하지 아니하다(海訴法 제61조).

④ 소송 전 해사증거보전 신청사건

소 제기 전에 해사증거의 보전을 신청한 경우, 당사자는 보전할 증거 소재지의 해사법원에 신청하여야 하고(海訴法 제63조), 해사증거 보전 후, 관련 해사분쟁이 소송이나 중재 절차에 진입하지 아니한 경우, 당사자는 당해 해사청구와 관련하여 해사증거를 보전한 해사법원이나 혹은 관할권이 있는 기타 해사법원에 제소할 수 있다. 그러나 당사자 간에 소송관할이나 중재에 관한 협의가 있을 때에는 그러히지 아니하나(海訴法 제72조).

⑤ 공시 최고절차

선하증권 등 화물수령증의 소지인이 화물수령증을 분실 또는 멸실한 경우, 화물소재지의 해사법원에 공시최고를 신청할 수 있다(海訴法 제100조).

⑥ 제소전의 해사 배상책임 제한기금 설립절차

제소 전에 해사 배상책임 제한기금 설립을 신청할 당사자는 사고발생지, 계약이행지 혹은 선박가압류지의 해사법원에 신청하여야 하고(海訴法 제102조), 해사배상책임기금을 설립한 후, 당사자의 해사분쟁에 관한 소송은 해사배상책임기금을 설립한 해사법원에 提訴하여야 한다. 그러나 당사자 간에 소송관할이나 중재에 관한 협의가 있을 때에는 그러하지 아니하다(海訴法 제109조).

⑦ 선박 우선특권 최고절차

양수인의 선박우선특권 최고신청은 선박 선적지나 또는 양수인 주소지의 해사법원에 제출할 수 있다(海訴法 제121조).

⑧ 해사중재 재결의 집행신청 사건

당사자가 해사중재 재결의 집행을 신청하거나 또는 외국법원의 판결, 명령 혹은 외국 해사중재 재결의 승인, 집행을 신청할 경우, 피집행 재산 소재지 또는 피집행인 주소지의 해사법원에 제출한다. 피집행 재산 소재지 또는 피집행인 소재지에 해사법원이 없는 경우에는 피집행재산 소재지나 피집행인 소재지의 중급법원에 제출한다(海訴法 제11조). 그러나 피집행 대상이 선박일 경우, 그 선박이 해사법원 관할내인지 여부를 불문하고, 모두 해사법원에서 관할한다. 선박소재지에 해사법원이 없을 경우, 가장 가까운 곳의 해사법원에서 관할한다(海訴法 적용해석 제13조). 앞에서 언급한 재산소재지 또는 피집행인 소재지는 모두 해사법원에서 관할권을 행사할 수 있는 지역을 말한다(海訴法 적용해석 제13조 2항).

해사중재의 효력확인에 관한 소송은 피신청인 소재지, 계약이행지 또는 약정한 중재기구 소재지의 해사법원에서 관할한다(海訴法 적용해석 제14조).

4. 2018년부터 2020년까지 3년간 해사법원의 소송건수

2018년~2020년 3년간 각 해사법원의 1심 사건의 수를 살펴보면, 상하이 해사법원은 연속 3년 심리한 사건수량이 가장 많게 나타나고 있는데, 이는 중앙정부와 상하이시가 2013년부터 실시하고 있는 상하이 자유무역구 건설, 상하이의 금융중심지와 해운중심지의 건설 등과 경제발전과 밀접한 연관이 있다. Xinhua－Baltic International Shipping Centre Index(2020)에 의하면, 항만여건, 해운서비스, 종합 환경 등 면에서 세계항만의 순위를 정하는데, 2020년 상하이는 싱가포르와 런던에 이어 제3위로 상승하였다고 한다. 또한 각각의 해사법원 간 재판사건 수는 큰 차이를 보이고 있는데, 1위인 상하이 해사법원은 3년간 15,518건의 사건을 심리하였으나, 최하우인 하이커 해사법원의 경우, 3년간 3013건의 사건을 심리하여, 3년간 심리한 건수가 일반 해사법원의 1년 심리한 사건 수에 맞먹고, 최상위의 19.4%밖에 되지 아니한다. 하이커 해사법원과 베이하이 해사법원이 기존 광저우 해사법원이 관할하던 지역을 분할하여 별도의 해사법원을 설립한 것인데, 인접한 세 해사법원의 3년간 심리건수가 16,624건으로, 상하이 해사법원 한 곳의 사건수를 조금 상회한다. 이는 해사법원의 지역분포가 합리적이지 못하고, 해사법원이나 법관들의 업무 분담량, 능률면에서 모두 개선이 필요한 부분일 것으로 판단된다.[55]

사건의 유형에 있어서도 대부분은 민사사건이고, 행정이나 집행사건이 전체

55) 曾艳, 刘乔发, 张可心, 전게논문, 89면.

사건중 비중은 매우 적은바, 3년간 대련 해사법원의 행정사건이 매년 100여건을 상회하는 외에 대부분 해사법원의 행정사건은 20~30여건에 지나지 아니한다. 이는 해사법원의 재판업무가 주요하게 전통적인 해사사건, 즉 해상계약분쟁이나 해사불법행위 위주로 이루어지고 있음을 알 수 있다.

– 중국 해사법원 2018~2020년 연간 소송건수[56] –

法院	2018년도					2019년도					2020년도				
	사건유형					사건유형					사건유형				
	민사	행정	집행	기타	합계	민사	행정	집행	기타	합계	민사	행정	집행	기타	합계
大连	1018	170	592	201	1981	1418	185	746	124	2473	1507	96	752	74	2429
天津	1399	38	456	153	2046	1300	12	643	312	2267	1196	18	721	189	2114
青岛	1801	26	1008	1771	4606	1629	18	679	1223	3549	2213	19	1016	765	4013
武汉	1859	23	1456	331	3678	1657	14	1444	281	3396	—	—	—	—	
南京	—	—	—	—	—	—	—	—	—	—	1269	130	477	251	2127
上海	—	—	—	—	5672	3581	35	310	1534	5460	2641	27	611	1107	4386
宁波	2203	31	1762	707	4703	2025	56	1980	914	4975	1803	36	1445	506	3790
厦门	993	14	664	233	1905	1198	50	535	1074	2857	1632	73	845	178	2728
广州	1912	34	1124	308	3378	2818	73	1285	84	4260	—	—	—	—	2860
海口	—	—	—	—	1110	—	—	—	—	833	—	—	—	—	1070
北海	379	9	331	138	857	458	23	359	100	940	—	—	—	—	1319

V. 맺음말

우리나라는 해운산업이 고도로 발달되어 있는 주요국가 중 하나이며, 2020년을 기준으로 해운업 세계 5위, 시장 점유율은 5.7%에 이르고 있고, 2016년 발간된 IBK 연구소의 보고에 의하면 해운관련 고용과 조선업의 종사자를 합하면 90여만 명에 이르는 고용이 창출되고 있다. 이렇듯 선박과 바다를 연계하는 산업의 구조가 경제규모의 증가와 맞물려 확대되고 있으며, 이로 인해

56) 중국 11개 해사법원 사이트에 공시(2021년 7월 20일 검색)한 자료에 근거하여 정리한 수치임. 신규 설립된 난징해사법원과 코로나로 재판이 중단된 우한해사법원, 그리고 기타 상세정보가 검색 불가한 것 등은 —으로 표기함.

해사분쟁 또한 늘어나고 있는 추세이다. 그러나 해사사건은 기본적으로 국제적 성격을 띠고 있으며, 개품운송계약 및 용선계약 등의 대부분의 해상운송계약의 준거법은 영국법이며, 중재법원 역시 런던해사중재인협회를 통해 90% 이상 해결하고 있다.[57] 이는 비록 우리나라의 선박 및 우리나라 해운선사의 해상운송을 이용하더라도 해상분쟁이 발생하면 대부분이 영국 등의 국외 관할 법원이나 중재를 통해 해사사건이 처리되고 있는 것을 의미한다. 이러한 문제점을 개선하기 위해 법조계와 학계는 물론 해운관련 업계들은 우리나라에도 전문적인 해사법원을 설립하여야 한다는 필요성에 대해서는 공감대를 형성하고 있으며, 이견이 거의 없다. 이에 11개의 독립적 전문 해사법원을 설치하고 30여년 운영하고 있으며, 매년 만 건 이상의 해사사건을 처리하고 있는 중국의 해사법원 시스템을 주목할 필요가 있다. 중국은 독립적인 법률을 통해 해사법원의 설립 근거를 마련하였으며, 1984년 이후 상하이·텐진·칭다오·다롄·광저우·우한의 6개 도시의 해사법원이 설치를 시작으로 2019년 남경 해사법원까지 총 11개의 해사전문법원을 운영하고 있고, 각 연해 항구도시에 39개의 지원을 설치하여 신속하고 효율적인 법률 서비스를 제공하고 있다. 아울러 중국 해사법원은 해사사건 뿐만 아니라, 민사·상사 및 형사사건, 행정사건 등 관할권을 통합하여 운영하는 등 그 효율성을 제고하기에 노력하고 있다. 따라서 이러한 중국 해사법원의 운영 시스템은 분명 우리나라의 해사법원 설립 시 유효한 자료로서 활용될 수 있을 것이다.

57) 정성근, "한국 해사법정 및 준거법 활용 활성화 방안 보고서", 해양수산부, 2011, 8~13면 참조.

참고문헌

박문학, "해사법원", 부산발전연구원, 2017.

변지영 · 김현범, "해사쟁송절차 개선에 관한 연구", 사법정책연구원, 2018.

송순애, "한국 해사법원 설립에 관한 법적 연구", 박사학위논문, 동아대학교 대학원, 2017.

정성근, "한국 해사법정 및 준거법 활용 활성화 방안 보고서", 해양수산부, 2011.

曾艳 · 刘乔发 · 张可心, "关于我国海事法院体制机制改革完善的思考", 法律适用, 제1호, 2017.

江偉 · 主編, 「民事訴訟法(제5판)」, 高等教育出版社, 2016.

張勇健 · 王淑梅 · 余曉漢, "關于海事法院受理案件範圍的規定的理解與適用", 人民司法, 10월호, 2016.

傅荣, "中国海事法院:问题与出路", 河北法学,제27권 제5기, 2009. 05.

楊樹明, 「民事訴訟法·海事訴訟特別程序篇」, 夏門大學出版社, 2008.

屈廣淸, 「海事诉讼与海事仲裁法」,法律出版社, 2007.

江偉主編, 「民事訴訟法」, 高等教育出版社(제5판), 2016.

張衛平著, 「民事訴訟法」, 法律出版社(제4판), 2016.

찾아보기

[국 문]

[영 문]

[공저자 약력]

김 인 유

한국해양대학교 대학원 졸업(법학박사)
부산광역시지방토지수용위원회 위원
한국국제사법학회·민사법의 이론과 실무학회 이사
현) 국립 한국해양대학교 해사법정학부 교수

김 철 수

동아대학교 대학원 법학과 졸업(법학박사)
일본 동경대학 법학부(객원연구원)
영국 Cardiff University(Visiting Professor)
현) 국립 한국해양대학교 해사법정학부 교수

김 현 귀

연세대학교 대학원 법학과 졸업(법학박사)
부산광역시지방토지수용위원회 위원
통일부 통일법제추진위원회 위원
한국공법학회, 한국헌법학회, 한국언론법학회 이사
현) 국립 한국해양대학교 해사법정학부 교수

이 용 희

경희대학교 대학원 법학과 졸업(법학박사)
Richardson School of Law, Univ. of Hawaii(Visiting Scholar)
Korean Expert, Special Arbitration of UNCLOS
국제해양법학회 회장
해양수산부 해양수산과학기술위원회 공동위원장
해양수산부 해양수산정책자문위원회 위원
해군 발전자문위원회 해양법분과장, 해양경찰청 국제해양법위원회 위원
현) 국립 한국해양대학교 해사법정학부 교수

정 대

건국대학교 대학원 법학과 졸업(법학박사)
Southern Methodist University Law School(LL. M.)
School of Law, Univ. of California, Berkeley(Visiting Scholar)
(사)은행법학회 회장
한국기업법학회 · 한중법학회 · 한국법학회 · 한국금융소비자학회 부회장
현) 국립 한국해양대학교 해사법정학부 교수

정 영 석

한국해양대학교 대학원 졸업(법학박사)
법제처 입법자문관
부산지방법원 동부지원 국선변호감독위원
한국해운조합 자문교수
금융감독원 금융분쟁조정위원회 전문위원
Faculty of Law, University of British Columbia(Visiting Scholar)
2018, Albert Nelson Marquis Lifetime Achievement Award 수상
2018, 2019, 2020, 2021 Marquis Who's Who 등재
한국해법학회 부회장
현) 국립 한국해양대학교 해사법정학부 교수

지 상 규

한국해양대학교 대학원 졸업(법학박사)
공무원시험 · 계리사시험 · 손해사정인시험 출제위원
공공기관 법률자문위원
한국법학회 · 한국해사법학회 · 한국법학교수회 · 한국전자상거래학회 이사
현) 국립 한국해양대학교 해사법정학부 교수

바다를 둘러싼 법적 쟁점과 과제 VI

초판발행 2022년 12월 31일

지은이 김인유 · 김철수 · 김현귀 · 이용희
정 대 · 정영석 · 지상규

펴낸이 박노일
총괄기획 최준규
편 집 이상민

펴낸곳 pnc publishing and culture 피앤씨미디어
경기도 고양시 일산동구 강송로 153 310-1501
등록 제396-2012-000203호
전 화 070)7550-3758 **팩 스** 02)718-8554
홈페이지 www.pncmedia.co.kr **이메일** pnc@pncmedia.co.kr
ISBN 979-11-5730-854-5 94360
979-11-5730-595-7 (세트)

정 가 35,000원